谨以此书献给信息时代课程改革实践中的中小学教师!

课堂革命
翻转课堂丛书

新体系
微课程教学法

XINTIXI
WEIKECHENG
JIAOXUEFA

金陵 / 著

北京师范大学出版集团
北京师范大学出版社

图书在版编目(CIP)数据

新体系:微课程教学法/金陵著. —北京:北京师范大学出版社,2020.5
(课堂革命·翻转课堂丛书)
ISBN 978-7-303-25570-2

Ⅰ.①新… Ⅱ.①金… Ⅲ.①课堂教学－教学研究－中小学 Ⅳ.①G632.421

中国版本图书馆 CIP 数据核字(2020)第 009581 号

营 销 中 心 电 话:010-58802135　58802786
北师大出版社教师教育分社微信公众号　京师教师教育

出版发行:北京师范大学出版社　www.bnupg.com
　　　　　北京市西城区新街口外大街 12-3 号
　　　　　邮政编码:100088
印　　刷:保定市中画美凯印刷有限公司
经　　销:全国新华书店
开　　本:710 mm×1000 mm　1/16
印　　张:21
字　　数:340 千字
版　　次:2020 年 5 月第 1 版
印　　次:2020 年 5 月第 1 次印刷
定　　价:65.00 元

策划编辑:郭　翔　　　　责任编辑:戴　轶
美术编辑:李向昕　　　　装帧设计:李向昕
责任校对:陈　民　　　　责任印制:马　洁

版权所有　侵权必究

反盗版、侵权举报电话:010-58800697
北京读者服务部电话:010-58808104
外埠邮购电话:010-58808083
本书如有印装质量问题,请与印制管理部联系调换。
印制管理部电话:010-58805079

序

三月梅花盛开的季节，又一次应邀参加金陵馆长"微课程教学法"团队的里程碑活动：由江苏省木渎高级中学牵头申报的"微课程教学法实践共同体"项目获得教育部批准，参与项目的十多所学校的校长和老师齐聚木渎中学召开开题会。他们大多是金馆长"微课程教学法"团队的成员。

项目申报成功，是对金馆长团队众多志愿探索翻转课堂本土实践教师五年多来不懈努力的肯定。作为评审专家之一，我也很期待：由草根自愿组织的"微课程教学法"团队，能够在进入国家组织的项目框架下，将业已成熟的经验推广到更多的学校，带动更多的协作教研、共同发展。也是在这次会上，得知金馆长已经完成了"微课程教学法"的第二本专著，欣然应允作序。

借在泰国考察休息之际，仔细阅读了金馆长的这本新著——《新体系：微课程教学法》。

金馆长从解答初次接触"翻转"老师的疑惑开始，带着读者回顾了"翻转课堂"在美国林地公园高中的孕育发展过程。两位美国优秀教师的故事同国内很多用心使用技术帮助学生学习的教师的经历相仿，都是在不断地实践和反思中渐渐明晰了路线，找到了符合教育规律的成功教法。只是我们往往止步于自用，而没有提炼抽象并在更大的范围宣传。金馆长希望用他的第二本书，激励中国优秀的教师们建构自己的教学理论，因为"教育改革不是用理论套裁实践，而是在实践中发展理论"。

而要做到能够建构自己的教学理论，就需要有看穿事物本质的洞察力，金馆长的这本书就是一个很好的示范：通过对"翻转"教学本质的分析，解答了众多关于"翻转"概念的困惑，撼动了一些时髦说法（如"先学后教"）的逻辑基础。正如金馆长在书中所评，优秀的教师需要有批判性思维，不能人云亦云。类似于这样的思辨性思考，书中比比皆是，比如，对书中核心概念"微课程"内涵的辨析，等等。

金馆长领导的"微课程教学法"研究团队在亲身实践中逐步确定了微课程教学法教学模型，书中有大量教学案例，都是团队成员实验打磨后的成果。这些来自一线老师的教学智慧是这本书的一大特色，让整本书读起来兴趣盎然，兼具可操作性和说服力。

在开题会后，金馆长团队紧接着对参与项目的学校老师进行了微课程教学法培训，还有一些外地老师慕名前来。满满两天的培训，年近七旬的老人意气风发，因为看到受训老师从茫然困惑到半信半疑再到最后的恍然大悟、信心十足，是金馆长最幸福的时刻。但是，能够得到金馆长亲自指导的老师还是太少了。

金馆长将他这几年对微课程教学法的思考和实践浓缩凝练到这本新作之中，就是希望能够与全国各地的更多老师，以书为媒，隔空交流。衷心地祝愿微课程教学法在更多的学校、更多的学科落地生根、茁壮成长，孕育和培养出更多的优秀教师；也期待着有更多的优秀教师能够以金馆长为榜样，建构本土化的教学理论，著书立作，为中国教育理论的发展添砖加瓦。

汪 琼

2019 年 5 月 22 日

于曼谷

前 言

技术，一直激荡我的心。但是，真正使我沉下心来、法贵专一做研究的，是翻转课堂（Flipped Classroom）。

这是因为，翻转课堂帮助教育工作者摆脱了信息技术仅仅支持教师"教"的窘境，从此走向信息技术直接支持学生"学"的广阔天地。

2015年4月，我的第一部研究翻转课堂本土创新的专著——《翻转课堂与微课程教学法》出版。一年以后，该书获评中国新闻网主办的2016年度"影响教师的100本书"。

此后，由于坚持实践促进理论发展的原则，微课程教学法一直在进化。从理论的创新与发展，到方法的精致与操作，以及通过系统设计帮助教师革除设计中的传统陋习，等等，都取得了长足的进展。这使我萌发了写作《翻转课堂与微课程教学法》续篇的想法。尽管由于种种原因拖延了本书的问世，但是，实践的深化反而提升了认识的深度。如今，呈现在读者面前的《新体系：微课程教学法》，开始具有信息时代微观教学论的色彩。

新作包括四个部分：第一部分，起点：把翻转课堂建立在现实的基础上；第二部分，创新：构建智慧学习新体系；第三部分，系统设计："互联网＋"时代的学习设计；第四部分，实践组织：过程、方法与反思。

第一部分着力于研究什么是翻转课堂和为什么要翻转课堂的问题。从梳理翻转课堂前的技术准备、关于翻转课堂的假设，以及实践的翻转课堂（即真实的翻转课堂）三者之间的关系入手，揭示翻转课堂的本质属性，提出微课程教学法关于翻转课堂的定义；从分析可汗学院创始人萨尔曼·可汗的贡献与局限入手，提出"填沟理论"，揭示翻转课堂的现实原因与变革的广阔前景。

第二部分通过比较两种不同类型的"微课程"，把微课程教学法的"微课程"界定为课程范畴的"微课程"，构建起三大模块的微课程教学法智慧学习新体系；对微课程教学法教学模型的运行模式、两个阶段的学习特点与设计取向做了详细阐述；提出超越"先学后教"，迈向教学创新的新使命；阐述认清两个教学主体的地位和作用对于进入"学与教的另一片天空"的重要意义。

第三部分提出信息化背景下通过设计实现学习质量管控的系统设计方法，并就如何设计高质量的自主学习任务单、如何开发"需求导向"的配套学习资源，以及如何设计聚焦学生发展的课堂学习任务单等实务性问题，提供详细的分析、介绍和案例。第三部分的篇幅占全书一半，凝聚微课程教学法实验成功之精华，又列出必须避免的负面清单，是参加微课程教学法实验教师的必读内容。

第四部分通过对微课程教学法组织实施的详细介绍，帮助教师掌握操作方法，走向从讲授型教师向导师型教师转型的道路。通过对渗透在课程微观组织之中的质量评价方法的分析，帮助教师打消不必要的、尝试变革前的顾虑，并且提出实验成功三个层次的评价取向。

第四部分对微课程教学法实验中需要关注的问题做了认真的反思：（1）帮助教师理解"教无定法"服从于"学有规律"的意义；（2）提出实验过程中教学与技术的关系问题；（3）就教师学好微课程教学法应该具备的基本功对师范教育提出新的要求；（4）对于创新的产生与概念的炒作做了认真分析；（5）论证"超越韩愈"的必要性；（6）就人工智能与微课程教学法结盟的可能性做了尽可能前瞻的探讨。

整个第二、第三、第四部分，实际上回答了如何从事翻转课堂本土创新实践的问题，既有理论的思考，又有实践的细则，尽力做到：既帮助教师便利操作，又重视帮助教师理解操作背后的原因，这是赋能教师举一反三从事系统设计的关键。

《新体系：微课程教学法》具有信息时代微观教学论的性质，是教育理念、教学方法、技术支持三者相互融合的产物，也是对过去教学理解的扬弃与升华。本书对于教师走上教学创新之路能助一臂之力。

时代处于剧烈冲突中，教育需要应时而变。站在一个新的合作共赢与单边零和剧烈冲突的历史节点上，教育之于创新发展乃至民族发展的重要性已经彰显。教育能否担起时代重任？改革与创新是唯一的选择。本书若能成为行动于教育创新实践中的教育工作者的他山之石，那将是笔者的莫大欣慰。

金　陵

2019 年 2 月 28 日

于姑苏名馨斋

目 录

第一部分 起点：把翻转课堂建立在现实的基础上 .1

第一章 多维度透视翻转课堂 ..3
  一、从补课视频到翻转课堂，说明什么？ ..4
  二、根据本质属性定义翻转课堂 ..7
  三、翻转课堂没有"翻转"什么？ ..14
  四、翻转课堂必须支持核心素养发展 ..18
  五、深挖翻转课堂的学习意义 ..20

第二章 填掉"求知鸿沟"的意义 ..24
  一、萨尔曼·可汗的贡献与局限 ..24
  二、学习中存在着一道"求知鸿沟" ..27
  三、厉害了，"填沟理论"的现实意义 ..33

第二部分 创新：构建智慧学习新体系 .37

第三章 让"微课程"回归自己的逻辑 ..39
  一、两种不同的"微课程" ..39
  二、反省流行的"微课程" ..41
  三、重新定义"微课程" ..43
  四、梳理微课程与"微课"的关系 ..46

第四章 微课程教学法的教学模型 ..49
  一、三大模块：构建智慧学习新体系 ..49
  二、运行模式：教学模型的实际流程 ..60
  三、两个阶段："线性"与"离散"的统一 ..62
  四、超越历史：超越"先学后教" ..66
  五、两个主体：展开学与教的另一片天空 ..68

第三部分 系统设计："互联网＋"时代的学习设计 .73

第五章 系统设计的结构、任务与流程 ..75
  一、什么是系统设计 ..75
  二、系统设计的结构 ..76

　　　　三、系统设计的任务 ..78
　　　　四、系统设计流程图的奥妙 ..82
第六章　如何设计高质量的"任务单" ..86
　　　　一、三份"任务单"之比较 ..86
　　　　二、什么是自主学习任务单 ..95
　　　　三、分层解构：参透教材之妙方 ..99
　　　　四、具体精准：提炼"达成目标" ..101
　　　　五、耦合匹配：任务设计咬住"达成目标" ..112
　　　　六、问题导向：学习任务设计的重要策略 ..129
　　　　七、逻辑延续与终身发展：方法的意义 ..133
　　　　八、为什么要提供"课堂学习形式预告"？ ..136
第七章　走向探索系统设计目标体系之路 ..140
　　　　一、汲取课程研究大师的智慧 ..140
　　　　二、架构学习目标设计新图式 ..155
第八章　如何开发"需求导向"的学习资源 ..163
　　　　一、案例：今天体验到当"差生"的痛苦 ..163
　　　　二、配套学习视频开发的第一要务 ..165
　　　　三、巧选视频录制的技术方式 ..168
　　　　四、PPT，快速录制好视频 ..171
　　　　五、视频的教学价值在哪里？ ..189
第九章　聚焦学生发展：课堂学习任务单设计 ..191
　　　　一、为什么要设计课堂学习任务单？ ..191
　　　　二、课堂学习任务单的框架结构 ..195
　　　　三、目标与方法的设计 ..197
　　　　四、检测：凝聚课程理论精华、遵循学生学习规律 ..203
　　　　五、进阶：走向"最近发展区" ..207
　　　　六、微项目学习：撬动课堂学习创新的杠杆 ..209
　　　　七、好的"微项目学习"主题，怎样创意出来？ ..214

第四部分　实践组织：过程、方法与反思 .235

第十章　微课程教学法的实践组织 ..237
　　　　一、组织课前自主学习 ..237
　　　　二、组织课堂学习活动 ..239

三、课堂学习的时间安排 . . 251
　　四、课堂学习的心理调控 . . 252
　　五、开展实验的契机 . . 254

第十一章　微课程教学法的评价方法 . . 256
　　一、评价渗透在课程微观组织中 . . 256
　　二、成功实践微课程教学法的三层标准 . . 258

第十二章　微课程教学法实验反思 . . 275
　　一、教无定法与学有规律 . . 275
　　二、教学与技术 . . 278
　　三、为教师准备实践的能力 . . 293
　　四、跨界、创新与概念炒作 . . 303
　　五、超越韩愈 . . 311
　　六、靶向学习法浮出水面 . . 313

参考文献 . . 317

后　记 . . 320

第一部分
起点：把翻转课堂建立在现实的基础上

提 要

第一部分包括两章内容。第一章：多维度透视翻转课堂。从翻转课堂发生的叙述中，对翻转课堂做了"翻转"前的技术准备、"翻转"前的假设和真实实践的翻转课堂的区分；并在剖析多种代表性翻转课堂定义的基础上建构微课程教学法关于翻转课堂的定义。第二章：填掉"求知鸿沟"的意义。从分析可汗学院（Khan Academy）创始人萨尔曼·可汗（Salman Khan）的贡献与局限出发，提出揭示学习是否有效的原因的"填沟理论"，为翻转课堂本土创新做了理论上的铺垫。

结 构

起点：把翻转课堂建立在现实的基础上
- 多维度透视翻转课堂
  - 从补课视频到翻转课堂，说明什么？
  - 根据本质属性定义翻转课堂
  - 翻转课堂没有"翻转"什么？
  - 翻转课堂必须支持核心素养发展
  - 深挖翻转课堂的学习意义
- 填掉"求知鸿沟"的意义
  - 萨尔曼·可汗的贡献与局限
  - 学习中存在着一道"求知鸿沟"
  - 厉害了，"填沟理论"的现实意义

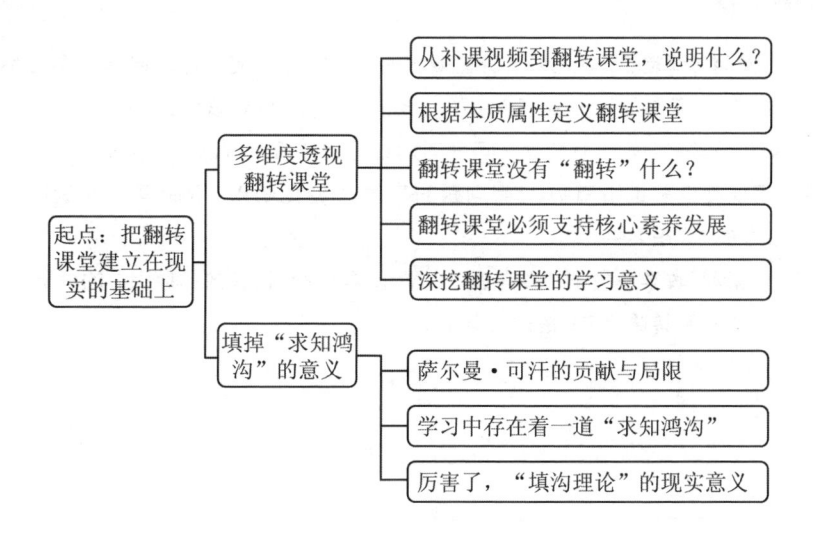

> 如果能够做到个性化的教育，那么每一个孩子都可以得到最适合他自己的教学方式而轻松学习。
>
> ——霍华德·加德纳

微课程教学法可能是史上最年轻的系统的教学法。①

不过，今天的微课程教学法正在引起那些前瞻思考"变革的时代，教学何去何从"的中小学教师的关注。除了西藏自治区之外，微课程教学法已经涉足广袤的祖国大地。

何为微课程教学法？开宗明义，定义如下：

微课程教学法是翻转课堂本土创新的理论与方法；是云计算和移动互联环境下，以宏观课程微观组织、三大模块、参与式学习为主要特征的教学方法。

认识微课程教学法，当从翻转课堂走起，走进宏观课程微观组织，走进三大模块、参与式学习的微课程教学法教学模型。当您能够完成系统设计"三剑客"的时候，也许会惊喜地发现，自己在不知不觉中，开始了从演员型教师向点化学生智慧的导演型教师转型的进程。

这难道不正是中国特色社会主义新时代的教育工作者所追求的吗？

阅读建议

1. 从了解翻转课堂的起源与翻转课堂概念的产生出发，定义翻转课堂，界定翻转课堂。尽可能接近"原装"、超越"原装"，走向本土创新的新思考。

2. 了解可汗学院创始人萨尔曼·可汗对网络时代教育所做出的杰出贡献和存在的局限，养成用批判性思维看事物、看问题的习惯，避免陷入"阿基里斯永远赶不上乌龟"②悖论的亦步亦趋之中。

3. 通过微课程教学法关于"填沟理论"揭示"学习是否有效的原因"的分析，发现"填沟理论"对于翻转课堂实验的现实意义。

---

① 2013年12月，《中国信息技术教育》发表《建构中国特色的"微课程教学法"》，标志着微课程教学法的诞生。

② "阿基里斯永远赶不上乌龟"是古希腊数学家、哲学家芝诺（Zeno）提出的两个著名的悖论之一。详见第二章相关内容的脚注。

第一章　多维度透视翻转课堂

曾经有一位教师在微信上问我："翻转课堂是不是贴标签工程?"我想：他为什么要问这个问题？原来，他所在的一个微信群里正在谈论：翻转课堂是不是让学生在家看视频预习，到课堂里做作业，有不懂的地方老师再来教？他觉得有问题，于是，在微信群里与人争论，批评翻转课堂是"贴标签"工程，是挂羊头卖狗肉，新瓶装旧酒。

确实，翻转课堂已经成为当今社会中实践者、赞赏者与反对者、怀疑者共同关心的教育主题。

2014年，笔者提出：理解翻转课堂，重在把握三个关键点。[①] 但是，假如从批判性思维视角看问题，还需要多维度透视翻转课堂，以便从先行者那里汲取智慧，克服局限，把翻转课堂建立在坚实的、理性的基础之上。这是微课程教学法的使命。

确实，我们需要搞清楚许多问题。诸如，什么是翻转课堂？为什么要翻转课堂？翻转课堂有什么好处？有没有什么负面影响？美国人是怎样"翻"的？是不是做到了极致？是否需要本土创新？怎样进行本土创新？本土创新有什么好处？有没有困难？如果有困难怎么解决？等等，以便从纷繁复杂的现象中发现有前景的方向。

不得不提的是，对于"什么是翻转课堂"这个几乎谁都若有所知的问题，假如你解释过"Flipped Classroom"（直译：颠倒课堂）之后，进一步追问"到底是什么与什么'颠倒'了"，那么，你就会发现，大多数听说过"翻转课堂"这个词的老师，其实不了解什么是翻转课堂，对"为什么要翻转课堂"的问题也没有清醒的认识。这种对概念的不了解，直接导致人们对"翻转课堂"之于教育的意义褒贬不一，也导致了翻转课堂实验中既有致力于帮助学生内化知识、拓展综合能力、发展核心素养、顺便提升学习成绩的，也有助力于应试教育死做题的。

于是，我们发现有必要返璞归真，从研究翻转课堂实践与概念的产生出发，历史与逻辑相统一地追溯翻转课堂，在此基础上，找出翻转课堂之于学习的必然意义。

---

① 金陵：《理解翻转课堂的三个关键点》，载《中国信息技术教育》，2014(7)。

一、 从补课视频到翻转课堂，说明什么？

"翻转课堂"因为乔纳森·伯格曼(Jonathan Bergmann)和亚伦·萨姆斯(Aaron Sams)的教学创意而得名。有意思的是，翻转课堂的概念并不是由他们提出来的。让我们回溯翻转课堂产生的故事，看看能否从中发现翻转课堂的意义，以及背后隐藏着的玄机。

2006年，伯格曼和萨姆斯来到美国林地公园高中(Woodland Park High School)教化学，"搭起了化学教学部"①。两人的教育理念很相似，于是联合起来为化学课准备教案。

很快，他们发现了教学中的问题。林地公园高中的许多学生要参加运动和附近学校的其他活动，由于学校位于派克斯峰的半山腰，"附近"学校不是真正在附近，学生们会花时间往返于这些"附近"的学校而造成缺课，他们则不得不经常为缺课的学生补课。

一天，萨姆斯在翻阅科技杂志时发现了录屏软件的信息，并告诉伯格曼。两人敏锐地意识到，利用录屏软件或许可以帮助缺课的学生补课。于是，他们从2007年春开始，利用录屏软件录制讲课视频，放到网络上，方便学生补习。

值得一提的是，**这个时候的教学行为还不属于翻转课堂范畴**，视频在教学中的作用还停留在帮助缺课学生补课上。而且，初衷"出于私心"，是他们"避免补课的防线"。②

在他俩合著的《翻转课堂与慕课教学——一场正在到来的教育变革》著作中，这段故事被纳入在第一章的第一个小标题"教育背景"下，而不是接下来的小标题"翻转课堂的诞生"之中。

不过，不要小看录制视频为缺课学生补课，这可为翻转课堂的产生做了教育技术方面的准备。

---

① [美]乔纳森·伯格曼、亚伦·萨姆斯：《翻转课堂与慕课教学——一场正在到来的教育变革》，17页，北京，中国青年出版社，2015。该书英文书名为 *Flip Your Classroom: Reach Every Student in Every Class Every Day*，直译应为《翻转你的课堂：每天通达每一个班级的每一个学生》。

② [美]乔纳森·伯格曼、亚伦·萨姆斯：《翻转课堂与慕课教学——一场正在到来的教育变革》，18页，北京，中国青年出版社，2015。

/第一部分 起点：把翻转课堂建立在现实的基础上/

真正的翻转课堂的创意，始于教学中的发现：学生不需要教师在教室里讲课传递信息，他们完全可以自己学习课程内容。学生什么时候最需要教师呢？是他们在家里完成作业遇到困难并需要个别化帮助的时候。① 可是，这个时候"根本没有老师可以求助"②。

于是，他们设想："如果我们**预先录制我们的讲课，把学生观看录像作为他们的家庭作业，然后我们用上课时间帮助学生解决他们不理解的地方呢？**"③ 注意哦，这是设想，仅仅是设想！

于是，两人事先录制好教学视频，让学生在家观看。学生可以根据自己的理解程度反复观看，可以多次暂停，可以倒退，做好笔记或阅读。上课的时候，伯格曼和萨姆斯在教室里巡视，检查每个学生的学习情况，解答问题，帮助那些学有困惑、正在尽最大努力的学生。结果发现，"一堂课还剩 20 分钟时，学生就完成了所有的任务"④。于是，**他们安排实验和探究活动，让学生把所学知识与经验结合起来，于是，翻转课堂的课堂学习超越了巩固知识层次，达到内化知识的层次。**

这就是由伯格曼和萨姆斯首创，后来影响全球的"翻转课堂"的最初形态。这个最初形态把翻转课堂从假设的巩固知识上升到实践的内化知识的层次。值得注意的是，这个时候，并没有"翻转课堂"的概念。

实施翻转课堂的第一年，他们像过去一样给出相同的单元测试，比较两个年度的测试数据。他们发现：学生在翻转课堂的环境中比在传统课堂环境中学习得更多。从那时起，学生的考试成绩不断提高，学生和家长的反馈都很好。

为了帮助更多的教师理解和接受翻转课堂的理念与方法，他们在林地公园

---

① 参见"教育周刊网"乔纳森·伯格曼和亚伦·萨姆斯撰写的"Why Flipped Classrooms Are Here to Stay"，http://www.edweek.org/tm/articles/2012/06/12/fp_bergmann_sams.html，2019-09-01。

② [美]乔纳森·伯格曼、亚伦·萨姆斯：《翻转学习：如何更好地实践翻转课堂与慕课教学》，北京，中国青年出版社，2015。

③ 参见"教育周刊网"乔纳森·伯格曼和亚伦·萨姆斯撰写的"Why Flipped Classrooms Are Here to Stay"，http://www.edweek.org/tm/articles/2012/06/12/fp_bergmann_sams.html，2019-09-01。

④ [美]乔纳森·伯格曼、亚伦·萨姆斯：《翻转课堂与慕课教学——一场正在到来的教育变革》，20 页，北京，中国青年出版社，2015。

高中举办"开放日"(Open House)活动，让更多的教育工作者来观看翻转课堂的运作情况和学生的学习状态。这种做法促进了翻转课堂教学模式的推广。① 由于媒体在报道"开放日"活动时采用了"翻转课堂"(Flipped Classroom)的术语，翻转课堂这一概念才被迅速传遍美国乃至全球。

回溯翻转课堂起源，是为了从中发现认识发展的规律。

首先，我们可以清晰地发现：概念或术语的产生落后于实践。因为概念或术语本身，并不是先验的产物，而是实践发展到一定阶段的产物。勇于实践，就会有新事物产生；新事物的出现，需要我们去认识，去解释，去发现新的指导实践的价值，于是，新的概念、判断、理论就会自然产生。离开了实践，理论就是空中楼阁，永远只能停留在"假设"的层面，无法上升为能够指导实践的真正的理论。

启示意义在于：人们可以把伯格曼和萨姆斯的划时代创意"追认"为"翻转课堂"，那么，我国教育发展史上是不是有过近似的教改实验？如果有，我们是否能够从中发现翻转课堂扎根并促进教改的土壤？

启示意义还在于：投身实验，积极思考，我们就有可能从实践中提炼"实质理论"；当"实践—认识"的成果积累到自成体系的时候，"形式理论"创新的时机就来到了。② 如果我们等待理论"救世主"的降临，教育就会裹足不前。因此，教育改革不是用理论套裁现实，而是在实践中发展理论。

其次，对翻转课堂发生史高度抽象后我们可以发现，翻转课堂的"翻转"，其实是指把传统的"学习知识、内化知识"原有的时空排序关系颠倒过来，即把"学习知识主要在课堂，内化知识主要在课外"的教学结构颠倒成为"学习知识主要在家里，内化知识主要在课堂"的新教学结构。③

启示意义在于：抓住了这一本质特征，千变万化的创意就会喷涌而出，形成"条条道路通罗马"的翻转课堂促进基础教育课程改革的百花齐放的良好局面。

---

① 张金磊、王颖、张宝辉：《翻转课堂教学模式研究》，载《远程教育杂志》，2012(4)。
② 陈向明：《质的研究方法与社会科学研究》，328～329页，北京，教育科学出版社，2000。
③ 金陵：《翻转课堂与微课程教学法》，15页，北京，北京师范大学出版社，2015。

📖 回顾与思考

1. 请您玩一个小游戏，找一找：（1）什么样的行为为翻转课堂做了必要的教育技术上的准备？（2）伯格曼和萨姆斯从事的翻转课堂实践与他俩假设的翻转课堂有何区别？

如果您轻松地发现了答案，说明您的阅读非常成功，可以继续往下阅读。如果没有发现，您可以重新阅读，去发现一开始阅读时并没有注意的细节。这能帮助我们认清翻转课堂的本质。

2. 试试看，您能不能发现：翻转课堂究竟是把什么与什么颠倒了？

💡 小贴士

1. 假如您发现了翻转课堂前的必要准备、翻转课堂的假设，以及翻转课堂的真实实践之间的联系和区别，这个时候，别忘了从心底里给自己点赞。

2. 如果您感到表述"翻转课堂究竟把什么与什么相颠倒了"有困难，那么，请您不要气馁，因为这个问题其实是在接下来才会展开的，正好让您聚焦这个问题的回答。

二、根据本质属性定义翻转课堂

今天，我们可以看到许多关于翻转课堂的理解。

先驱者伯格曼和萨姆斯认为："翻转课堂就是学生在课外完成直接教学，将课堂时间策略性地用于集体或个性化活动。"[①]不过，他们认为这样的学习方式不一定能做到以学生为中心，因此提出了翻转学习（Flipped Learning）的概念。

对于翻转学习，两人比较赞成翻转学习网引自拉姆齐·穆塞莱姆（Ramsey Musallam）著作的表述："翻转学习是一种教学方法，它把直接教学从集体学习空间转移到个人学习空间，从而把集体空间变成一种动态的、交互的学习环境，老师在学生运用概念和创造性地参与科目学习过程中给予指导。"[②]

在他们看来，翻转课堂的了不起之处在于：能使基于课堂的讲授转变为以

[①] [美]乔纳森·伯格曼、亚伦·萨姆斯：《翻转学习：如何更好地实践翻转课堂与慕课教学》，11页，北京，中国青年出版社，2015。

[②] [美]乔纳森·伯格曼、亚伦·萨姆斯：《翻转学习：如何更好地实践翻转课堂与慕课教学》，20页，北京，中国青年出版社，2015。

学习者为中心、基于问题、以探究为驱动的学习，建立起一个确保学生接受适合自身需求的个性化教育的框架。

萨尔曼·可汗（可汗学院创始人）在 The One World Schoolhouse 中对翻转课堂是这样定义的："翻转课堂指的是让学生按照自己的学习进度在家中听课，然后在课堂上与老师和同学一起解决疑问。"①

可汗描述的前半部分与伯格曼和萨姆斯的理解是相同的，所不同的是，可汗强调了"学生在课外完成直接教学"②的原因——让学生按照自己的进度学习。后半部分与伯格曼和萨姆斯的理解比较，显然可见网络教育家与专业教师在课堂教学理解方面的差异。

英特尔全球教育总监莱恩·冈萨雷斯（Brian Gonzalez）在 2011 年度英特尔一对一数字化学习年会上这样解释翻转课堂："翻转课堂也称颠倒的教室，是指教育者赋予学生更多的自由，把知识传授的过程放在教室外，让大家选择最适合自己的方式接受新知识；而把知识内化的过程放在教室内，以便同学之间、同学和老师之间有更多的沟通和交流。"③

比较上述三个关于翻转课堂的表述，我们可以发现，冈萨雷斯的表述与伯格曼和萨姆斯的表述，以及与可汗的表述，除了语言风格方面的差异之外，在课前学习的表述方面并无二致，但是，对于课堂学习，这位公司高管的理解显然超越了可汗，与专业教师的理解接近。种种表述，为翻转课堂的本土定义创造了条件。

翻转课堂传入我国后，国内实践者提出了具有操作方式特点的对翻转课堂的理解。

山东省昌乐一中编著的《翻转课堂理论研究与实践探索》认为：所谓翻转课堂，就是教师创建教学视频，学生可以在课外观看视频中教师的讲解进行学

---

① ［美］萨尔曼·可汗：《翻转课堂的可汗学院：互联时代的教育革命》，85 页，杭州，浙江人民出版社，2014。
② ［美］乔纳森·伯格曼·亚伦·萨姆斯：《翻转学习：如何更好地实践翻转课堂与慕课教学》，11 页，北京，中国青年出版社，2015。
③ 转引自李允：《翻转课堂中国热的理性思考》，载《课程·教材·教法》，2014(10)。

习,回到课堂上与教师、同学面对面交流和完成作业这样一种教学形态。[①]

网上浏览发现,这个定义沿用张瑜江(聚奎中学)编译《翻转课堂教学模式》[②]中的表述,其特点在于,认为翻转课堂基于视频。这一解读往往是有的教育技术工作者赞同的理解。

不过,聚奎中学并没有完全沿袭由他们自己编译的定义。2015年出版的《学习的革命:翻转课堂——聚奎中学的探索与实践》(重庆市聚奎中学校著)把翻转课堂诠释为:学生在课前通过教师分发的数字化材料(音视频、电子教材等)进行自主学习,回到课堂后与教师和同学互动交流,并完成练习的一种教学形态。

聚奎中学的这个描述试图对翻转课堂进行本土化改造。他们基本沿袭了编译的定义,又强调了课前教师分发数字化材料和课堂师生互动。这样细致的描写,对于提炼抽象的定义来说并不是一种福音。相反,对于操作方式过细的描述,使翻转课堂的概念于不知不觉中向着一种具体的翻转课堂模式偏移,即从"翻转课堂"这个上位概念(Superordinate Concept)滑向它的下位概念(Subordinate Concept)——基于视频等数字化资源的翻转课堂。

虽然这种描述并不影响聚奎人、昌乐一中人的翻转课堂实验,但是,对于多元化开辟翻转课堂本土创新道路而言,无疑是多了一道樊篱。因此,我们有必要对翻转课堂概念及其定义做出合乎逻辑的考查,以利于实验者根据本地实际,创意出丰富多彩的翻转课堂通道来。

广东省电化教育馆王奕标在认真研究多种翻转课堂定义之后提出了自己的见解,认为"翻转课堂是一种新型的创造性课堂。它将讲授教学从群体学习空间转移到个体学习空间,将群体学习空间转变为一种动态的、互动的学习环境,从而满足学生个性化的学习需要并发展学生的批判性思维、解决问题的能力和创造新知识的能力"[③]。作者同意拉姆齐·穆塞莱姆的观点,所不同的是,

---

[①] 黄发国、张福涛:《翻转课堂理论研究与实践探索》,11页,济南,山东友谊出版社,2015。

[②] 参见"枫叶教育网"《翻转课堂教学模式》,http://www.fyeedu.net/info/182567-1.htm,2019-09-01。

[③] 王奕标:《透视翻转课堂——互联网时代的智慧教育》,61页,广州,广东教育出版社,2016。

对群体学习活动做了具有时代特点的诠释，这反映了作者对于把翻转课堂用于助力应试教育是深恶痛绝的。

从逻辑学视角考察，一个概念往往包含多种属性，诸多属性中有规范性属性与非规范性属性之分，即本质属性与非本质属性之分。规范性属性或本质属性是决定一事物之所以为该事物的性质。

决定翻转课堂之所以被称为"翻转课堂"的规范性属性即本质属性，究竟是什么？是视频等数字化资源？还是课前自主学习？或是课堂里的师生互动交流？还是完成练习？或许另有它属？我们不妨做一番考察，然后做出判断也为时不迟。

鉴于很多人认为翻转课堂必须运用教学视频等数字化资源，我们首先考察视频等数字化资源。

回顾视频等数字化资源参与信息技术与课程整合的历史，我们几乎毫不费力地就能确认，早在多媒体辅助教学（CAI）时代，教师就在教学中使用视频等数字化资源了，不过，并没有发生今天的所谓翻转课堂。即使在伯格曼和萨姆斯的著作中，翻转课堂诞生之前，视频也仅仅被看作用于为学生补课的一种"教育背景"[1]，而不属于"翻转课堂诞生"[2]的范畴。

决定翻转课堂诞生的，是"一个很简单的发现"："只有学生卡壳了，需要我特别帮助时，才是他们真正需要我现身的时候。他们不需要我一直都留在教室里，对着他们喋喋不休地讲着课程内容，他们自己就能学习课程内容。"于是，他们录制讲课视频，让学生在家观看录像，课堂上，他们"用整堂课的时间帮助学生厘清他们不懂的内容"。这样的教学方式才是他们笔下的"翻转课堂诞生"的最初原因。[3]

可见，尽管视频等数字化资源在翻转课堂中的作用不可小觑，但是，并不具备决定翻转课堂之所以为翻转课堂的规范性属性，即本质属性，只能被归入

---

[1] ［美］乔纳森·伯格曼、亚伦·萨姆斯：《翻转课堂与慕课教学——一场正在到来的教育变革》，17页，北京，中国青年出版社，2015。

[2] ［美］乔纳森·伯格曼、亚伦·萨姆斯：《翻转课堂与慕课教学——一场正在到来的教育变革》，19页，北京，中国青年出版社，2015。

[3] ［美］乔纳森·伯格曼、亚伦·萨姆斯：《翻转课堂与慕课教学——一场正在到来的教育变革》，19页，北京，中国青年出版社，2015。

非规范性属性范畴。连翻转课堂先驱之一的萨姆斯也强调:"(人们对翻转学习)最大的误解是翻转学习最重要的部分是视频的应用……然而,尽管视频确实在翻转学习中非常重要,但是最重要的是提升课堂时间,让学习更多地参与深入思考。"[1]

其次,考察课前自主学习和课堂师生互动交流、完成练习。尽管翻转课堂非常重视课前自主学习质量和课堂上师生互动交流、完成练习的重要性,但是,我们不难发现,这些现象在以往的教学中都常常发生,可是,翻转课堂并没有随之发生。换言之,对于翻转课堂来说,课前自主学习、课堂师生互动交流和完成练习并不是规范性属性,也只是非规范性属性。

排除了翻转课堂的非规范性属性之后,我们发现,穆塞莱姆的表述似乎给出了一些蛛丝马迹(翻转学习是一种教学方法,它把直接教学从集体学习空间转移到个人学习空间,从而把集体空间变成一种动态的、交互的学习环境,老师在学生运用概念和创造性地参与科目学习过程中给予指导)[2]。

不过,这个表述存在着不足之处。它仅仅揭示了翻转课堂在教学形式上的特点。从哲学视域看问题,任何事物都同时具有内容与形式。那么,翻转课堂在教学内容方面的特点是什么?如果我们不回答这个问题,那么,对翻转课堂的理解并没有什么实质性的帮助。

虽然穆塞莱姆把课堂学习描述为"一种动态的、交互的学习环境","学生运用概念""创造性地参与科目学习",教师则在这个过程中"给予指导",但是,不能不指出的是,这个定义带有明显的学科局限性,可以比较好地反映化学、物理等学科翻转课堂的课堂学习特点,而在反映其他学科翻转课堂的课堂学习特点方面,明显捉襟见肘。此外,这个定义对课堂学习活动的描述过于抽象,不利于帮助教师举一反三地组织好翻转课堂的课堂学习活动。

不过,既然穆塞莱姆为我们开辟了认识翻转课堂的道路,那么,我们一定能在认识翻转课堂的道路上走得更远。

---

[1] 参见"中国教育信息化网"《翻转课堂:把课堂"翻"过来的四大支柱》,http://www.ict.edu.cn/world/w3/n20141013_18359.shtml,2019-09-01。
[2] [美]乔纳森·伯格曼、亚伦·萨姆斯:《翻转学习:如何更好地实践翻转课堂与慕课教学》,20页,北京,中国青年出版社,2015。

英特尔全球教育总监冈萨雷斯的定义有其独到之处。他把翻转课堂的课前学习的任务定位于"知识传授",把课堂学习的任务定位于"知识内化",开始从关注形式的描述走向关注内容的描述。

分析发现,"集体学习空间"发生的教学活动,在传统教学中表现为传授知识,从学生学习角度考察,则表现为学习知识。"个人学习空间"发生的教学活动,在传统教学中表现为学生完成老师布置的作业,从学生学习角度考察,则表现为巩固知识。当巩固知识走向完成知识的意义建构的时候,学习就达到了内化知识的层次。

假如我们把"学习知识、内化知识"看作学习过程的一个整体,又把这个"整体"置于时空之中,那么,翻转课堂正好把"学习知识、内化知识"原有的时空排序颠倒了,即把"学习知识主要在课堂,内化知识主要在家里"的教学结构颠倒为"学习知识主要在家里(课外),内化知识主要在课堂"的教学结构。这是翻转课堂最基本的特征。

正因为"学习知识、内化知识"的时空排序发生了颠倒,即由"学习知识主要在课堂,内化知识主要在课外(家里)"颠倒为"学习知识主要在家里,内化知识主要在课堂",伯格曼和萨姆斯首创的教改实践才被媒体称作"Flipped Classroom"。可见,"学习知识主要在家里,内化知识主要在课堂"才是翻转课堂的本质属性或规范性属性。

于是,我们发现:聚奎中学和昌乐一中的教学改革之所以被称为"翻转课堂",主要不是因为使用了视频等数字化资源,而是运用视频等数字化资源开展了以"学习知识主要在课外,内化知识主要在课堂"为鲜明特征的教改实践。

上述发现似乎揭示了翻转课堂的本质属性,但是,仍然存在着"软肋"。当代学生,不应当成为知识的奴隶,而应成为学习的主人,在思维发展、心理情感、道德判断、创新能力、学习能力、工作能力和生活能力等方面得到健康的发展。

因此,微课程教学法认为,本土化的对翻转课堂本质属性的诠释不仅应该体现"学习知识主要在课外,内化知识、拓展能力主要在课堂"[①]的特点,而且应该体现课程改革的精神与方向,与应试教育划清界限。

---

① 金陵:《翻转课堂与微课程教学法》,15~16页,北京,北京师范大学出版社,2015。

令人欣喜的是，微课程教学法对于翻转课堂的研究一直在深化。鉴于对学生未来健康发展的期待，我们更倾向于这样定义翻转课堂：

翻转课堂颠倒了"学习知识、内化知识"原有的时空排序，是一种以"学习知识主要在课外，内化知识、拓展能力主要在课堂"为基本结构的学习方式（或曰教学方式、教学模式、教学形态），其目的在于发展应对未来挑战必备的核心素养，提升教学质量。①

以"学习知识主要在课外，内化知识、拓展能力主要在课堂"为基本结构的学习方式，体现了"集体学习空间"的学习内容与"个人学习空间"的学习内容在时空排序上的颠倒，是翻转课堂的规范性属性，它使翻转课堂与没"颠倒"的其他教学方式区别开来。

"目的在于发展应对未来挑战必备的核心素养"与联合国教科文组织关于《反思教育：向"全球共同利益"的理念转变？》的精神相吻合，是对翻转课堂的补充性规范，意在明确方向，促进翻转课堂与基础教育课程改革结盟，而不是与应试教育并道而行。如同穆塞莱姆所言："把集体空间变成一种动态的、交互的学习环境，老师在学生运用概念和创造性地参与科目学习过程中给予指导"②。同时，也力图把王奕标关于"发展学生的批判性思维、解决问题的能力和创造新知识的能力"的论述抽象得较为简练与普适。

更有意义的是，课外（个人学习空间）与课堂（集体学习空间）学习活动的组织完全是可理解、可规划的"学习知识"与"内化知识"，这为我国中小学教师，乃至高校教师提供了创意学习方案的抓手。

需要指出的是，尽管微课程教学法倡导的翻转课堂不搞应试教育，但是，与传统方法相比，它不仅在拓展综合能力、发展核心素养方面远远胜过传统教学，而且在提升学习成绩方面也丝毫不落下风。在接下来的阅读中，您会逐步发现微课程教学法在学习质量管理方面的奥秘，以及微课程教学法实验教师所创造的奇迹。

---

① 金陵：《翻转课堂：本土创新的奥秘——微课程教学法视域》，载《新课程｜小学数学名师说课》，2016(6)。

② [美]乔纳森·伯格曼、亚伦·萨姆斯：《翻转学习：如何更好地实践翻转课堂与慕课教学》，20页，北京，中国青年出版社，2015。

此外，需要说明的是，翻转课堂的定义也可以表述为：翻转课堂是一种以发展学生应对未来挑战必备的核心素养、提升教学质量为目的，以"学习知识主要在课外，内化知识、拓展能力主要在课堂"为基本结构的学习方式（或曰教学方式、教学模式、教学形态）。

这样的表述方式符合我国定义的逻辑传统，但是，会冲淡对翻转课堂本质属性或规范性属性的体验与关注。因此，本书倾向于采用国际流行的表述方式，即把翻转课堂与传统教学的最本质区别放在突出的位置，而让翻转课堂的其他属性跟随其后。

✎ 回顾与思考

对于上述多种关于"翻转课堂"的表述，除了作者显性的分析之外，您能否尝试继续考察每一个关于"翻转课堂"的解释中，存在着哪些有价值的思想及哪些不足之处？这对提升您的批判性思维能力会很有帮助。

如果您见过其他关于翻转课堂的定义，请您从规范性属性出发予以评价，判断其体现规范性属性还是非规范性属性，从而判断这个定义是否有意义。

💡 小贴士

注意一个逻辑学意义的问题：一个事物往往具有多种属性，其中，规范性属性或本质属性是决定一事物之所以为该事物的性质。其他不具有决定事物本身性质的属性是非规范性属性或非本质属性。

三、翻转课堂没有"翻转"什么？

我在浙江大学"千课万人"的一次讲学中遇到一位来自台湾的校长，我问他：你们有没有搞翻转课堂？他回答我说：搞的，并且举出他们在教学管理上改革的案例。于是，我发现他和大陆一些教育工作者一样，把翻转课堂的"翻转"等同于"转变""发展""改变"，与Flip没有什么关系。

同样用了"翻转"这个词，说的却是两码事，逻辑概念被"偷换"了。

例如，有一种说法：翻转课堂"翻转"了教学流程。好像学习规律因为翻转课堂要发生改变了。我们看图1-3-1，便能窥见端倪。

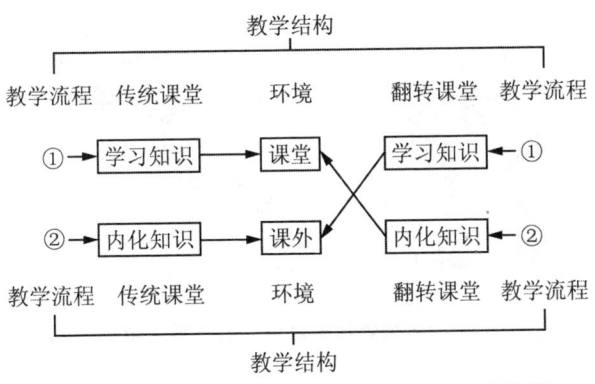

/第一部分 起点：把翻转课堂建立在现实的基础上/

图 1-3-1 翻转课堂与常规教学的教学流程比较①

该图清晰地显示出，虽然翻转课堂把传统教学"学习知识主要在课堂，内化知识主要在课外"的教学方式"颠倒"成为"学习知识主要在课外，内化知识、拓展能力主要在课堂"的教学方式，但是，并没有改变教学所遵循的一般规律——第一流程：学习知识；第二流程：内化知识。

可见，翻转课堂要求的不是对教学流程、学习流程的"翻转"，而是要求流程再造，使第一流程和第二流程的学习设计更加符合认识发展规律，符合学生心理发展规律，符合当今世界对人力资源发展的期待和人们对未来美好生活的向往。比如，怎样安排学习知识的活动才会更加有效，怎样安排内化知识、拓展能力的活动才会更加有效，等等。

总之，不存在第一、第二流程相互"颠倒"的"翻转"流程。说翻转课堂"翻转"了原有的教学流程并没有真实的根据。

值得一提的是，微课程教学法不仅坚持从学习知识到内化知识，而且发展出内化知识的旁系——拓展能力，其重点放在发展核心素养上，使学生能够在应对未来挑战的人生道路上走得更远。

还有一种说法叫作翻转课堂"翻转了师生角色"②。这个说法颇为离奇，我们可以从图 1-3-2 中轻易发现其不合理。

---

① 金陵：《翻转课堂与微课程教学法》，15 页，北京，北京师范大学出版社，2015。
② 张杰、李科、杜晓：《翻转大学英语课堂：基于现状调查的冷思考》，载《现代教育技术》，2015(7)。

图 1-3-2　翻转课堂是否"翻转"师生角色

显然，翻转课堂"翻转"了师生角色的说法不太靠谱。翻转课堂强调学习以学生为中心，作为翻转课堂本土创新的微课程教学法不仅强调以学生为中心，还突出教师的设计对于学习是否有效起着主导作用，称之为"教师主导新境界"。

在微课程教学法看来，以学生为中心与教师主导作用并不矛盾，不过，教师仍然是教师，学生也还是学生。即使在协作探究过程和展示、质疑、阐释过程中常出现教学相长的可喜情况，也不会决定师生角色的"颠倒"。

应当指出的是，从以教师为中心到以学生为中心，是教学方式和教学理念的变化、发展，这种变化和发展，早在翻转课堂产生之前就已经存在，现在的翻转课堂不过是非常强调以学生为主体，非常强调教师主导的重要性，而不是发生师生角色颠倒式的"翻转"。

如果我们把变化、发展等都理解为"翻转"，那么，"翻转"的真实含义就会因此变得含混不清，"贴标签"行为就会有"挂羊头卖狗肉"的市场，实践中出现迷茫就不足为怪了。

此外，还有一种叫作"翻转了教学理念"的说法[1]，其实说的是理念的更新或转变。从图 1-3-3 的分析中可以发现这种说法有点草率。

如图 1-3-3 所示，理念一般不是表现为"翻转"，而是表现为变化、发展、更新，或者倒退。所谓"理念翻转"，其实说的是理念的更新、变化、发展，并不存在时间、空间上的"翻转"。

---

[1] 李泽民、张合齐：《热中有冷的思考，冷中有热的追求——"翻转课堂"摭谈》，载《中小学教师培训》，2015(8)。

图 1-3-3　翻转课堂是否"翻转"教学理念

此外，我在平时的讲学中也会有意识地与参会教师讨论：翻转课堂到底是什么与什么颠倒了？有时候，会听到这样的意见："翻转"了空间、时间。这是从学习发生的物理条件出发看问题。不过，真实世界里的空间位置没有发生颠倒"大挪移"，也没有"时光隧道"供我们穿越，不能把学习知识与内化知识在空间排序上的颠倒、在时间排序（白天—晚上）上的颠倒，视为颠倒或翻转了时空。

综上所述，我们发现：在翻转课堂教学模式中，并不存在教学流程、师生角色、教学理念、教学时空等方面的翻转，只存在教学流程再造的必要、重新认识学生学习行为和教师教学行为的必要、更新教学理念以支持翻转课堂实验的必要，以及合理安排一定时空中学习知识与内化知识的发生。

假如我们热衷于炒作莫须有的"翻转"，除了迷失了应当前行的方向、浪费了可以深入推进课程改革的实践时间之外，并没有任何现实的意义。

乱用"翻转"，还会导致人们对翻转课堂产生误解，以为也是"新瓶装旧酒"之类的贴标签行为，从而增加翻转课堂在实验中可能遭受的阻力，甚至会使翻转课堂成为耍嘴皮子的概念炒作。这不是真心推进教育随时代前行的做派。

回顾与思考

您是否还听说过其他假"翻转"？如果有，试分析那些"翻转"失误在什么地方。

小贴士

千万别把转变、改变、更新、发展等与"翻转"混为一谈哦！

四、翻转课堂必须支持核心素养发展

经济合作与发展组织（OECD）早在1997年就提出了"核心素养"的概念，并将"核心素养"视为基础教育的DNA、人才培养的指针。不同国家所提出的核心素养有所不同，但也有一些共通的地方，比如强调合作与交流能力、信息与通信技术的掌握、公民素养、创造性、批判性思维等。①

长期以来，我国基础教育流行以教师为中心的知识灌输的教学方式。21世纪，国家基础教育课程改革实施以来，新课程还没有完全落到实处，学校实际课程并没有摆脱围绕应试教育指挥棒转的现状，教学服从标准答案，教师热衷于"灌输"与"题海战"，而核心素养培养恰恰成为我国传统教学的软肋。

缺乏核心素养修炼的学生，走上社会之后，创新不足，使得我国经济和社会发展面临严峻的挑战。此外，缺乏核心素养修炼的学生，往往存在"负能量"的心理情感与道德判断，这给他们在生存幸福方面的体验蒙上了阴影。

目前，我国已经采纳经济合作与发展组织关于核心素养的概念②，开始探索中国特色的核心素养体系。如果成果合理，其将成为新一轮基础教育课程改革的灵魂。翻转课堂实验，理当支持课程改革实践，面向未来，把核心素养培养落实到课程实施之中。

如何认识核心素养？

2015年，联合国教科文组织发布一份新的研究报告——《反思教育：向"全球共同利益"的理念转变？》。③ 这份报告是联合国教科文组织成立70年以来的第三份具有里程碑意义的重要报告④，对于理解公民素养提出了全新的见

---

① 汪瑞林：《核心素养：素质教育再出发的起点》，载《中国教育报》，2015-05-13。
② 汪瑞林：《核心素养：素质教育再出发的起点》，载《中国教育报》，2015-05-13。
③ 联合国教科文组织：《反思教育：向"全球共同利益"的理念转变？》，巴黎，联合国教育、科学及文化组织出版，2015。
④ 顾明远：《对教育本质的新认识》，载《光明日报》，2016-01-05。第一份具有里程碑意义的报告是联合国教科文组织于1972年发布的由埃德加·富尔任主席的国际教育发展委员会起草的调查报告——《学会生存：教育世界的今天和明天》，史称《富尔报告》。报告提出了一个深刻影响全球教育的命题："唯有全面的终身教育才能够培养完善的人"。第二份具有里程碑意义的报告是联合国教科文组织于1996年发布的由雅克·德洛尔任主席的国际21世纪教育委员会提交的报告——《教育：财富蕴藏其中》，史称《德洛尔报告》。报告提出了著名的教育的四大支柱：学会学习、学会做事、学会共同生活、学会生存。

解。顾明远先生于第一时间发表评论：这份报告必定像前两份报告那样对世界教育的发展产生重大影响。

2016年4月1日《中国教育报》刊登《核心素养的"核心"在哪里》一文，介绍基础教育课程改革倡导者、华东师范大学教授钟启泉对核心素养的思考。

2016年下半年，北京师范大学推出核心素养体系，涵盖学科素养，形成有影响的核心素养理解的一个流派。

微课程教学法认为，探索核心素养，应该从它之所以产生的土壤中去寻找。众所周知，核心素养是伴随知识经济和信息时代到来而萌生的，其历史使命是帮助学生应对未来挑战。由此可见，核心素养应该是面向未来挑战所必需，而当前教育又没有很好地支持其发展的那些素养。钟启泉先生认为，"核心素养是指学生借助学校教育所形成的解决问题的素养与能力"[①]。这些正好是我国基础教育所欠缺的。

核心素养不只是某些课程需要培养，而是所有课程都需要培养。核心素养也不等于课程素养，而是原有课程中都不具有或不是充分具有，但是有助于学生应对未来挑战所应该具有的那些素养。在课程实施中，核心素养表现为为了对孩子们的未来负责，所共同应该重视的那些有助于孩子未来生活的素养的主动的培养。

这样的素养不应该成为一个复杂得难以操作、难以实现的综合素养的庞大体系，而应该是抓得住关键、不需要专门记忆、易于操作的真正具有"核心"意义的素养。否则，"核心素养"极有可能成为新一轮乌托邦式的概念炒作。

就课程改革而言，"没有核心素养，改革就缺了灵魂"[②]。提出"翻转课堂必须支持核心素养培育"的命题，不仅仅因为核心素养培养成为全球教育界有识之士的共识，还因为其蕴含着翻转课堂不支持核心素养培育的现实的可能性。一些学校在翻转课堂形态下继续把关注的重点集中在题目上，重蹈应试教育的覆辙，就是不容乐观的现状。

诚然，有着一千多年历史的科举制度仍然影响着我国社会，不考虑学习成绩提升的教育改革也是不容易成功的。我们需要仰望星空，也需要从理想的云

---

① 钟启泉：《核心素养的"核心"在哪里》，载《中国教育报》，2016-04-01。
② 钟启泉：《核心素养的"核心"在哪里》，载《中国教育报》，2016-04-01。

端返回现实的大地。因此，只有从认知规律中去发现和发展学生潜能中还没有被发现的那些奥秘，方能把翻转课堂建立在现实的基础上，使之既有助于学生发展核心素养，又有助于学生提升学习成绩。否则，任何翻转课堂在我国基础教育课程改革背景下都可能没有真实的意义。

实验微课程教学法，有一个基本理念：**微课程教学法不是为平庸准备的**。微课程教学法主张，符合社会发展趋势的翻转课堂，应该既能够帮助学生发展核心素养，又能够帮助学生提升学习成绩。而且，我们深信，能够发展学生核心素养的教学方式不可能不利于学生提升学习成绩。

您将在阅读拙著的过程中，发现微课程教学法实验者在发展核心素养、提升学习成绩方面创造的奇迹。

回顾与思考

建议您到网络上搜索"核心素养"，分析：

1. 哪些"核心素养"其实在讲综合素养？哪些"核心素养"讲的是学科素养？
2. 假如您见识过国内"翻转课堂"实验，请甄别：国内哪些翻转课堂实验有助于学生发展核心素养？

小贴士

别让翻转课堂沦为应试教育的"帮凶"。

五、深挖翻转课堂的学习意义

微课程教学法关于翻转课堂的定义，从现象中抽象出"学习知识主要在课外，内化知识、拓展能力主要在课堂"的基本特征。

如果我们把"学习知识""内化知识"与建构主义的"同化"与"顺应"联系起来考察，那么，我们对于学习意义的理解将产生怎样的进化呢？

皮亚杰（Piaget，建构主义理论主要代表人物）认为，儿童是在与周围环境相互作用的过程中，逐步建构起关于外部世界的知识，从而使自身认知结构得到发展的。儿童与环境的相互作用，涉及两个基本过程：同化与顺应。

同化是指个体把外界刺激所提供的信息整合到自己原有认知结构内的过

程。顺应是指个体的认知结构因外部刺激的影响而发生改变的过程。同化是认知结构数量的扩充，顺应则是认知结构性质的改变。

认知个体通过同化与顺应这两种形式来达到与周围环境的平衡。当儿童能用现有图式去同化新信息时，他处于一种平衡的认知状态；而当现有图式不能同化新信息时，平衡即被破坏，而要修改或创造新图式（顺应），这个过程就是寻找新的平衡的过程。儿童的认知结构，就是通过同化与顺应过程逐步建构起来，并在"平衡——不平衡——新的平衡"的循环中，得到不断的丰富、提高和发展。

由此我们发现：所谓"学习知识"，其实是一个"同化"的过程，所谓"内化知识"，其实是一个"顺应"的过程。

如果我们继续抽象，把这些晦涩的概念化为生动的本土语言时，我们发现，翻转课堂的学习意义彰显出令人振奋的价值，那就是：学什么，会什么。

学什么，会什么。付诸实践的时候，研究的重点不是教师怎么讲，而是学生怎样才能学好。于是，设计的起点开始超越传统的教案和教学设计，本土的学习设计应运而生。

微课程教学法把"学什么，会什么"的理念及其学习设计成果付诸翻转课堂实践的时候，奇迹频频被创造出来：

学习《用数对确定位置》，参与题为"小小厨房设计师"的微项目学习，学生能够为花砖设计赏心悦目的位置，把数学与美学、生活挂起钩来。

学习《数字与信息》，参与题为"我给好书身份证"的微项目学习，学生能够用《中图法》给图书编索书号。

学习《工业的区位选择》，参与微项目学习，学生能够模拟着为当地经济发展规划出谋划策。

学习《春联》，参与题为"写春联、送春联"微项目学习，学生能够针对赠送对象创作出春联。

学习《江雪》，通过七个脚手架，学生在一个课时的翻转课堂学习（包括课前学习和课堂学习）中，创作出五绝古体诗。

学习《渔歌子》，仍然通过七个脚手架，在一个课时的翻转学习中，学生创作出古体词作。

学习《我想变成大大的荷叶》，参与微项目学习，同样在一个课时的翻转学习中，学生创作出儿童诗。

学习说明文《恐龙》，参与微项目学习，活用列数据、打比方、做比较等方法，学生能够创作出写其他动物的说明文。

学习《说勤奋》，参与微项目学习，即使是第一次学习说理文，四年级学生也能用一个事例说明一个道理，初尝说理文写作的喜悦。

学习《颐和园》，参与微项目学习，学生能够借鉴长廊描写方法，描绘被母亲河环绕的库尔勒香梨城雕、学校的长廊，等等。

学习《Open a restaurant》，参与微项目学习，学生能够用英语从事"5P"模拟策划新开餐馆的广告语。

……

我们惊喜地发现，"学什么，会什么"把教师带入了拥有全新理念的学习设计领域。"怎样让学生学会"的动机激发了教师的教育智慧，使他们开始从演员型教师向点化学生智慧的导演型教师转型。

我们惊喜地发现，"学什么，会什么"激发了学生的想象力和创造力，让他们体验到成功的喜悦，体验到学习的意义与乐趣。

回顾与思考

建构主义的"同化""顺应"概念与"学习知识、内化知识"有何联系？

小贴士

以"学什么，会什么"为教学理念的学习设计，就是本书将重点介绍的微课程教学法系统设计"三剑客"的方法。它强调：课前学习设计围绕学习知识展开，课堂学习设计围绕内化知识展开。从而，翻转课堂可以摆脱个别形式的局限与技术的束缚，走向智慧创意促进学生发展的灵动组合教学要素的广阔天地。

核心概念

翻转课堂（Flipped Classroom）

参考书

乔纳森·伯格曼、亚伦·萨姆斯:《翻转课堂与慕课教学——一场正在到来的教育变革》(中国青年出版社,2015),英文书名为 *Flip Your Classroom:Reach Every Student in Every Class Every Day*。

第二章 填掉"求知鸿沟"的意义

一、萨尔曼·可汗的贡献与局限

可汗学院的创始人萨尔曼·可汗发现了人性化学习的必要性，并且通过技术帮助教学走向人性化。

可汗最初通过帮助表妹纳迪娅学数学走上教育之路。他发现，纳迪娅考试失利的症结是没有理解单位换算的概念，但是，她能很好地掌握数学中更难的概念。这样的不可思议，促使可汗开始研究纳迪娅为什么会在学习数学时遇上瓶颈。[1]

结果发现：学生学习的步调是不一致的，有些学生能够很快地凭借直觉理解一个概念，有些学生可能要通过仔细琢磨才能理解。可汗认为，标准化的课堂教学模式是导致学习质量差异的症结，假如给予足够的时间，所有学生都能完全掌握知识。[2] 这与微课程教学法实验中发现的事实是不谋而合的。

可汗认为，理解得快不一定代表学生聪明，理解得慢也不代表学生愚笨。此外，理解得快并不说明理解得透彻，与那些很快就学会的人相比，学得慢的也许会获得更多知识，而这些知识在大脑中储存得更为长久，在未来也会发挥更多作用。[3] 这个发现也许可以解释我国中学生到了大学及大学毕业之后，在某些领域中反而没有原来成绩平平的美国学生活跃与出色的现象。

在一边辅导纳迪娅一边研究的过程中，可汗获得了两个最重要的认知：其一，课程进度应按照每个学生的不同需求来制定，而不是人为规定一个统一的

---

[1] [美]萨尔曼·可汗：《翻转课堂的可汗学院：互联时代的教育革命》，6~7页，杭州，浙江人民出版社，2014。

[2] [美]萨尔曼·可汗：《翻转课堂的可汗学院：互联时代的教育革命》，6~7页，杭州，浙江人民出版社，2014。

[3] [美]萨尔曼·可汗：《翻转课堂的可汗学院：互联时代的教育革命》，8页，杭州，浙江人民出版社，2014。

进度。其二，学生如果想要掌握更高难度的知识，就必须深入理解最为基本的概念。①

可汗强调，每个人在学习过程中的差异，是支撑他在《翻转课堂的可汗学院：互联时代的教育革命》中提到的所有理论的核心问题。② 解决的策略，则是可汗学院翻转课堂实验中的人性化学习。

可汗倡导的人性化学习包含两个方面：一是让学生在家按照自己的步骤学习。所谓让学生按照自己的步骤学习，指的是让学生在家里通过观看教学视频有一个自定进度的学习，或曰按照自己的节奏、方式学习。学生在家观看教学视频，可以通过倒退、快进，重复观看视频内容，直至掌握。

二是学生在课堂上做作业的时候，教师要善于发现需要帮助的学生，并及时介入给予面对面的个性化辅导，帮助学生掌握知识。可汗组织团队开发操纵盘，帮助教师发现学有困惑的学生并及时介入干预，即给予学生面对面的个性化指导。学生做作业遇到困难，还可以得到可汗学院开发的软件提供的解决问题的实际步骤的提示。

为了防止学生学习过程中产生一个内容还没掌握又开始另一个新内容学习所造成的困惑叠加，可汗开发了一种基于Java的自动进阶软件，只有当学生能够答对一套十道题后，软件才会提供高一级的题目。这种"满十分前进"的模式让学生循序渐进学习，在把低级模块的学习内容掌握之后，再进入高一级模块的学习。③

为了更好地适应个性化学习需要，可汗学院改进了这套练习系统，可以一对一地帮助学生分析自己哪个环节薄弱，并用图表方式反馈给学生。当在观看视频中产生困惑的时候，学生可以随时发邮件提出问题，可汗学院会专门针对学生的疑难杂症提出解答，每秒可以解答15个问题。④ 而且，学生无须支付

---

① [美]萨尔曼·可汗：《翻转课堂的可汗学院：互联时代的教育革命》，8～9页，杭州，浙江人民出版社，2014。
② [美]萨尔曼·可汗：《翻转课堂的可汗学院：互联时代的教育革命》，21页，杭州，浙江人民出版社，2014。
③ 金陵：《翻转课堂与微课程教学法》，北京，北京师范大学出版社，2015。
④ 参见《可汗学院：诞生在衣帽间的网络学堂》，http://www.donews.com/net/201205/1202145.shtm，2019-09-01。

一分钱。

　　人性化学习是支撑可汗"用视频再造教育"的依据。他以精湛的技术、出色的讲课录制短视频，编写学习程序，支持人性化学习。可以说，人性化学习理论是可汗对网络时代教育的最重要的贡献之一。

　　可汗十分推崇精熟学习（Mastery Learning）。他发现，"通常（学习中）存在着瑞士奶酪式的保证通过原有基础继续建构的间隙"。在可汗看来，学生经历家庭作业、听课、家庭作业、听课……然后考试，无论得了 70 分还是 80 分，90 分还是 95 分，课程都将进入下一个主题。① 这样，表面上的合格掩盖了知识掌握方面漏洞百出的事实，如同瑞士奶酪那样，虽然表面完整，里面却布满了小洞。② 我们前面提到的可汗开发的"满十分前进"的自动进阶软件，实际上就是针对这种"瑞士奶酪式的间隙"的学习状况的。

　　可汗从瑞士奶酪里面的"小洞"出发去批判传统教学的弊端，无疑是合理的，采取的解决方法也有可取之处。不过，可汗解决问题的方法比较理想化，这往往使依样画葫芦的"翻转课堂"的教师感到困惑。

　　首先，理论往往与实践是矛盾的。从理论上我们可以推测，学生在家观看教学视频，可以通过倒退、快进，重复观看视频内容，直至掌握。而实际上存在着下述情况：有的学生看了一遍没懂就不看了，有的学生看了几遍还没有全部看懂。

　　其次，自动进阶软件忽视了对错题原因的分析。可汗开发"满十分前进"的自动进阶软件，只有当学生能够答对一套十道题后，软件才会提供高一级的题目。这是依据掌握学习（又译"精熟学习"）理论得出的解决方案，试图让学生学得扎扎实实。但是，这忽视了一个重要分析，那就是：学生为什么会做错？

　　可汗显然忽视了对学习出错原因的分析，因此，他给翻转课堂下的定义也比较粗糙："翻转课堂"指的是让学生按照自己的学习进度在家中听课，然后在

---

　　① 参见《Khan 在 TED 的演讲和与比尔·盖茨的对话》，http://blog.sina.com.cn/s/blog_6b87f20601011vo4.html，2019-09-01。

　　② ［美］萨尔曼·可汗：《翻转课堂的可汗学院：互联时代的教育革命》，60 页，杭州，浙江人民出版社，2014。

课堂上与老师和同学一起解决疑问①，远远没有达到乔纳森·伯格曼和亚伦·萨姆斯认可的翻转学习网引自拉姆齐·穆塞莱姆著作的表述的深度②。

一般来说，如果学生掌握了概念、原理、定律和方法，那是不会出错的，至少是很难出错的；如果学生出错了，一定是在概念理解，或者原理、定律理解，抑或方法掌握等方面出了问题。这个时候，明智的方法是，让学生理解概念、原理、定律，或掌握方法。一旦学生理解了概念，理解了原理或定律，掌握了方法，自然就不会出错了。相反，假如学生没有掌握相关的概念、原理、定律和方法，你再给他多少道题都可能没有真正的意义。可以说，"满十分前进"式自动进阶软件的一个"硬伤"就在于此。

✎ 回顾与思考

1. 萨尔曼·可汗倡导的人性化学习包括哪两个方面？对我们有何启示？
2. 萨尔曼·可汗的翻转课堂教学实验的局限性表现在哪些方面？
3. 想象一下：我们如何克服可汗的局限性？

💡 小贴士

关注萨尔曼·可汗面对困难的态度，不要拘泥于可汗的具体做法。我们对于杰出的网络教育家的钦佩，并不代表可汗的所做所思都是真理。

二、学习中存在着一道"求知鸿沟"

微课程教学法钦佩并肯定可汗学院创造的互联时代的教育奇迹，同时认为，中美两国的教育背景存在着巨大差异，我们没有理由跟在可汗学院后面亦步亦趋，而是应该在搞清为什么要翻转课堂的基础上，把教育改革与发展的前瞻认识与中国教育实际情况联系起来考察，力求遵循教学规律，实事求是往前跨出去，创造翻转课堂本土创新的精彩。否则，就会应了芝诺悖论之验——

---

① [美]萨尔曼·可汗：《翻转课堂的可汗学院：互联时代的教育革命》，85页，杭州，浙江人民出版，2014。
② [美]乔纳森·伯格曼、亚伦·萨姆斯：《翻转学习：如何更好地实践翻转课堂与慕课教学》，20页，北京，中国青年出版社，2015。

"阿基里斯永远赶不上乌龟"①，困顿于迷茫之中就不足为怪了。

假如我们不是局限于把瑞士奶酪中间的空隙比作传统教学不扎实的认识，而是从瑞士奶酪表面的花纹来发掘"间隙"(gaps)之于学习的意义，那么，就有可能直截了当地揭示"为什么要翻转课堂"的现实意义。

《翻转课堂与微课程教学法》第一章②专门研究了这个问题。从网络搜索瑞士奶酪的图片，我们可以发现两种外形的瑞士奶酪。

两种瑞士奶酪表面的花纹有一个共同的特点，那就是，无论黄底红色条状花纹的，还是白底蓝色条状花纹的，它们与底色之间的关系像极了小学数学中"一一间隔"的关系，这令我们探求学习是否有效的原因时大开"脑洞"。

可汗在表述"瑞士奶酪式的间隙"时用了"gap"这个单词。gap 是个多义词，可以表示缺口、空隙，也可以表示峡谷、深谷，例如：Pine Gap 说的是松树谷；generation gap 说的是代沟，表示的是隔阂或差距。如果我们从缺口、谷、沟的意义乃至扩展的意义来看待"瑞士奶酪式的间隙"，就可以发掘出"为什么需要翻转课堂"的极具说服力的真实意义来。

现在，我们要对瑞士奶酪"动刀"了。

我们可以任意取某一条状花纹（无论是红色的还是蓝色的，这取决于奶酪的种类），例如最左侧的条纹，把它看作学生学习中的"原有基础"，把右侧相邻的一条花纹看作将要通过学习掌握的新知识（概念、原理或方法）。这样一来，我们可以看到，两个条状花纹中间存在着一条白色或黄色（取决于奶酪的种类）的"gap"。我们把这条"gap"称作"求知鸿沟"，只有"填"掉这道"求知鸿沟"才能掌握新的学习内容。

为什么把"gap"比作"求知鸿沟"？

我们知道，学生的学习总是在原有的认知基础上发生的，通过感官与思维

---

① "阿基里斯永远赶不上乌龟"源于古希腊数学家、哲学家芝诺（Zeno）提出的阿基里斯和乌龟赛跑的著名悖论。阿基里斯（Achilles）是希腊神话中善跑的英雄，芝诺的论证建立在让乌龟在阿基里斯前面 1000 米处开始跑的基础上，并且假定阿基里斯的速度是乌龟的 10 倍。比赛开始后，若阿基里斯跑了 1000 米，设所用的时间为 t，此时乌龟便领先他 100 米。当阿基里斯跑完下一个 100 米时，他所用的时间为 $t/10$，乌龟仍然前于他 10 米。当阿基里斯跑完下一个 10 米时，他所用的时间为 $t/100$，乌龟仍然前于他 1 米。依此类推，阿基里斯可以继续逼近乌龟，但是无法超越乌龟。

② 金陵：《翻转课堂与微课程教学法》，19～22 页，北京，北京师范大学出版社，2015。

/第一部分 起点：把翻转课堂建立在现实的基础上/

的共同作用，才能掌握新的学习内容。这个感官与思维的共同作用，表现为一定的体力与脑力的支出。我们把这个感官与思维共同作用产生的一定的体力与脑力的支出，看作学生在原有基础上"下功夫"学习新知识的求知过程，即学习行为发生过程。这个求知过程需要耗费足够的学习时间才能完成。学生个体掌握新的学习内容需要耗费的时间足够，就能掌握新的学习内容。如果学生个体掌握新知需要耗费的时间不足，就不能很好地掌握乃至不能掌握新的学习内容。

这样看来，从学生在原有基础上学习，到掌握新的学习内容之间，好像存在着一道无形的"gap"，这道无形的"gap"需要学生个体耗费足够的体力与脑力支出（表现为时间）才能"填"掉，从而掌握新知。所以，"gap"就像一道用学生个体掌握新知需要耗费的学习时间来"填"掉的"求知鸿沟"。填掉"求知鸿沟"，就能掌握新的学习内容；反之，则不能掌握，形成学习上的困惑。这就是微课程教学法发现的"填沟理论"。

现在，我们把"瑞士奶酪式的间隙图"做如下两种变形（图2-2-1和图2-2-2），就可以清晰地发现"填沟理论"与学习是否有效的关系，从而揭示出"为什么要翻转课堂"的现实意义。

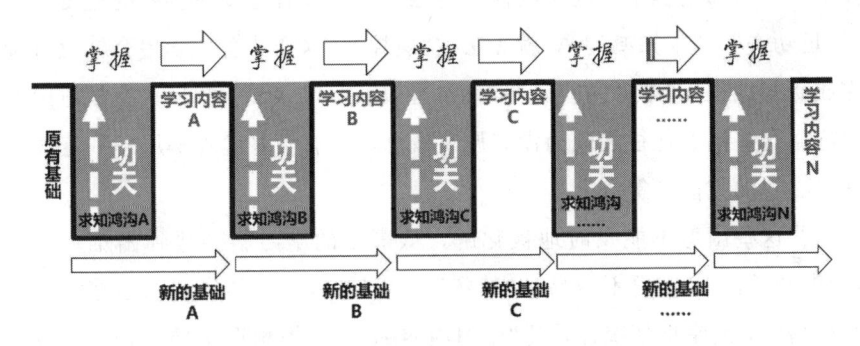

图 2-2-1 "填沟理论"与"有效学习"

让我们从左往右看图 2-2-1。学生的学习行为总是在原有认知基础上发生的。在求知过程中，如果耗费足够的体力与脑力支出，即"下足功夫"，就能填掉"求知鸿沟 A"，掌握新的"学习内容 A"。由于学习是一个持续不断的过程，学生又会从新的认知基础——"新的基础 A"出发，耗费足够的体力与脑力支出，填掉"求知鸿沟 B"，掌握新的"学习内容 B"。然后，继续从"新的基础 B"

出发，填掉"求知鸿沟 C"，掌握新的"学习内容 C"。如此向前，就能填掉一个个"求知鸿沟"，不断获得认知发展。这是"填沟"与"有效学习"之间的关系。

如果学生个体掌握新知识需要耗费的学习时间没有得到满足，即没有"下足功夫"，"求知鸿沟"就无法被"填满"，就会出现图 2-2-2 所示情况。

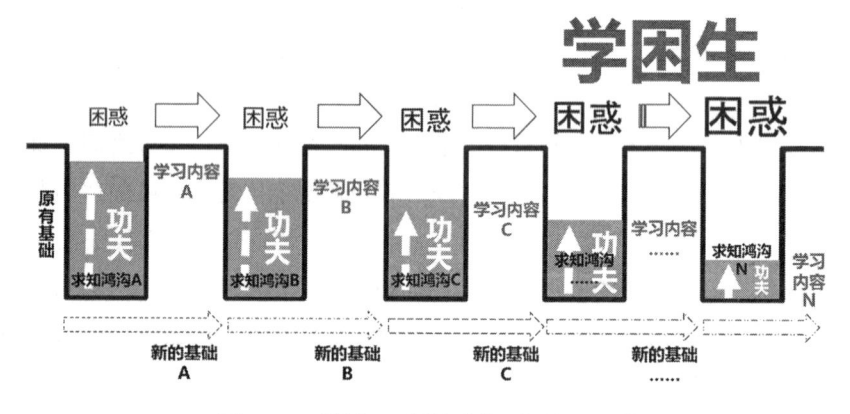

图 2-2-2 "填沟理论"与"学习低效/无效"

我们仍然从左往右看图。图 2-2-2 表示，学生的学习行为在原有认知基础上发生，在求知过程中，耗费的体力与脑力支出没有达到"足够"的程度，即没有"下足功夫"，"求知鸿沟 A"就无法被"填掉"。这意味着，学生个体没有圆满地完成认知过程，"学习内容 A"也就没有被很好地掌握，相反，在学习中留下了困惑。这些困惑往往表现为没有厘清概念，没有很好地理解原理和定律，没有掌握必要的方法，等等。

倘若这些困惑不能及时地被化解，从事新的学习就会遇到困难。如图所示，"求知鸿沟 B"就更不容易被"填掉"，因为"功夫"不容易"下足够"。结果，"学习内容 B"的掌握情况往往比"学习内容 A"的掌握情况更差。如果不及时解决问题，就会形成恶性循环，"求知鸿沟 C"乃至"求知鸿沟 N"，就越来越难以被"填掉"，"学习内容 C"乃至"学习内容 N"的掌握情况，也会越来越差，结果产生"后进生""学困生"。

在图 2-2-2 中，新的学习发生前所必要的基础也相应地没有打好。细心的读者会发现，"新的基础"的演进箭头表示为虚线箭头。在这种不扎实的认知基础上发生的新的学习过程中，会有困难频现、学习低效甚至无效的情况出现。

图 2-2-2 表示的是"填沟"与"低效学习"乃至"无效学习"之间的关系。与图 2-2-3 联系起来考察，我们不难发现"填沟理论"与"学习是否有效"之间的关系：填掉"求知鸿沟"，学习就会有效；填不掉"求知鸿沟"，学习就会低效，严重的，还有可能出现学习无效的情况。

值得一提的是，图 2-2-1 与图 2-2-2 反映的是极端的情况。在现实的学习行为发生过程中，图 2-2-1 与图 2-2-2 所示情况并不多见。更多的情况表现为图 2-2-1 与图 2-2-2 的混合叠加，如图 2-2-3。

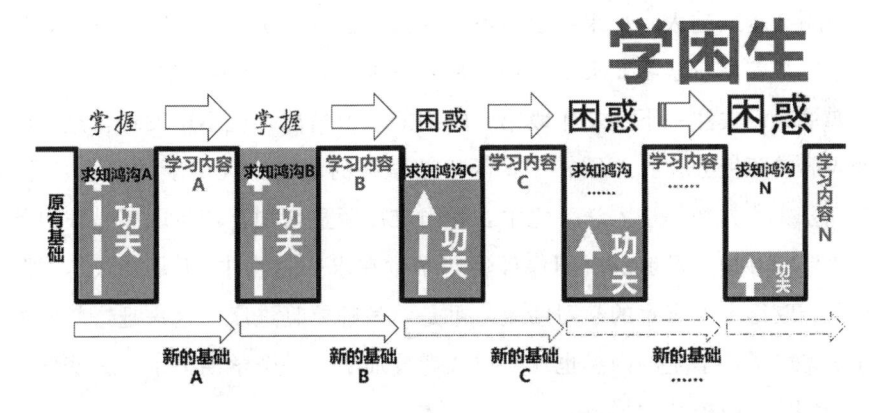

图 2-2-3 "填沟理论"与"学习是否有效"

在图 2-2-3 中，学生个体的学习在原有基础上发生。如果学生有耗费必要的体力与脑力支出的足够时间的话，就能够"下足功夫"，填掉"求知鸿沟 A"，掌握"学习内容 A"。

接着，学习在"新的基础 A"上发生，假如学生仍然有耗费必要的体力与脑力支出的足够的时间，就能够"下足功夫"，填掉"求知鸿沟 B"，掌握"学习内容 B"。

于是，学习可以在"新的基础 B"上开始。不过，假如这个阶段学生因为某种原因（包括理解能力）没有耗费必要的体力与脑力支出的足够的时间，那就不能达到"下足功夫"的状态，换句话说，就是"求知鸿沟 C"没有被完全"填掉"，学习的结果就呈现为产生了困惑，没有完全掌握"学习内容 C"。

假如没有必要的措施帮助学生消除困惑、掌握好"学习内容 C"的话，接下来的学习只能在不扎实的"新的基础 C"（虚线箭头）上开始。由于原来的困惑没有解决，又开始新的学习，产生困惑叠加的可能性大大增加，学生更加没有办法有"耗费必要的体力与脑力支出"的足够的时间，即更加没有办法"下足功夫"填掉"求知鸿沟"，其结果必然是掌握不好新的学习内容，很容易产生图 2-2-2 的情况。

按说学生产生困惑之后，教师应该帮助他们填掉"求知鸿沟"。但是，在传统的班级授课制条件下，通常的情况是：教师需要赶进度，难以一而再、再而三地帮助所有学生个体把所有困惑都排除掉。因此，学习上的困难会越积越多，问题会越来越大。如果继续得不到帮助，没有办法"下足功夫"的话，这些学生个体很容易对学习丧失信心和兴趣，最终沦为"后进生""学困生"。

如果我们关注一下初二年级第一学期的学习情况，就不难发现，这个学期最容易形成两极分化。原因在于，随着新学科的增加，大量新的概念、原理、定律、公式、方法等进入学习之中，学习难度明显增加，产生困惑是很自然的事。如果能够提供足够的时间保证这些学生在求知过程中"下足功夫"，那么，他们也会取得令人满意的学习绩效。可是，教师要赶进度。这一赶，教师的教学进度完成了，学生的困惑也就生成或者叠加了。一个学期下来，一些学生成为"学困生"，两极分化形成。

传统教学对此束手无策。要想解决问题，只有另辟蹊径。如果既要让教师完成教学进度，又要让学生个体都能下足功夫，那么，明智的方法是让学生回家去学习新知识，让那些需要额外时间下功夫的学生有机会按照自己的步骤学习，下足功夫，填掉"求知鸿沟"，掌握好学习内容。然后，到课堂里来内化知识、拓展能力、发展核心素养就有了可能，教育也就有了摆脱应试教育困扰的希望。

当我们尝试去这样做的时候，我们就一脚踏进了翻转课堂的殿堂。

回顾与思考

1. "填沟理论"的"填沟"是什么意思？"沟"被填满了与"沟"没有被填满，对于学生学习有什么影响？

2. 比较图 2-2-1 和图 2-2-2 表达的含义，自测：能否发现"填沟理论"与翻转课堂的关系？

/第一部分　起点：把翻转课堂建立在现实的基础上/

💡小贴士

假如能够解释图 2-2-1、图 2-2-2 和图 2-2-3 的含义，那么，您应该已经发现"为什么要翻转课堂"的原因了。如果暂时没有发现"为什么要翻转课堂"的原因，建议您重新阅读"二、学习中存在着一道'求知鸿沟'"，您会有新的发现。

三、厉害了，"填沟理论"的现实意义

"填沟理论"发现了"学习是否有效"的原因：如果学生下足功夫，填掉"求知鸿沟"，就能掌握新的学习内容。如果没有下足功夫，填不掉"求知鸿沟"，就会产生学习困惑。这一发现为研究有效教学创造了条件。

由于学生填掉"求知鸿沟"所下的功夫可以用时间来衡量，因此，一个极其重要的现实问题浮出水面：不同的学生掌握同样的学习内容所需要的时间是不一样的。[1]

在传统班级授课制条件下，时间是一个常量，教师不可能在课堂上为不同学生提供不同的学习时间。结果，应该成为常量的学习质量倒成了变量。这就决定了传统的班级授课制不可能解决"后进生""学困生"的问题，相反，注定要成为源源不断滋生"后进生""学困生"的土壤。[2]

这一发现捅出的"漏子"不大不小，把传统教学场景下发生的"无效学习"的真正原因暴露在光天化日之下。不过，无效学习的原因被发现，这本身就是可喜的。发现了问题，我们就可以进入解决问题的程序，变革就有了希望。假如发现不了无效学习的原因，我们就连改进的资格都没有，只能陷入死缠烂打式的"题海战"泥淖之中。

现在，实验翻转课堂的教师看到，学习时间不再是学习过程中的常量，而是一个因人而异的变量。掌握知识的程度不再是学习过程中的变量，而是一个基于按照自己的步骤学习而必然发生的常量。[3]有效的学习应该创造条件，让

---

[1] 金陵：《翻转课堂与微课程教学法》，20 页，北京，北京师范大学出版社，2015。
[2] 金陵：《翻转课堂与微课程教学法》，20 页，北京，北京师范大学出版社，2015。
[3] 参见 2013 年 10 月 28 日《纽约时报》（中文版）王湛、曹莉所译《教室的革命》（"In 'Flipped' Classrooms, a Method for Mastery"）一文，作者是蒂娜·罗森堡（Tina Rosenberg）。

不同的学生得以用不同的时间填掉"求知鸿沟",掌握新的学习内容。这样的学习行为持续发生,构成无限连续、无限延伸的有效学习链。

"填沟理论"的发现,使翻转课堂建立在现实的基础之上。在微课程教学法看来,翻转课堂不是随心所欲的主观臆想,而是有效学习的理性选择。只有"学习知识主要在家里"[1],才能保证学生有足够的时间填掉"求知鸿沟",掌握新的学习内容。在这样的前提下,课堂才能成为内化知识、拓展能力、发展核心素养的主要场所。这就是值得我们探索翻转课堂奥秘的真实意义。

读到这里,我们不难理解"填沟理论"发现的"翻转课堂"的真实原因言之有理。但是,问题也接踵而来。例如,学生在家不自主学习,或者自主学习碰到困难解决不了,那么,翻转课堂的美好愿景不就成了空中楼阁了吗?

这样的思考是很有意义的,说明我们在发现问题,期待解决问题,我们的智慧将要迸发出来。既然我们已经发现"为什么要翻转课堂"的真实原因,何不向前一步,迈进"怎样翻转课堂",以及"怎样才能保证学生在家自主学习的质量"的研究领域,以满满的正能量敲碎那些貌似坚不可摧的思想顽石,走出"高质量翻转课堂怎样实现"的道路来呢?

不过,微课程教学法不赞成翻转课堂走"掌握学习"(Mastery Learning,又译"精熟学习")的老路。虽然可汗学院创始人萨尔曼·可汗极度推崇"掌握学习",但是,由于"掌握学习"在操作方法上更多地采用重复训练的方法,不利于学生创造性思维的发展,无法满足面向未来的核心素养发展的要求,因而不是高层次翻转课堂的理想选择。

微课程教学法不是为平庸准备的。面向未来,遵循规律,另辟蹊径,为实现中国梦,准备创新型民族后备力量,让我们的年轻一代思维健康、心理情感健康、社会交往良好,有良好的学习能力、工作能力和生活能力,才是高层次翻转课堂要走的现实道路。

---

[1] 金陵:《翻转课堂:本土创新的奥秘——微课程教学法视域》,载《新课程|小学数学名师说课》,2016(6)。

回顾与思考

1. 为什么说传统的班级授课制是源源不断滋生"后进生""学困生"的土壤？

2. 我们说，微课程教学法捅出了传统教学场景的"漏子"，这个"漏子"指的是什么？

3. 怎样才能构成无限连续、无限延伸的有效学习链？

4. 为什么翻转课堂不能走"掌握学习"的老路？

小贴士

假如您对学生在家会不会自主学习、能不能自主学习心存疑虑，那么，请您在接下来的阅读中，尤其关注微课程教学法"系统设计"的篇章。

核心概念

求知鸿沟（A Gap of Learning）

参考书

萨尔曼·可汗：《翻转课堂的可汗学院：互联时代的教育革命》（浙江人民出版社，2014）。

第二部分
创新：构建智慧学习新体系

提 要

第二部分包括第三、第四两章内容。第三章：让"微课程"回归自己的逻辑。分析两种不同类型的"微课程"，提出具有宏观课程微观组织意义的"微课程"定义，揭示"微课程"与"微课"的区别。第四章：微课程教学法的教学模型。阐述构成教学模型的两个主体、两个阶段、三大模块；阐述智慧学习体系对核心内涵、支持系统的界定，以及主体与人工智能的关系；规范教学模型的运行图式；阐述线性课程观与离散课程观统一于教学模型的必要性；提出超越"先学后教"，重新认识学习主体和教师职能，提出"修内功，搭支架，促内化"的九字修炼法。两章内容既有理论，又有实践。

结 构

创新：构建智慧学习新体系
- 让"微课程"回归自己的逻辑
  - 两种不同的"微课程"
  - 反省流行的"微课程"
  - 重新定义"微课程"
  - 梳理微课程与"微课"的关系
- 微课程教学法的教学模型
  - 三大模块：构建智慧学习新体系
  - 运行模式：教学模型的实际流程
  - 两个阶段："线性"与"离散"的统一
  - 超越历史：超越"先学后教"
  - 两个主体：展开学与教的另一片天空

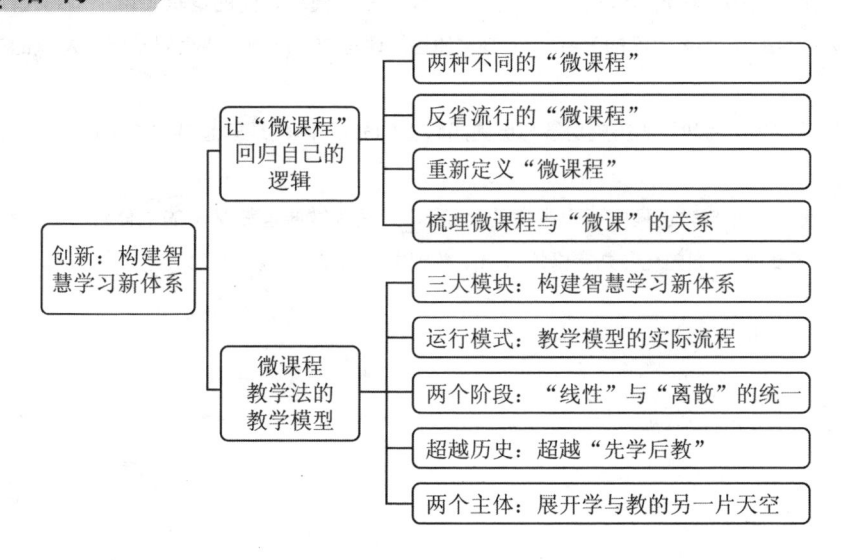

> 任何一门新的课程，都可以被看作在努力回应某一问题。
>
> ——乔治·J. 波斯纳

微课程教学法是翻转课堂本土创新的理论与方法。2013年12月，《中国信息技术教育》刊发《建构中国特色的"微课程教学法"》全文，标志着微课程教学法的诞生。

微课程教学法又是在云计算环境下，以单位课时教学活动为研究对象，以三大模块、参与式学习为基本特征的教学方法，既有鲜明的时代烙印，又有丰富的内涵特征。

本书第一部分的引言指出：认识微课程教学法，当从翻转课堂走起，走进宏观课程微观组织，走进三大模块、参与式学习的微课程教学法教学模型。在这一部分中，我们将着重阐述微课程教学法的三大主要特征，帮助读者洞见微课程教学法独特的"微课程"定位，以及著名的教学模型。

阅读建议

1. 通过辨析两种不同类型的"微课程"，发现流行"微课程"的逻辑缺陷，从课程视域理解微课程教学法关于"微课程"的定义及其意义。

2. 通过对微课程与"微课"之间关系的逻辑分析，依据示意图阐述微课程与"微课"之间的辩证关系。

3. 通过对微课程教学法教学模型分析，理解三大模块之间的逻辑关系，了解智慧学习新体系中主、客体之间的关系，发现"线性"课程与"离散"课程对于学生发展的重要意义。

4. 从"先学后教"的历史功绩与历史局限性的分析中，理解超越"先学后教"的重要意义。

5. 通过对学与教过程中两个主体的再认识，理解微课程教学法的主体观，理解"修内功，搭支架，促内化"九字修炼法对于教师发展与学生发展的意义。

第三章　让"微课程"回归自己的逻辑

迄今为止，存在着两种不同类型的"微课程"。厘清两类不同归属的"微课程"之间的微妙关系，是认识微课程教学法的必要前提。

一、两种不同的"微课程"

教育信息化进程中出现了两种不同类型的"微课程"。

两类"微课程"中，一类是从数字资源视域看问题，把教师录制的微型讲课视频（也就是"微视"）称作"微课程"。这样的"微课程"，载体是微视频，内容是教师关于某个知识点的讲课。由于这个视频是录制出来的，所以，人们常称之为"制作'微课程'"。

资源系列概念之间的逻辑关系如图 3-1-1 所示。

图 3-1-1　资源系列概念之间的逻辑关系

在图 3-1-1 中，资源与课程资源是属种关系。资源是属概念，即上位概念；课程资源是种概念，即下位概念。资源中包含着课程资源，课程资源被包含于资源之中。同理，课程资源是数字教学资源的属概念，即上位概念；数字教学资源是课程资源的种概念，即下位概念。课程资源中包含着数字教学资源，数字教学资源被包含于课程资源之中。依此类推，数字教学资源是"微课"的属概念，即上位概念；"微课"是数字教学资源的种概念，即下位概念。数字教学资源中包含着"微课"，"微课"被包含于数字教学资源之中。如此，构成资源系列概念的图景。

还有一类是从课程(Curriculum)视域看问题，认为微课程具有诸多属性，如课程属性、技术属性、资源属性和时代属性等。但是，决定微课程性质的不是技术属性，不是资源属性，也不是时代属性，而是课程属性。课程属性是微课程之首要的和本质的属性。①

课程系列概念之间的逻辑关系如图 3-1-2 所示。

图 3-1-2　课程系列概念之间的逻辑关系

在图 3-1-2 中，课程与具体课程（一般表现为学科课程）构成属种关系。课程是属概念，即上位概念；具体课程是种概念，即下位概念。课程中包含着具体课程，具体课程被包含于课程之中。具体课程与微课程也构成属种关系。具体课程是属概念，即上位概念；微课程是种概念，即下位概念。具体课程中包含着微课程，微课程被包含于具体课程之中。如此，构成一幅课程系列概念的图景。

两种不同类型的"微课程"，共用同一个名称，造成理解上的扑朔迷离。从哲学视域看问题，概念清楚明确，是思维正确的先决条件。如果分不清两类不同性质的"微课程"，就有可能"雌雄不辨"，还有可能"指鹿为马"。这种混沌的思维对于教学实践而言是有害的。因此，理解微课程教学法，需要区分两类不同性质的"微课程"，了解其属性，认清其本质，厘清它们之间的关系。这样，我们才有可能纲举目张地走向课程改革的深处。

---

① 金陵：《翻转课堂与微课程教学法》，86～90 页，北京，北京师范大学出版社，2015。

📝 回顾与思考

1. 迄今为止，存在着哪两类"微课程"？
2. 从逻辑视域分析两类"微课程"有何意义？

💡 小贴士

假如您能够成功地区分两种不同类型的"微课程"，那就为研究微课程教学法创造了条件。假如您感觉还是不太好区分，请试试能否根据图 3-1-1 和图 3-1-2 分别解释每一对上位概念与下位概念的关系。只要静下心来，您一定会成功。

二、反省流行的"微课程"

流行的"微课程"，是资源视域的"微课程"。但是，资源视域的"微课程"，其实不是课程，当然，也不可能是名副其实的微课程。比较图 3-1-1 和图 3-1-2，我们可以发现问题的端倪。

事实上，从我 2012 年接触"微课程"概念至今，流行的"微课程"并没有构成一个独立的概念。这是因为，人们一直误把"微课程"当作"微课"的另一个名称，一会儿把微型讲课视频叫作"微课"，一会儿又称其为"微课程"，全然忽视了对"微课程"做课程性质的研究。

网络搜索不难发现这种思维的混乱。"知行网"《慕课、翻转课堂、微课程的特点比较》一文认为：微课程指的是以一个内容简短、主题明确的视频方式来集中说明一个问题或核心内容的小课程，最终实现在线学习或移动学习的实际教学内容。微课程的主要特点是时间短、内容少、容量小、主题突出、多样传播、针对性强，并且微课程的制作简单。

"南京纳加软件教育网"《微课程是什么》一文基本沿用这一定义：微课程指的是以一个内容简短、主题明确的视频方式来集中说明一个问题或核心内容的小课程，最终实现在线学习或移动学习的实际教学内容。微课程的精髓是"微而精，小而奇，内容少，蕴意深，从小处入手，解决一个问题"。

我们在网上还可以轻松地搜索到铺天盖地的"微课程制作"。遗憾的是，打开一看，这些文章压根儿不谈课程，而是大谈"微课"制作，或者其他学习资源制作的信息。

上述"微课程"没有本质差异，都犯了同样的逻辑错误，即把"微课程"当作"微课"来理解，在逻辑学意义上，属于悄悄地把"微课程"这个课程性质的概念偷换为表示"课程学习资源"性质的"微课"。概念的混乱会导致实践的混乱，其积极影响很可能抵不过消极影响。我们不如还它一个名副其实的名称——"微课"，让老师们思路清晰地开展实践。

反思流行的"微课程"，需要把属于"课程资源"范畴的"微课"与属于课程范畴的"微课程"区分开来。

在微课程教学法中，"微课"这一以视频为主要媒体的学习资源，被看作帮助学生完成有难度的学习任务的配套学习资源，属于课程资源范畴。"微课"存在于课程之中，是教学要素，而不是等同于"课程"本身。微课程则属于课程范畴，其上位概念就是"课程"，我们不能把课程降格为"课程学习资源"，这会迷失课程研究与实践的主要方向。

当然，"微课"也可以用于促进教师专业发展的业务研修。不过，用于教师业务研修的"微课"仍然表现为资源，是支持教师业务研修的资源，而不是表现为课程。

合理的思路，即符合逻辑学意义的思路是，理解"微课程"的概念需要从课程研究出发，而不是从技术研究出发，尽管微课程教学法一直倡导用技术支持教学变革。只有让"微课程"回归自己的逻辑立足点——课程，才能有坚实的土壤支持其研究并促成其成长勃发。

从2013年下半年开始，我把对"微课程"研究的重点从技术视角转向课程视角，希望从对课程的研究中发现"微课程"应有的属性，使之成为能够在教学中生根成长的促进课程改革深入发展的现实力量。

这一行为转变显然是有效的。因为，只有在事物的性状或属性得以充分展现的时候，才有可能产生能够反映概念本质的定义。而且，随着社会实践的推进，人们对于原有概念的理解会不断得到修正，从而更加接近事物的本质。[①]

正如前文所述，研究发现，微课程至少具有课程属性、技术属性、资源属性和时代属性，但是，决定微课程性质的不是技术属性，不是资源属性，也不

---

① 金陵：《翻转课堂与微课程教学法》，87页，北京，北京师范大学出版社，2015。

是时代属性,而是课程属性。课程属性是微课程之首要的和本质的属性。[1] 研究"微课程"应当从课程论入手,这样才有可能走上正道。

📝 回顾与思考

1. 为什么说流行的"微课程"犯了"偷换概念"的逻辑错误?
2. 为什么说理解"微课程"概念需要从课程研究出发?

💡 小贴士

假如您在解答上述两个思考题时遇到困难,不用担心,可以重新阅读"一、两种不同的'微课程'"的内容,或者搜索浏览逻辑学有关属种关系或上下位概念的相关内容,这有助于您分析问题。您也可以直接看下面这段文字:

属种关系,称真包含关系,指一个概念的部分外延与另一个概念的全部外延重合的关系。其中,外延大的概念叫属概念,或上位概念;外延小的概念叫种概念,或下位概念。如图 3-1-1 中,所有的"微课"都是数字教学资源,但有的数字教学资源不是"微课"(如仿真实验资源)。显然,数字教学资源的外延大于"微课"。因此,数字教学资源与"微课"这两个概念是属种关系:数字教学资源是属概念,即上位概念;"微课"是种概念,即下位概念。同理,所有的数字教学资源都是课程资源,但有的课程资源不是数字教学资源,课程资源与数字教学资源也是属种关系:课程资源是属概念,即上位概念;数字教学资源是种概念,即下位概念。

现在,您试一试能不能解释图 3-1-1 中资源与课程资源的逻辑关系。相信您已经胸有成竹了。

三、重新定义"微课程"

考察课程论,我们发现,课程至少包含课程设计、课程开发、课程实施和课程评价四大范畴,是一个复杂的人工系统,而不是一个简单的技术系统。研究"微课程",首先应该将其视为课程,而不是把课程高度的"微课程"降低为课程资源。

课程是一个既高深又务实的领域。

---

[1] 金陵:《翻转课堂与微课程教学法》,86~90 页,北京,北京师范大学出版社,2015。

艾伦·C. 奥恩斯坦(Allan C. Ornstein)和弗朗西斯·P. 汉金斯(Francis P. Hunkins)合著的《课程论：基础、原理和问题》(Curriculum：Foundations, Principles, and Issues)认为课程有五种定义方法：作为实现目标的计划，作为学习者的体验，作为一个与人相关的可以是线性的或者非线性的系统，作为有自己的基础、知识领域、研究、理论、原则和专家的研究领域，作为数学、科学、英语、历史等学科主题。①

为什么不单纯地规定一种课程的定义，然后坚持这种定义观？乔治·J. 波斯纳(George J. Posner)认为：对课程的定义在哲学或政治上是无法中立的。定义课程的方式实际上受到哲学或政治的影响。例如，实用主义哲学家认为，离开了手段，目的就不存在，预期的结果只有作为教学实践展开或回顾的时候，才能被完全理解。同样，如果把教育的计划、标准、预期的结果作为课程重点的话，实际上采取了一种政治立场。②

虽然课程有着复杂的定义方法，我们仍然能从所有课程中抽象出它们共同具有的基本特征——课程设计、课程开发、课程实施、课程评价四大范畴。

作为课程的微课程不应例外，也应该包含课程设计、课程开发、课程实施、课程评价四大范畴。我们应该用课程论的一般方法指导具体实践，创造符合课程理论、方法，又具有时代特征的微课程。离开了四大范畴的"微课程"，其实不是微课程，而是微小的课程资源。

要问微课程的"微"，微在什么地方，这与课程的组织有关。虽然宏观和微观具有相对的性质，但是，仍然具有一般意义的理解。一般来说，课程的宏观组织专指把具体的单元课程组织起来形成教育项目，课程的微观组织专指一课时或一单元内部的组织。③

微课程要从理想的云端返回现实的大地，选择课程的微观组织的基本单位作为研究与实施的对象是明智的。如果把"微课程"落实到课程的微观组织，即一课时或一单元内部的组织，"微课程"才能既有课程应有的属性，又有课程实

---

① [美]艾伦·C. 奥恩斯坦、弗朗西斯·P. 汉金斯：《课程论：基础、原理和问题》(第五版)》，10～11页，北京，中国人民大学出版社，2009。
② [美]乔治·J. 波斯纳：《课程分析》，6页，上海，华东师范大学出版社，2007。
③ [美]乔治·J. 波斯纳：《课程分析》，132页，上海，华东师范大学出版社，2007。

施的可能，而不至于仅仅沦为时髦的标签。高校和中等职业学校可以落实到一个单元，中小学可以落实于一个课时。各得其所，共同发展。

我们需要用宏观课程理论指导微观课程组织。实验发现，将宏观课程理论应用于单位课时教学的微观课程组织，能产生相当好的教学质量。而且，不经意间，把发展核心素养与提升学习成绩统一了起来。

现在，我们这样定义微课程：

微课程是云计算和移动互联环境下，有关单位课时教学活动的目标、任务、方法、资源、组织形式、评价与反思等要素优化组合为一体的教学系统①，具有宏观课程微观组织的特性。

在这个定义中，微课程的研究对象定位于单位课时教学活动。这样做的好处是显而易见的。由于单位课时教学活动是构成课程学习的最基本单位，有利于翻转课堂本土创新落到实处；由于每一个课程基本单位都及时地完成从设计、开发到实施、评价的课程活动，每一课时的学习质量都能得到及时的反馈，有利于学生填平"求知鸿沟"，掌握新的学习内容，发展核心素养。于是，学生们每天都能体验到学习力提升带来的成就感，从而对学习充满向往。这有利于学生身心健康成长。

在以后的阅读中，您将会发现微课程教学法倡导的翻转课堂在发展核心素养、提升学习成绩方面的奥秘。

回顾与思考

1. 课程包含哪四大范畴？
2. 将微课程的研究对象定位于单位课时教学活动有何意义？
3. 微课程教学法是如何定义"微课程"的？

小贴士

理解微课程定义中的"宏观课程微观组织"，可以从宏观课程理论指导微观课程组织入手，发现微课程教学法的定义中实际上包含了课程微观组织（单位课时教学活动）的设计、开发、实施、评价四大范畴。这样就把宏观意义上的课程理论与方法引入微观课程

---

① 金陵：《微课程教学法：翻转课堂的本土创新》，载《中小学数字化教学》，2017(2)。

组织，使其凝聚于课程微观组织，引发课程微观组织发生变革，并产生令人耳目一新的教育成效。

📚 小资料

五种定义课程的方法①

First, curriculum can be defined as a plan for achieving goals. This position, popularized by Tyler and Taba, exemplifies a linear view of curriculum. The plan involves a sequence of steps. Today most behavioral and some managerial and systems people agree with this definition. For example, J. Galen Saylor defines curriculum as "a plan for providing sets of learning opportunities for persons to be educated".

Second, curriculum can be defined broadly, as dealing with the learner's experiences.

According to a third definition, less popular than the first two, curriculum is a system for dealing with people. The system can be linear or nonlinear. A linear system plots out the means to a desired end. In contrast, a nonlinear system permits the curriculum specialist to enter at various points of the model, skip parts, reverse order, and work on more than one component at a time. Many managerial and systems curricularists adopt this definition.

Fourth, curriculum can be defined as a field of study with its own foundations, knowledge domains, research, theory, principles, and specialists.

Finally, curriculum can be defined in terms of subject matter (math, science, English, history, and so on).

四、梳理微课程与"微课"的关系

当完成两类"微课程"的界定，并且选择课程取向的定义方法之后，我们已经完成认识微课程的主要任务。进而，我们需要梳理微课程与"微课"的关系。

在微课程教学法中，"微课"是一种视频资源，主要用来支持学生完成自主学习任务单中容易遭遇困难的那些学习任务。当教师发现学生完成某学习任务可能会比较困难时，就要分析遇到困难的原因。比如：究竟是概念没有厘清？还是原理或定律没有理解？抑或方法没有掌握？

---

① [美]艾伦·C. 奥恩斯坦、弗朗西斯·P. 汉金斯：《课程论：基础、原理和问题（第五版）》，10～11页，北京，中国人民大学出版社，2009。

/第二部分　创新：构建智慧学习新体系/

找到症结之后，教师设计相应的学习脚手架（Scaffolding），其中，比较有效的就是录制微型的讲课方式的辅导视频——"微课"，靶向帮助学生克服困难，完成学习任务，进而达成目标。实际上，走的是"需求导向"的资源路线。

于是，我们看到课程与资源呈交叉关系，见图 3-4-1。

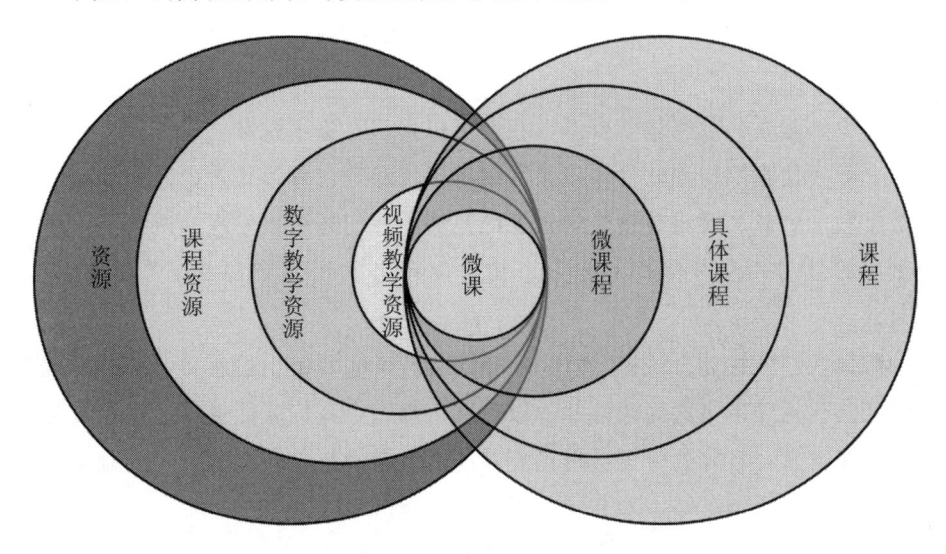

图 3-4-1　课程与资源的关系

在图 3-4-1 中，课程资源系列诸要素进入课程系列，成为课程、具体课程和微课程中的教学要素，为达成课程目标服务。在逻辑上，表现为"一个概念的部分外延只与另一个概念的部分外延相同"①，即两个概念有部分外延相同，有部分外延不相同。这种关系，逻辑学上称为交叉关系。

这种概念间的交叉关系表明，微课程与"微课"在逻辑意义上不是一回事，但是，两者紧密相关，"微课"可以存在于微课程之中，作为教学资源要素，通过支持学生完成学习任务中有难度的学习任务，充当学生达成学习目标的重要手段。

微课程教学法把"微课"的功能统一纳入视频的范畴。这是因为，视频教学资源中存在着非"微课"视频，同样在支持学生学习方面有着出色的表现。例

---

① 中国人民大学哲学系逻辑教研室：《形式逻辑（修订本）》，32 页，北京，中国人民大学出版社，1984。

如，学习地理学科的"热力环流"，教师录制一段观察性视频提供给在家学习的学生。视频画面呈现玻璃箱右上角开洞点香产生的烟雾走向，以及在开洞玻璃箱的右下方放一盆冰、左下方放一盆热水后点香产生的烟雾走向，让学生通过观察条件变化引起的烟雾走向变化，并记录下来进行比较，从而发现热力环流的原理。这类视频中没有教师讲课，属于非"微课"视频，但是，有利于发展学生的高级思维能力。

扩大外延考察数字教学资源，我们可以发现，除了视频之外，PPT、几何画板、数字仿真等应用软件，以及网络链接资源等多种形式，都能够创造或提供数字教学资源。跳出数字教学资源的范畴，我们还可以发现，课程学习还需要纸质的教材、参考资料等学习资源，没有必要谈到资源就非"微课"一家不可。

假如我们能够充分认识"微课"在微课程教学法实验中的意义，同时发现以"微课"替代视频带来的局限性并加以克服，那么，我们就能更好地创意资源要素的组织方式，教师的智慧会得到更好的激发，学生将会在学习中受益。

回顾与思考

1. 为什么说在微课程教学法中，微课程与"微课"之间的逻辑关系是交叉关系？
2. 微课程教学法是如何理解视频（含"微课"）的教学功能的？

小贴士

1. 在微课程教学法中，视频（含"微课"）最重要的功能是支持学生完成在家自主学习任务单给出的学习任务，从而达成目标。这个功能不仅"微课"视频有，其他视频也有，况且"微课"本质上就是教学视频，简称"视频"，涵盖面更大，提供教学选择的思路更加多元，有利于教师按照系统最优化的原则组织教学策略。

2. 您注意到"靶向"两个字了吗？在本书第十二章的最后部分，"靶向"的意义将会得到升华。

核心概念

1. 课程（Curriculum）
2. 微课程（Micro-Curriculum）

第四章　微课程教学法的教学模型

微课程教学法创造了著名的教学模型。精髓在于，改变教师的职业行为习惯，把过去的写了脚本自己演的教学行为，进化成为直接为学生的有效学习设计最佳方案的新教学行为；把在课堂上以听教师讲授为主的观众式的学习行为，转变成为参与式的学习行为。剖析这个模型，我们能够从中发现新体系促进教学的奥秘和力量。

一、三大模块：构建智慧学习新体系

(一)微课程教学法教学模型分析

微课程教学法教学模型有一个显著特征：三大模块、两个阶段、参与式学习。图 4-1-1 为我们提供了这个新教学模型的基本框架。

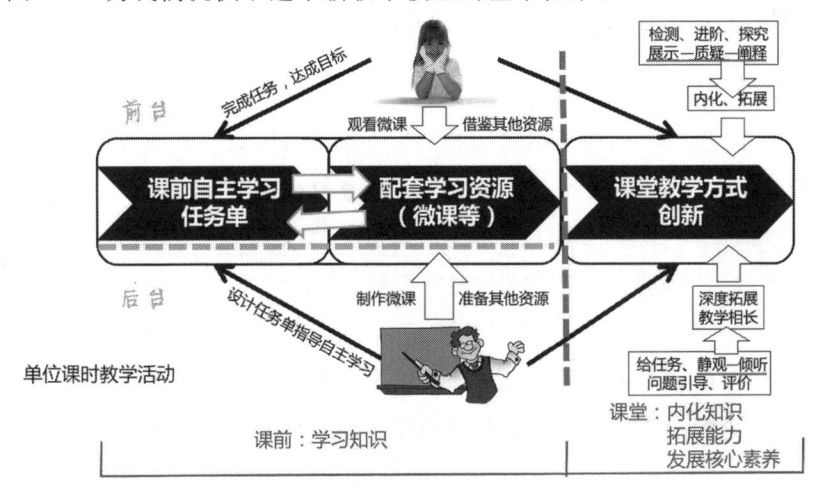

图 4-1-1　微课程教学法教学模型[①]

---

① 金陵：《微课程教学法：翻转课堂的本土创新》，载《中小学数字化教学》，2017(2)。

这个模型，遵循微课程教学法从课程的微观组织出发定义微课程的原则，把微课程的研究对象定位于单位课时教学活动。模型表示，整个单位课时教学活动流程呈现为由两个主体、两个阶段、三大模块组成的基本结构。

两个主体即教师与学生，是教学模型中的灵魂。微课程教学法的研究者与实验者获得了对两个主体的全新认识，本章将在"两个主体：展开学与教的另一片天空"中，与您分享为之振奋的感悟。

两个阶段即翻转课堂的课前学习阶段和课堂学习阶段。关键在于揭示合乎学习规律的界定：课前学习知识；课堂内化知识、拓展综合能力，发展核心素养。按照这个原则去创意三大模块的系统设计"三剑客"，就能创造学习奇迹。

三大模块分别是自主学习任务单（简称"任务单"）、配套学习资源和课堂教学方式创新。从图4-1-1可见，三大模块在课程微观组织中被分别归入两个阶段：虚线左侧的"任务单"和配套学习资源两大模块属于课前学习知识范畴；课堂教学方式创新顾名思义归入课堂内化知识范畴，以便支持以拓展综合能力、发展核心素养为主要任务的学习活动。

我们不妨对三大模块的功能，以及每一个模块中师生行为的特点做一个较为细致的分析，以便帮助我们反思那些曾经流行的似是而非的命题，遵循学习规律，去探索翻转课堂本土创新的理论与方法。

1. "任务单"模块

"任务单"模块由教师和学生这两个主体的活动构成。教师需要设计能够指导学生在家自主学习的方案——自主学习任务单，这使"任务单"在功能上与仅仅让学生练练手、教师检测学生掌握知识情况的"导学案"与"学案"，乃至赤裸裸的"题海战"，区别开来。学生则在"任务单"的引导下自主学习，完成学习任务。

教师主导的重心落在设计上，即落在为学生设计学习方案的基点上。这是教学设计理念的一个重大变化，与之相伴随的，是教学行为的重大转变。

实现这一转变的抓手，是设计"问题导向"的学习任务。在理科、外语，以及地理学科的自然地理等学习任务的规划上，表现为"问题开路"，然后跟进（给出）适量的"练练手"习题。其他文科则没有必要再给习题。之所以强调"问题导向"，是因为微课程教学法发现了"问题导向"之于自主学习的重要意义。

其一,"问题导向"具有极强的自主学习的可操作性。如果采用"问题导向"的设计策略,几乎所有的学生都会自主学习。

我们来看一个案例,苏教版小学数学"用数对表示位置"的"任务单"。这是苏州工业园区胜浦实验小学周丽老师设计的,其中有以下五个方面的问题:

(1)什么叫作列?什么叫作行?
(2)确定第几列一般怎么数?确定第几行一般怎么数?
(3)什么是数对?怎样用数对表示位置?
(4)小明在教室的位置是第4列第5行,用数对怎么表示?
(5)小强在教室的位置用数对表示是(3,6),他坐在教室的第几列第几行?

在这五个问题中,前三个属于基本知识;后两个属于基本技能,也属于数学生活化的范畴。

我们一看就知,问题非常具体、精准,可以引导学生发现式学习。由于在教材中找不到现成的答案,学生需要观看视频,解决什么是列、什么是行的问题。在这个基础上,轻而易举地搞清列是从左往右数,行是从前往后数。最后,引出数对:括号中第一个数代表第几列,第二个数代表第几行。接下来的练练手,所有的学生都能很好地完成。

有教育工作者认为,翻转课堂要求学生自主学习,我们的学生不会自主学习,或者自主学习能力较差,所以,翻转课堂行不通。微课程教学法用翻转课堂实验证明,只要能够把学习内容转化为问题,几乎所有的学生(脑神经功能失常者例外)都会自主学习。

其二,"问题导向"有利于学生举一反三,明理通达。这是因为,问题往往反映概念、原理(定律)、方法。问题被破解,意味着学生搞清了概念,理解了原理(定律),掌握了方法。这个时候,再去做"练练手",就很难出错。上海市民办风范中学初中化学教师卜晟昱在实验中发现,使用"任务单"的班级完成作业的准确率比用常规作业的班级高出14.11%。微课程教学法实验团队的教师们在实践中也没有观察到学生在学习成绩方面下滑的情况。相反,只有学习成绩超越常规教学的事实发生。

事实上,微课程教学法翻转课堂之所以能够在课堂学习阶段完成内化知识、拓展综合能力、发展核心素养的使命,很大程度上得益于通过"问题导向"的学习任务,引导学生在课前就完成了知识学习。而且,学生在发现中享受学习乐趣，体验学习成就，对学习的兴趣与日俱增，并且直接为课堂内化知识创造了条件。

如果从流程视域看问题，我们不难发现，"任务单"模块的起点是教师的教学工作，不存在所谓"先学后教"。在"任务单"模块里，教师的主导作用不是被淡化了，而是更加重要了。微课程教学法倡导教师主导"新境界"，用设计点化学生智慧，保证学生达成学习目标，所以，必须超越"先学后教"。

值得一提的是，为了帮助学生完成学习任务，达成学习目标，教师不仅需要高度重视问题导向、支架教学等策略的运用，以教师的智慧点化学生的智慧，而且，考虑到学生完成"任务单"过程中可能发生的困难，教师需要针对有关学习任务，继续搭建学习支架，开发或提供配套学习资源。

2. 配套学习资源模块

在配套学习资源模块中，教师需要为保证学生完成"任务单"给出的学习任务提供学习资源。配套学习资源根据这样的学习需求，由教师进行开发，或者从已有资源中优选。

在配套学习资源模块中，学生是学习资源的使用者。他们在完成"任务单"给出的学习任务时，难免遇到挑战或者困难。

所谓挑战，指的是在物理、化学、生物、地理等学科中，广泛地存在着让学生先观看实验视频或纪录片，然后，将其观察结果记录到任务单给出的表格中去，并从分析中发现有意义的结论等行为。

所谓困难，就是通常意义上描述的，存在于几乎所有学科中的，还没有理出思路和找到方法时遇到的暂时无法解决的问题。

为了支持学生应对上述挑战或困难，教师有必要开发配套学习资源，或从已有资源中优选针对性资源，使学习资源成为强有力的、支持学生完成学习任务从而达成学习目标的保障。

当在学习过程中遇到挑战或困难的时候，学生可以通过观看教师提供的配套教学视频，或者查看其他数字资源乃至纸质资源，完成学习任务，达成学习目标。假如看了一遍不解其意，还可以再看一遍、两遍……直到能够圆满完成学习任务为止。

关于对配套学习资源的理解，用得较多的是"微课"。

"微课"是信息技术与课程整合自然发展的结果。信息技术与课程整合进入中小学教学领域已有 18 年的历史,教学资源对于中小学教师来说并不陌生。翻转课堂影响我国中小学教学改革之后,教学资源主要表现为教学视频。例如,广东省佛山市教育局教育信息网络中心胡铁生老师提出的"微课"概念[①]与萨尔曼·可汗式的讲课视频相融合,形成目前流行的大众理解的"微课",其实就是讲课性质的微型教学视频。

微课程教学法认为,大众理解的"微课",已经与胡铁生老师提出的"微课"概念有较大差异。[②] 为了不造成误解,我们更愿意把大众理解的"微课"看作一种配套教学视频。这种教学视频,在微课程教学法实验中应用得相当广泛。

当然,配套学习资源的外延比教学视频广泛,包括各类文本、图片、视频、音频等,可以广泛存在于各类终端,以及优盘、移动硬盘、光盘等介质和网络云端,方便学生查看。

在教学实践中,学习不仅需要讲课式的教学视频(即"微课"),还需要非讲课式的教学视频,所以,微课程教学法不主张用"微课"概念取代"教学视频",相反,主张把"微课"纳入教学视频的范畴,并且把教学视频纳入配套学习资源的范畴。

从流程视域看问题,我们很容易发现,教师开发配套学习资源的教学行为早于学生观看视频或使用配套学习资源的学习行为,不存在"先学后教"的事实。

与"任务单"模块联系起来考察,"学习任务"确保学生达成学习目标具有可能性和一定的现实性,"配套学习资源"则能确保把上述可能性转化为现实性。两者同时体现了教师"主导"新境界。

3. 课堂教学方式创新模块

在课堂教学方式创新模块中,教师是课堂学习方式的设计者、组织者、实施者,同时也是随时可以帮助学生的指导者和促进者。教师可以根据需要(发现没有外界帮助就无法完成学习任务的学生,以及展示活动中的问题)随机发起问题引导,并在课堂学习活动接近终了的时候,对各小组"微项目学习"活动

[①] 胡铁生:《"微课":区域教育信息资源发展的新趋势》,载《电化教育研究》,2011(10)。
[②] 金陵:《翻转课堂与微课程教学法》,166~168 页,北京,北京师范大学出版社,2015。

做出评价。

在课堂教学方式创新模块中，学生是课堂学习活动的主体。他们不再作为旁观者坐在课堂里欣赏教师展示学识。这种旁观者角色导致学生在教师展示学识并不精彩的时候，会觉得课堂学习索然无味。

现在，课堂教学方式创新模块中的学生，全员参与检测、进阶和"微项目学习"活动。在检测和进阶的活动中，参与协作评价，以便达成学习目标。建立了学习平台的学校，在协作评价之后还可以比对平台提供的评价意见，决定是否需要再"改一改"，直至全员达标。使用平台比对式评价与订正之后，教师没有必要批改作业了。

这样的好处，一方面是学生全员达标，另一方面是教师基本摆脱作业缠绕的简单劳动，可以有更多精力从事教材研究、课堂组织和科研活动，也有时间妥善安排好家庭事务，没有后顾之忧地投入学校工作。

在"微项目学习"活动中，参与协作探究和展示活动（包括展示、质疑、阐释），旨在基于学科学习，探究来自真实情境的课题，发展以团队协作与交流、信息与通信技术的掌控、公民素养、创造性、批判性思维等为标志的面向未来生活挑战的核心素养。

从流程视域看问题，课堂教学方式创新模块的时间起点仍然是教师的教学工作（课堂学习方式设计）。与前两个模块不同的是，当学生开始学习的时候，教师就在同一时间和空间陪伴着学生，并在适当的时候，以问题引导的方式点化学生智慧。这有点像古希腊智者苏格拉底，用智慧点化学生智慧。

把三大模块联系起来考察，我们发现，"任务单"和配套学习资源保证学生完成学习知识的任务，即完成建构主义理解的"同化"；课堂教学方式创新模块保证学生完成内化知识、拓展能力、发展核心素养的任务，即完成建构主义理解的"顺应"。如此，三大模块统一于微课程教学法教学模型之中，助推教师"主导"迈向新境界。

(二)只有主体才有的智慧学习

三大模块致力于构建**智慧学习新体系**。智慧学习新体系包含核心内涵和支持系统。这两个组成部分的地位与作用是不同的。核心内涵包括智慧点化和发展智慧两个方面，反映的是智慧学习新体系中主体的活动与发展，体现教育的本质。

1. 智慧点化与发展智慧

智慧点化指教师用自己的智慧点化学生的智慧，而不是灌输知识。因此，教师的主导作用不再是主宰课堂传授知识，而是要进入以设计点化学生智慧的"教师主导新境界"，通过完成系统设计"三剑客"（在本书第三部分的第六、第八、第九三章中将为您全面展开）激发学生智慧、发展学生智慧。

比如，在第一模块"任务单"中，教师需要根据课标和教材，具体精准地提炼出学生学习应该达成的目标，而不是抄袭、粘贴教学目标。这样，教学工作的方向才能真正明朗。这时候，教师又需要进入精心设计问题导向的学习任务的程序。这是因为，只有设计出"问题导向"的学习任务，才能保证所有的学生都会自主学习。这个把达成目标与教材内容转化为问题的过程，考验着教师的业务素养和教学智慧，同时，也是激发教师智慧与发展教师智慧的过程。只有进入教师主导新境界，学生才能获得智慧发展。而智慧，恰恰反映学生的心智、能力和素养的发展。

完成学习任务设计之后，我们还面临着学生能否完成学习任务的现实问题。传统的学习观认为，总有少部分学生完成任务没有问题，大部分学生通过教师帮助和自身努力能够完成任务，还有少部分学生无法完成学习任务。信息化为师生智慧发展创造了有利的条件，教师可以通过开发与有难度的学习任务配套的视频，支持学生完成学习任务，从而达成学习目标。

在微课程教学法的系统设计中，根据"填沟理论"，创意自主学习任务单与配套学习视频组合学习法，突破传统学习观的局限，把师生智慧最大限度地激发出来，成为促进高质量完成课前"学习知识"任务的重要保证。

进入课堂学习，主要任务是"内化知识"。内化知识需要知识与经验的结合，最好的办法是项目学习。但是，项目学习一般需要一个月左右的时间，"山寨"式的"拿来主义"是行不通的。微课程教学法从项目学习中提取精华，创意"微项目学习"，在实验中取得显效。但是，设计"微项目学习"对我国中小学教师来说是个难题，需要激发教师自身智慧，才能进入教师"主导"新境界，从而使教学充满灵性，使翻转课堂超凡脱俗，把点化学生智慧变为现实。

发展智慧指基于"任务单"和教师点化，学生在发现中学习，在协作探究与展示、质疑、阐释中学习，从而实现开发潜能、发展智慧。

由此可见，教师点化智慧与学生发展智慧是一体的，点化智慧处于主导地位，起着主导作用，假如没有教师主体的智慧的觉醒与介入，是难以促进学生智慧的发展的。

2. 人工智能环境及其与主体智慧的关系

人工智能环境是实现智慧点化与发展智慧的外部条件。在翻转课堂领域，人工智能环境不仅涉及学校，而且涉及家庭，是一个十分宽泛的概念。在"万物互联"时代，人工智能环境的支持对于激发智慧与发展智慧而言，越来越不可或缺。不过，人工智能环境本身并不属于"智慧"范畴。只有主体才有智慧，主体智慧的对象化构成人工智能。

近年来，人工智能技术发展速度极快。2014年，德国库卡公司发明的会打乒乓球的机械臂，以11∶9战胜前世界男子单打冠军蒂姆·波尔。2016年以来，AlphaGo（阿尔法狗）对战李世石、柯洁等人类职业围棋高手，无一落败。谷歌翻译、科大讯飞等语音识别软件可以快速准确地完成多国语言之间的互译。牛津大学计算机科学教授菲利普·托尔团队设计的头戴式计算器"Smart Specs"，可以帮助盲障人士借助机器的眼睛看到缤纷的世界。无人驾驶汽车研究开发进展神速，开始引领汽车工业的发展，百度无人驾驶大巴已经在中关村海淀公园投入运行。

人工智能科技的进步，引发"拜工具主义"[①]泛滥。在教育领域，有人认为，学校教育早晚被人工智能取代。上述观点值得商榷。

从哲学视域看问题，人工智能的创造者是人，使用主体是人，服务对象也是人，工具性特征一览无余。就像人与计算机（器）的关系那样，计算机（器）可以方便人类计算，造福人类。但它从哪来，为什么要帮助人类计算，则服从于人类智慧。没有人类智慧的发展，就谈不上人工智能的进化，也谈不上人工智能系统为人类服务。这是人工智能高度发展背景下主体与客体之间的哲学关系。

不久前，在微信"朋友圈"看到这样一条消息：《Yelp：我们让AI干掉

[①] 李芒、孔维宏、李子运：《问"乔布斯之问"：以什么衡量教育信息化作用》，载《现代远程教育研究》，2017(3)。

Bug，结果它把所有代码都删了!》，说的是美国最大点评网站 Yelp 本打算利用深度学习来消除漏洞、优化提升用户体验，但是实际效果却让人啼笑皆非，"调皮"的神经网络将所有的内容都做了删除。不得已，Yelp 只能将版本进行了回滚。

这是因为，人工智能擅长处理人的认识已经达到确定性程度的事务，人擅长解决有确定性和没有确定性的所有事务。当 Yelp 的工程师自己还没有搞清漏洞与其他程序的区别的时候，"深度学习"所能做的选择就是删除所有内容。

如果跳出软件视域，进入哲学思考领域，我们就能清晰地看到主体智慧与作为主体智慧对象化的人工智能之间的关系。在教育领域，理性的思维是：让人工智能为师生教学服务，而不是让师生教学满足人工智能的需要；教师是人工智能的使用者，不是人工智能的研究者或开发者；用人工智能恐吓教师"下岗"是教育技术界搞不清主体与主体对象化之间的关系的人士的作为，没有必要让这种丧失主体意识的误判干扰正常的教学工作。

尽管人工智能毫无悬念将加速发展，引入人工智能的教育也将可能具有新的形态，但是，要让人工智能服务于人类，需要的仍然是人类的想象和创新。隐藏在人类想象、创新背后的，不是人工智能，而是人类智慧。因此，智慧驾驭人工智能、教育发展人类智慧的大方向不会改变，人工智能仍然是人类改造世界、服务自身的高级工具。

从创立 DeepMind 公司的戴密斯·哈萨比斯[1]对 AlphaGo 对战柯洁的评述中，我们也能感受到这样的启发。哈萨比斯说："周二（2017 年 5 月 23 日）来的比赛超出了我们的期望，我们见证了天才柯洁把 AlphaGo 推向了极限，比赛也异常精彩……AlphaGo 和我们的团队都学到了很多。这种比赛展现了 AI 的最高水平，让人类挖掘了 AI 作为工具的潜力，从而帮助人类拓展新的知识

---

[1] 戴密斯·哈萨比斯(Demis Hassabis)从 4 岁开始下国际象棋，并很快成为国际象棋神童。到了 8 岁，棋盘上的成功开始让他思考两个困扰他已久的问题：第一，大脑是如何学习完成复杂任务的；第二，电脑是否也能做同样的事。所以，哈萨比斯不是一个对棋类一窍不通的科技工作者。参见"知乎日报"《谷歌的人工智能设计师：哈萨比斯》，https://daily.zhihu.com/story/4741203，2019-09-01。

领域、发现真相。"①

2017年10月（AlphaGo战胜柯洁之后半年左右），国际学术期刊《自然》(Nature)发表研究论文，报告DeepMind新版程序AlphaGo Zero不需要任何历史和人类的指导，以100：0的战绩击败了上一代AlphaGo。哈萨比斯揭秘：如果说，上一代AlphaGo是通过分析人类目前留下了成千上万场对决和赛局来学习围棋的规律和制胜方法的话，那么，使用了强化学习技术（Reinforcement Learning）的AlphaGo Zero则更加简单，它只需要知道游戏规则，就可以开始自我学习。在这个过程中，它很快就超过了人类水平，这项技术比上一代AlphaGo更强就在于它不受限于人类的知识。②

不过，我们从上面的文字中发现，前提是"需要知道游戏规则"，也就是了解"确定性"，这样就可以利用机器的运算速度，超过人类的某一种工作水平。

这里，我们需要注意两个事实。第一，人类从来不会研究、开发其专项功能不如人类的工具。反过来说，假如工具的专项功能无法胜过人类，人类还有什么必要发明工具乃至人工智能机器？第二，AlphaGo Zero之所以能够具有不受限于人类知识的超强功能，是因为人类赋予其强化学习技术，而且，前提是人类为它输入游戏规则。这是AlphaGo Zero具有超强能力的关键。

可见，尽管AlphaGo Zero功能超强，仍然属于人类智慧结晶，以服务于人类活动为出发点和归宿的属性没有改变。假如人类改变游戏规则，又不给AlphaGo Zero的程序升级，那么，AlphaGo Zero一定会做出与Yelp的人工智能（AI）同样愚蠢的选择来。

因此，我们没有必要因为人工智能高度发展乃至介入教育而惶惶不可终日。只要能够把对人工智能研究者、开发者的要求与对人工智能使用者的要求区别开来，人类就有理由因为人工智能加速发展而对迎接未来的重大挑战充满信心。

当然，人工智能的出发点和归宿，会受到政治与道德等人类活动的出发点

---

① 参见"凤凰网"《创始人宣布阿尔法狗退役 50份自我对战棋谱给人类》，http://tech.if-eng.com/a/20170527/44627309_0.shtml?_zbs_baidu_bk，2019-09-01。

② 参见"威锋网"《阿尔法狗被碾压！ 再进化版本AlphaGo Zero以100：0完胜》，http://www.techweb.com.cn/internet/2017-10-20/2595666_2.shtml，2019-09-01。

的影响，正能量与负能量都有可能发生。一旦人工智能落入恐怖分子和犯罪分子手中，完全可能演化为威胁正直、善良的人类生存和发展的破坏性力量。2017年爆发的勒索病毒，就是人工智能负能量的表现。国际社会对"网络恐怖主义"①的定义，也证明这种负能量危害人类的现实存在。谷歌内部专门成立了一个道德委员会，设想人工智能发展所带来的各种弊端②，说明防止人工智能的负能量已经被提上议事日程。

尤瓦尔·赫拉利在《未来简史：从智人到神人》中无情地描述了人类发展的未来：由于以大数据、人工智能为代表的科技发展日益成熟，绝大部分人将沦为"无价值的群体"，只有少部分人能够进化成特质发生改变的"神人"。近年来，网络恐怖主义滋长蔓延，引起国际社会的广泛关注。假如"神人"与恐怖主义结缘，后果将是灾难性的。

值得注意的是，人工智能所载正负能量受思想政治、伦理道德、法律认识的支配。这些思想政治、伦理道德、法律认识除了来自社会影响之外，可能受学校教育的影响更大。人类不能无视危机发生的可能性。学校教育更应该致力于促进学生面向未来的智慧发展，致力于促进学生健康心理和道德意识的涵养，使未来的人类在享受高科技成果的同时，创造充满正能量的更加多元、丰富、精彩的生活。

莎士比亚曾经借哈姆雷特之语赞美人类是宇宙的精华，万物的灵长。的确，智慧是人类应对突发事件的法宝。阿西莫夫创意"机器人三定律"，即每一个机器人在出厂时就被注入三个定律以防失控：机器人不能伤害人类，它们必须服从于人类，它们必须保护自己，以保证以机器人为代表的人工智能不会给人类带来任何威胁。后来还加入了"第零定律"：机器人不得伤害人类整体，不得因不作为使人类整体受到伤害。

人工智能的发展，呼唤正义的能够促进人类更好地生存与发展的学校教育。我们有理由相信：教育支持核心素养发展的使命不会改变，相反，会变得越来越重要和越来越紧迫。也许，今后的学校不需要像今天这样传授知识，而

---

① 赵晨：《网络空间已成国际反恐新阵地》，载《光明日报》，2017-06-14。
② 参见"中国智能化产业与产品网"《戴密斯·哈萨比斯：要造"人工智能科学家"》，http://www.ciiip.com/news-6887-648.html，2019-09-01。

是发展学生驾驭人工智能的能力和如何更好地生活的能力。科技发展表明，人工智能的每一个进步都是人类智慧的结晶，而且，科技越是高度发展，越是呼唤人类智慧充分发展。这就是我们对人工智能时代教育哲学的回答。

回顾与思考

1. 在微课程教学法的教学模型中，两个主体、两个阶段、三大模块分别指的是什么？三大模块与两个阶段之间有什么样的关系？
2. "问题导向"的学习任务对于促进学生自主学习有哪两个方面的影响？教师为什么要开发配套学习资源？"任务单"与"配套学习资源"在促进学生从事高质量课前自主学习中各有什么作用？课堂教学方式创新对于促进学生学习有何意义？
3. 如何理解"智慧学习新体系"？智慧学习新体系的核心内涵和支持系统各是什么？
4. 如何认识人工智能高度发展背景下的主体与主体对象化的关系？
5. 人工智能的发展是否会引起学校教育的消亡？为什么？如何理解人工智能的发展呼唤正义的、能够促进人类更好地生存与发展的学校教育？

小贴士

微课程教学法教学模型融学习设计与教学组织为一体，系统设计遵循教学模型展开，课堂学习方式创新直接来源于教学模型。理解了微课程教学法的教学模型，在从事系统设计"三剑客"和组织翻转课堂实践的时候，就不容易跑偏。

二、运行模式：教学模型的实际流程

如前所述，微课程教学法教学模型由三大模块组合而成。其运行模式决定了微课程教学法系统设计和课堂学习方式创新的走向。了解运行模式，不仅能为从事系统设计"三剑客"做好思想准备，也为教学观念超越传统、教学行为改变旧习创造了条件。

微课程教学法的实际流程，是从教师行为开始的。从模型图式可见，在课前学习阶段，教师需要先行设计"任务单"、提供配套学习视频等学习资源（参见图 4-1-1），确保学生完成学习任务。这个行为的空间场所没有明显的限制，可以在学校，也可以在家里，还可以在其他场所得到灵感，或得到资源，等等。

设计、开发完毕，学生根据教师提供的"任务单"和配套学习视频等资源自主学习。在这个阶段，学生接触到"任务单＋配套学习视频"的组合学习法。具体流程如图 4-1-1 中箭头所示。

首先，箭头向左下方，进入"任务单"模块，聚焦达成目标，完成学习任务。当完成学习任务本身需要，或者完成学习任务遇到困难的时候，可以借助教师提供的视频等学习资源化解困难，完成学习任务。于是，箭头从左到右，从"任务单"模块进入配套学习资源模块。这个动作，与从学生到配套学习资源的从上往下的箭头，是一个意思。

学生浏览学习资源之后，重新回到"任务单"模块完成学习任务，于是，箭头又从配套学习资源模块向左，回到"任务单"模块。

学生完成学习任务，可以对照达成目标，查看自身达成情况。如果发现有目标没有达成，可以重新浏览学习资源，再检查学习任务完成的情况，以便发现问题，及时纠正。在大多数情况下，经过这个过程，所有学生都能完成任务，达成目标。

然后，进入课堂学习阶段。学生接受检测，完成进阶作业，参与"微项目学习"。微项目学习包括协作探究和展示活动两个组成部分。对于语文、外语、美术、音乐和计算机学科，协作探究不一定在每一堂课上都开展，这时候，可以变协作探究为协作创作（详见第九章）。

现在我们要问，课堂学习阶段的检测任务、进阶作业、"微项目学习"任务，都是从哪来的？毫无疑问，在这个阶段中，行为发起人也是教师，而不是学生。教师需要事先设计好检测题、进阶作业和"微项目学习"主题，学生才能在课堂上有条不紊地开展学习活动。

当学生在课堂学习中接受检测，完成进阶作业，参与"微项目学习"（包括协作探究和展示活动）之后，教师需要对协作探究或创作，以及展示活动（包括陈述、质疑、阐释）做出评价。这样，我们就得到微课程教学法教学模型两个阶段运行流程的图式（见图 4-2-1）。

在这个运行模式中，起点和终点都是教师行为，显示出"教师主导"在教学模式中的重要作用；学生是学习的主体，不能用教师的教学行为取代学生的学习行为，更不能用教师的思考替代学生的思维。这个运行模式也启示我们：在系统设计与课程微观组织中，我们需要超越曾经流行的观念，需要改变教学行为，真正开始从演员型教师向导演型教师的转型。

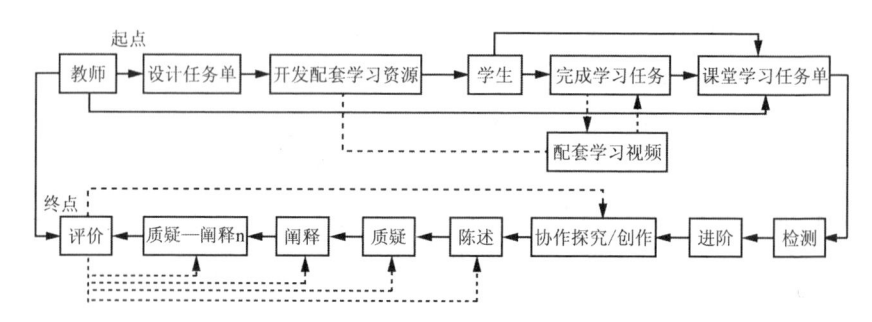

图 4-2-1 微课程教学法教学模型的运行模式

💭 回顾与思考

1. 您相信这个运行模式能够促进学习取得显著效果吗？ 为什么？

2. 试一试，能不能用自己的语言对图 4-2-1 的微课程教学法教学模型的运行流程（运行模式）做出阐述？

💡 小贴士

熟练掌握这个教学模型的运行模式，对于从事系统设计"三剑客"和组织翻转课堂实践很有帮助。

三、两个阶段："线性"与"离散"的统一

微课程教学法教学模型的三大模块，分属两个学习阶段：课前学习和课堂学习。在图 4-1-1 的教学模型中，虚线左侧为三大模块中的前两个模块——"任务单"和配套学习资源，属于课前学习范畴。虚线右侧为单位课时教学活动的课堂学习阶段，我们称之为"课堂教学方式创新"。显然，它属于课堂学习范畴。

之所以把单位课时教学活动的课堂学习阶段称为"课堂教学方式创新"，是因为：假如采用一定的方法，使学生在课前自主学习阶段，能够完成学习知识的使命，那么，课堂就要进入内化知识、拓展能力、发展核心素养的深度学习。如果教师仍然在课堂上讲授学生已经了解的知识，那么，这几十分钟的时

间也不是好熬过去的。因此，进入课堂学习阶段之后，课堂教学方式必须创新。

微课程教学法教学模型的两个阶段，体现了翻转课堂"学习知识主要在家里，内化知识主要在课堂"的基本特点，同时，又是线性课程与离散课程在单位课时教学活动所遵循的系统最优化原则下的统一。

之所以在单位课时教学活动中选择线性课程与离散课程相结合，是因为每一种课程模式都代表了一种如何帮助学生学习的选择。不同的课程模式在课程组织方面存在着不同的选择，优点与缺点并存，波斯纳认为，"一种模式的关注点产生了它的优点，该模式的盲点则产生了其缺点"。"一种模式的优点恰好是另一种模式的缺点所在；反之亦然"[①]。所以，不同课程模式之间是"相互连贯"而不是相互排斥的。每一种模式只是代表了一种权衡或取舍。

微课程教学法遵循系统最优化的选择方法，讲求要素的组合与匹配，摒弃课程模式的单一选择，在整个教学模型的三大模块、两个阶段中，呈现出课程的线性模式与离散模式相互交织、融合、渗透的特性。

线性模式强调课程发展的技术性、精确性和确定性，其理论基础源自著名的"泰勒原理"。

拉尔夫·泰勒是美国著名教育家，他提出课程规划需要回答的四个问题[②]：

(1) 学校应该寻求达到什么样的教育目标？
(2) 如何选择可能有助于达到这些目标的学习经验？
(3) 如何为有效的教学组织学习经验？
(4) 如何评价学习经验的有效性？

根据"泰勒原理"，线性模式采用"确定教学目标→开发教学内容→组合教学方式→达成教学目标"的线性方式，传统课程[③]、学科结构课程、行为主义

[①] ［美］乔治·波斯纳：《课程分析》，193、194 页，上海，华东师范大学出版社，2007。
[②] 即"泰勒原理"。参见［美］拉尔夫·泰勒：《课程与教学的基本原理》，Ⅰ～Ⅳ页，北京，中国轻工业出版社，2014；［美］拉尔夫·泰勒：《课程与教学的基本原理》，北京，人民教育出版社，1994。
[③] 波斯纳认为，所谓"传统教育"，在历史的一个早期阶段，实际上也是一种对于现代问题的回应。参见［美］乔治·波斯纳：《课程分析》，46 页，上海，华东师范大学出版社，2007。

课程等多种课程流派都属于这种模式。可汗学院创始人萨尔曼·可汗所推崇的"掌握学习",就是一种线性模式。此外,所谓"有效学习""高效学习",实际上都属于线性模式范畴。

线性模式的优点在于,能在较短时间里掌握所学知识和技能。这种模式关注从目标出发选择学习内容和方法,即把学习目标具体化为可以操作的细则,又根据目标的要求进行课程评价(我们可以在第五、第六两章中发现线性模式的精妙)。一般来说,教师对目标的理解越清晰,采取的教学策略方法越有效,学生就越容易达成既定学习目标。所以,线性模式有助于学生在有限的单位课时教学活动中掌握知识和技能,这种高效率我们不能视而不见。

线性模式的缺点在于:过于强调知识与技能的习得,忽视学生未来发展中将要面临的解决实际问题的综合能力发展。而后者,恰恰是影响学生一生的学习、工作和生活是否健康、快乐和幸福的关键素养。

离散模式是一种非线性的课程模式,正好可以弥补线性课程的不足。经验主义和建构主义等课程流派都属于这种模式,典型的离散模式当数项目学习。

项目学习(Project-Based Learning)是让学生进行创作、验证、完善并创造出某种作品的活动。萨莉·伯曼认为,学生完成的项目是切实可见的、有形的学生制作,如书、剧本或一项发明等。[1]

著名教育家杜威的学生克伯屈(William Heard Kilpatrick),最早提出项目学习的概念。克伯屈把项目学习分为四个阶段:(1)决定目的,即根据学生自己的兴趣和需要提出学习目的或要解决的问题。(2)拟订计划,即制订达到目的的行动计划。(3)实施计划,即学生运用给定的材料,通过实际的活动来完成计划。(4)评定结果,即教师提出评定的标准和方法,由学生自己进行评定,如活动是否按照原计划进行,预定的目标是否实现,学生从项目中学到了什么等。

项目学习的主题可以多种多样,如科学研究项目、社会研究项目、语言艺术项目、应用技术项目等。不过,不同类型的项目学习有着共同的特性,主要表现在三个方面:第一,项目学习的主题必须来自真实情境;第二,项目学习

---

[1] [美]Sally Berman:《多元智能与项目学习——活动设计指导》,1页,北京,中国轻工业出版社,2004。

的成果必须展示；第三，项目学习一般采用协作方式完成。

微课程教学法汲取项目学习的精华，结合我国中小学教学实际，创意了"微项目学习"，支持学生在课堂学习阶段内化知识、拓展能力、发展核心素养，在实践中取得了良好的成效。

实施"微项目学习"，主题的设计至关重要。好的"微项目学习"主题，需满足三个条件：一是来自真实情境。来自真实情境的主题往往是跨学科的，而不是做难题。二是符合内化知识的需要。也就是不停留在学习知识的层面，而是进入到内化知识的层面，即从建构主义所谓"同化"层面进入"顺应"层面，也就是"学什么，会什么"。三是符合学生兴趣爱好。这样，学习就能超越行为主义刺激感应性，进入建构主义让学生选择接受刺激而不是躲避刺激的学习进程。因此，只要课堂学习进入"微项目学习"阶段，往往所有的学生都会全身心投入，学习的效果非常好。

实施"微项目学习"，必须保证协作探究或协作创作成果的展示。展示不是"作秀"，而是深度学习。在展示过程中，学生需要梳理陈述协作探究或协作创作的过程、方法与成果，接受其他小组成员的质疑，并且做出回应。在这个过程中，学生在思维能力（尤其是批判性思维能力）、语言表达与沟通能力、创新能力、平等探讨学术问题的习惯、创新的习惯，以及公民文明素养等方面，都能得到很好的训练。

实施"微项目学习"，一般采用协作学习方法。协作学习是培养创新能力和习惯的好形式。协作学习按其实施成效，大致可以分为四个层次。最低层次为信息共享，第二个层次为获取有价值的信息，第三个层次为思想碰撞，第四个层次为由思想碰撞迸发出原来没有的"idea"，这就是思想的创新。实验微课程教学法，必须高度重视其对创新素养培养的功能。

在"微项目学习"过程中，学生不仅能成功内化知识，而且能够拓展综合能力，发展核心素养。所以说，"微项目学习"是一项保证学生健康发展的学习活动，于国于民于家庭有益。有关"微项目学习"的设计与组织，我们会在第九章详述，第十一章也会涉及，这里不再赘述。

离散模式对于发展学生应对未来挑战的能力的作用是毋庸置疑的。但是，与线性模式一样，离散模式也有自己的"软肋"。这个"软肋"就是耗时。

因此，教学不应局限于一种模式，而要根据学习者从事学习的规律，根据系统最优化原则，主动驾驭教学方式，从容"离合"于多种课程观或课程模式之间，谋求学习成效最大化。

📝 回顾与思考

1. 翻转课堂之后，课堂教学方式为什么必须创新？
2. 课程的线性模式有什么优点？有什么缺点？
3. 课程的离散模式有什么优点？有什么缺点？
4. 认识课程模式的优点与缺点，对于教学活动的组织有何指导意义？
5. 为什么说每一种课程模式只是代表了一种权衡或取舍？
6. 微课程教学法为什么摒弃课程模式的单一选择，转而采用课程的线性模式与离散模式相互交织、融合、渗透的选择？

💡 小贴士

了解每一种课程模式都有优点和缺点，就为扬长避短组织教学创造了条件，这是理解微课程教学法选择线性模式与离散模式相结合的课程模式的一把钥匙。

四、超越历史：超越"先学后教"

研究微课程教学法教学模型，并且付诸实践之后，我们不难发现，在自主学习任务单、配套学习资源和课堂学习方式创新这三大模块中，主体行为的起点都是教师的教学工作。这是因为，没有教师主导作用的发挥，就没有高质量的学生发展成果。正是在这个意义上，微课程教学法完成了对"先学后教"的超越，使翻转课堂的本土创新进入了一个崭新阶段。

反思"先学后教"，既有历史性的功绩，又有逻辑性的失误。

"先学后教"的历史性功绩在于，首开培养学生自主学习能力先河，使学生得以重新发展自主学习潜能，也使教师对学生自主学习能力有了新的认识，其结果是使学生自主学习能力有了一定程度的发展。这对于国家和民族的发展，以及学生个人的发展，都是大有裨益的。对此，我们不能视而不见。

但是，"先学后教"并没有完成让自主学习潜能得到充分发展的使命。"先学后教"给学生潜能发展的空间仅仅停留在预习上。人们相信，学生没有能力完成课时的全部"学习知识"的任务，也没有想象一下：如果教师主导作用的充分介入，会不会突破学生无法完成课时全部"学习知识"任务的魔咒的束缚，从而激发学生潜能发展，完成"学习知识"任务，为"内化知识"打下坚实的基础？

而且，"先学后教"给学生的学习任务一般表现为习题性的作业。微课程教学法经过研究发现，习题的功能主要表现在让学生学习知识之后练手、教师通过习题检测学习成果、帮助学生复习迎考三个方面。这三个功能都应该发生在学生学习之后，而不是之前。"先学后教"把学习之后做的事搬到学习知识之前，导致教师主导作用的缺失。其结果是，培养学生自主学习的能力仅仅对少数学生有效，学生潜能的发展受到严重制约。

微课程教学法的实验打破了魔咒的束缚，证明：只要能够制定出具体精准的达成目标，只要能够设计出问题导向的学习任务，并且开发出支持学生完成有难度的学习任务的配套学习视频，那么，所有学生（不包含脑神经有疾患者）都能完成学习任务。换言之，所有的学生都具有自主学习能力。

"先学后教"还是一个逻辑性失误的概念。失误在于，概念的提炼不符合事实。如果我们追问：学生先学的材料是从哪来的？那么，我们就能发现一是教材，二是教师设计的导学案或学案。如果二次追问：设计导学案或学案是不是教师的教学行为？那么，谁都能够发现这是教师的教学行为，只不过在新形势下有了新的表现形式。这个时候，如果我们第三次追问：到底是教师的教学行为先发生，还是学生的学习行为先发生？那么，原来赞成"先学后教"者也不得不承认，是教师的教学行为先发生。

结果，我们似乎听到一个石破天惊的声音：所谓"先学后教"其实基本上不存在！"先学后教"仅仅是一个听起来好听，实际上仍然是教师教学行为先行的不合理的命题。因此，实验翻转课堂，绝对不能停留在"先学后教"的自我陶醉之中沾沾自喜，而是应该勇敢地站起来，超越历史，告别昨天，迈向教学创新的新天地。

💡 回顾与思考

1. "先学后教"的历史性贡献是什么？有什么不足？
2. 为什么微课程教学法倡导超越"先学后教"？

💡 小贴士

"先学后教"培养学生自学的能力仅仅停留在让学生预习的初级阶段，给学生的学习任务是检测学习成果的习题，实际上导致了教师主导作用的缺失，同时，其在逻辑上也不够严谨。因此，实验微课程教学法必须超越"先学后教"。

五、两个主体：展开学与教的另一片天空

学与教的过程中存在着两个主体：学生与教师。在微课程教学法看来，学生是学习的主体；教师是指导学生学习的主体。两者在学与教的过程中的地位与作用是不一样的。这是微课程教学法关于教学的主体观。

关于学习主体的认识，过去我们认为，少数学生能学好，大部分学生经过努力还行，还有一部分学生学不好。现在，我们在实验的基础上改变了看法。我们认为，学生中既有基础好一点的，也有基础差一点的；既有接受快一点的，也有接受慢一点的。不过，只要大脑神经系统没有疾患，所有的学生都能学好。前提是：教师要善于发现所有的学生天生具有自主学习的潜能。

之所以说"所有的孩子都能学好"，是因为智能手机的普及，一不小心让我们发现：所有的孩子都会玩手机，而且，往往玩得比妈妈、爸爸更溜。这说明孩子身上蕴藏着强大的学习力。蕴藏着的学习力需要用智慧去激发。

学与教过程中的另一个主体是教师。微课程教学法将教师定位为指导学生学习的主体。如何指导？可以用"修内功，搭支架，促内化"九个字概括。

所谓"修内功"，指教师修炼阅读与理解课标、教材等学习材料的能力，以及理解、创意、实施教法的能力。

比如，修炼阅读、理解教材的能力，要修炼到什么程度呢？应该修炼到看到教材就对学生学习应该达到什么程度了如指掌的程度。例如，一看教材就把结构及其各个部分之间的相互关系看出来了，教材的意图也就看出来了，于是，可以从容不迫地提炼具体精准的达成目标。目标定准了，学习任务跟上，学习质量就差不了。有关目标的提炼在系统设计和"任务单"设计中都会涉及。这里不再赘述。

需要提醒的是，这个"内功"居然对传统的演员型教师构成挑战。这令我们始料未及。实验表明，传统型教师一开始不会设计自主学习任务单。面对具体精准地提炼达成目标、设计问题导向的学习任务的要求，有的教师一筹莫展。现在，我们创造了行之有效的培训方式，帮助参加微课程教学法实验的教师补

上缺失的一课。只要设计出合格的任务单，学生的学习潜能就会被激发出来。

所谓"搭支架"，就是为学生搭建学习"脚手架"。参透教材、提炼出达成目标之后，我们需要设计支持学生达成目标的学习任务，以及开发支持学生完成学习任务的配套学习视频，这两项任务，就是搭建学习"脚手架"。"脚手架"搭建得严密，就能创造奇迹。

在所有的教学内容中，恐怕语文学科的古体诗词教学是最难以达到"学什么，会什么"境界的内容之一。要想通过一个课时的学习，让学生学好诗歌，创作出诗歌，几乎是不可能的。但是，我们搭建好"七个脚手架"[①]，学生心中的诗，就会汩汩流淌出来。

现在我们来寻找学习"脚手架"。第一个"脚手架"是格式，不懂格式写的诗不像古体诗。以五绝为例，全诗四联四句，每句五字，共二十个字。第二个"脚手架"是押韵规律。如五绝第二、四两句要押韵，押韵的字须为平声；首句如押韵须同韵平声，不押韵则发仄声。第三个"脚手架"是平仄音律。如五绝的基本句型有四种：A. 仄仄平平仄；B. 平平平仄仄；C. 平平仄仄平；D. 仄仄仄平平。以 A 型为例，平仄规律为：（仄）仄平平仄，平平仄仄平。（平）平平仄仄，（仄）仄仄平平。其中，括号内为平仄皆可，具有灵活性。如王之涣《登鹳雀楼》：白日依山尽，黄河入海流。欲穷千里目，更上一层楼。搭好上述三个"脚手架"，学生就可以写出基本的诗架子。

第四个"脚手架"是意象化思考，就是具象与语言的相互转换，否则，难以在诗架子里写出诗歌。第五个"脚手架"是语感。所谓熟读唐诗三百首，不能作诗也能吟，说的就是语感。对于写出诗词的重要性是不言而喻的。第六个"脚手架"是诗词的文化积淀。文化积淀的作用是让学生用诗的语言抒情言志。第七个"脚手架"是创设容易激发情感的真实情境，激发不出情感，是写不出来诗词的。

另有对仗"脚手架"比较复杂，宜在学生有一定诗词写作基础时提出。了解对仗应从律诗入手。律诗有四联八句，第一、二两句称首联，第三、四两句称颔联，第五、六两句称颈联，第七、八两句称尾联。其中颔联、颈联必须

---

① 金陵：《微课程教学法：诗歌创作的七个脚手架——为翻转课堂让学生当堂完成诗歌创作支招》，载《中国信息技术教育》，2018(19)。

对仗。

五绝的对仗可以看作律诗的截取：如果把绝句看作律诗的后半截，则第一、二句须对仗，第三、四句则不用，如王之涣的《登鹳雀楼》。如果把绝句看作律诗的首、尾两联时，则不用对仗，如王维的《相思》：红豆生南国，春来发几枝。愿君多采撷，此物最相思。如果把绝句看作律诗的前半截，那么第三、四句要对仗，第一、二句不用。若看作颔联和颈联的截取，则第一、二句与第三、四句都要对仗。初学者写五绝宜从不拘泥于对仗入手。

苏州工业园区翰林小学六年级两个班级的学生在赵卉老师搭建的"脚手架"的引导下，用一个课时的翻转课堂方式学习古诗词《渔歌子》。第一个班级有学生36人，其中34人完成《渔歌子》填词创作，2人完成了两行填词，没有人一句都不填。34位完成填词创作的学生中，有5人完成填词两首，有2人填出藏头词，表明学生非常喜欢"学什么，会什么"的古诗词学习方式。第二个班级的学生当堂完成整首《渔歌子》填词，创作率为100％。

现在我们来看踩着七个"脚手架"的学生们带给我们的惊喜。

第一首：

渔歌子·春游

刘宇骋

姑苏春日暖风吹，尚湖花卉牡丹魁。黄鹂在，紫燕来，草嫩波微不思归。

第二首：

渔歌子·尚湖

昝宇悦

绿柳如丝戏水中，兰叶芳蕊拂春风。笑声醉，墨香浓，北雁南归乐晴空。

第三首：

渔歌子·尚湖好美

史鸣远

尚湖水前燕轻飞，湖光碧蓝牡丹肥。好春色，丽风光，美景令吾不思归。

第四首：

渔歌子·梅

陈浩

素裹千山无飞鸟，疏影一枝暗香绕。风正劲，雪初飘，无冕信差驰春报。

我们再来读读文萃小学四年级学生学习《五绝·江雪》一个课时创作的古体诗。

第一首：

竹子

陆祖明

狂风袭卷空，竹子立岩中。万般皆不怕，任它什么风。

第二首：

雪

席杨翼

雪落全千山，飞鸟绝无斑。江中唯雪舞，不思春岸南。

第三首：

月兰

王芳颖

金兰月下绽，香飘过陆岸。四周清香溢，夜香慰人安。

第四首：

咏梅

罗子妍

红颜独自绽，白雪落满山。我等燕归来，飞燕去岸南。

学生们的诗词纯朴稚嫩，但是，颇有文馨雅意、如墨飘香的韵味，反映出学生对祖国优秀文化遗产的热爱，也让我们对学生们身上蕴藏的巨大潜能刮目相看。同时，我们更要为教师的智慧点化喝彩！"脚手架"的成功搭建，真的激发起学生身上蕴藏着的强大的学习力，让我们见证到教师主导新境界的力量。毕竟，从来没有人敢想象：一个课时的翻转课堂，学生当堂创作出了古体诗词！

教师胜任学习指导者的第三个方面是"促内化"，即促进学生内化知识，以及内化知识过程中引发的综合能力拓展和核心素养发展。内化知识有一个条件，就是知识与经验相结合。如何促进知识与经验的结合呢？微课程教学法创造了"微项目学习"。只要能够创意出来自真实情境的"微项目学习"主题，就能实现超常态的"内化"。因此，所谓"促内化"，主要是指教师善于设计来自真实情境的"微项目学习"主题，以及组织学生从事"微项目学习"的能力，其目的在于帮助学生内化知识，拓展综合能力，发展核心素养。

翻转课堂背景下，在学与教过程中的师生关系中，教师仍然居于主导地位，是学习的设计者、指导者、组织者、帮助者、促进者和欣赏者。教师通过修炼进入主导新境界，就能激发学生学习力，促进高质量学习的发生，让我们看到学与教的另一片天空。

回顾与思考

1. 微课程教学法如何定位学生和教师在学习过程中的地位与作用？

2. 教师如何"修内功，搭支架，促内化"？修炼"修内功，搭支架，促内化"对于实验微课程教学法有何帮助？

小贴士

1. 教师修好内功，善搭支架，善促内化，翻转课堂就能收到意想不到的学习成效。

2. 微课程教学法教学模型是微课程教学法的核心内容之一，翻转课堂本土创新的理论与方法凝聚在这一章中。系统设计和课堂教学组织都基于这个教学模型展开。透彻理解教学模型架构中各部分、各要素之间的相互关系，为走进微课程教学法提供了一把金钥匙。

核心概念

1. 教学模型（Model of the Teaching）

2. 三大模块（The Three Modules）

3. 两个阶段（The Two Stages）

4. 两个主体（The Two Subjects）

参考书

金陵：《翻转课堂与微课程教学法》（北京师范大学出版社，2015）

第三部分
系统设计："互联网+"时代的学习设计

提 要

第三部分是微课程教学法实务的核心内容——系统设计，包括第五至第九章共五章内容。第五章：系统设计的结构、任务与流程。揭示系统设计保证学习质量的奥秘。第六章：如何设计高质量的"任务单"。分享自主学习任务单设计要义。第七章：走向探索系统设计目标体系之路。分享大师智慧，建构系统设计目标体系框架。第八章：如何开发"需求导向"的学习资源。揭示视频之于教学的价值，分享视频开发方法。第九章：聚焦学生发展：课堂学习任务单设计。分享课堂学习任务单要义，详解"微项目学习"创意方法。

结 构

```
系统设计："互联网+"时代的学习设计
├── 系统设计的结构、任务与流程
│   ├── 什么是系统设计
│   ├── 系统设计的结构
│   ├── 系统设计的任务
│   └── 系统设计流程图的奥妙
├── 如何设计高质量的"任务单"
│   ├── 三份"任务单"之比较
│   ├── 什么是自主学习任务单
│   ├── 分层解构：参透教材之妙方
│   ├── 具体精准：提炼"达成目标"
│   ├── 耦合匹配：任务设计咬住"达成目标"
│   └── 问题导向：学习任务设计的重要策略
├── 走向探索系统设计目标体系之路
│   ├── 逻辑延续与终身发展：方法的意义
│   ├── 为什么要提供"课堂学习形式预告"？
│   ├── 汲取课程研究大师的智慧
│   └── 架构学习目标设计新图式
├── 如何开发"需求导向"的学习资源
│   ├── 案例：今天体验到当"差生"的痛苦
│   ├── 配套学习视频开发的第一要务
│   ├── 巧选视频录制的技术方式
│   ├── PPT，快速录制好视频
│   └── 视频的教学价值在哪里？
└── 聚焦学生发展：课堂学习任务单设计
    ├── 为什么要设计课堂学习任务单？
    ├── 课堂学习任务单的框架结构
    ├── 目标与方法的设计
    ├── 检测：凝聚课程理论精华、遵循学生学习规律
    ├── 进阶：走向"最近发展区"
    ├── 微项目学习：撬动课堂学习创新的杠杆
    └── 好的"微项目学习"主题，怎样创意出来？
```

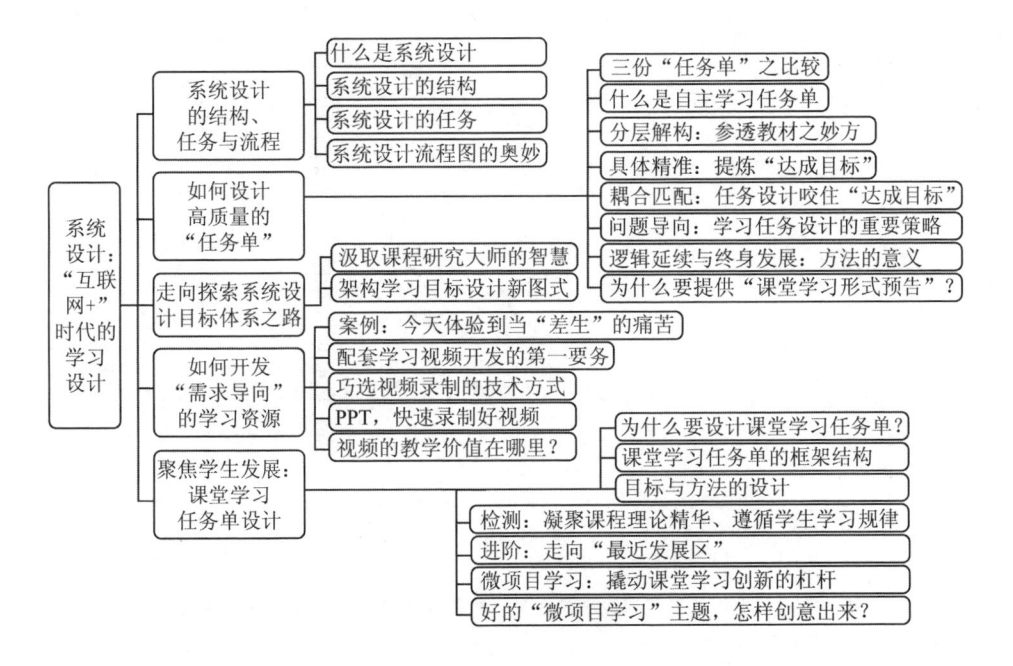

> 改变自己，能让你看到学与教的另一片天空。
>
> ——周丽[①]

微课程教学法创造了独具一格的系统设计方法，全称是"微课程系统设计"。

本书在"让'微课程'回归自己的逻辑"一章中指出："将宏观课程理论应用于单位课时教学的微观课程组织，能产生相当好的教学质量。而且，不经意间，把发展核心素养与提升学习成绩统一了起来。"这一发现，归功于系统设计与微观课程组织的实践。

系统设计这一部分内容，对于实践微课程教学法的教师而言，具有"干货"的意义。它将为您解读如何将宏观课程理论的一般方法转化为"互联网＋"时代的学习设计，学习设计又怎样通过转变教师行为而释放学生强大的学习力。

也许，本篇能够帮助您在研究微课程教学法奥秘的"苦涩"途中找到甘霖。

---

① 周丽，苏州工业园区胜浦实验小学教师，微课程教学法实验者，中国大学MOOC《微课程教学法》课程开发团队成员。

第五章 系统设计的结构、任务与流程

研究微课程教学法系统设计的结构与路线，有点仁者乐山、智者乐水的味道；既有遵循学习规律的坚守，又有迂回穿插、灵性游动的要素组合，一切以系统最优化为要求。

阅读建议 ①

1. 从五个方面理解系统设计是微课程教学法独创的具有中国特色的学习设计方法。
2. 洞察系统设计任务对于学生发展的意义。掌握化解学习主体认识上的"二律背反"的方法；善于区分课前学习与课堂学习的目标和任务，为从事高质量系统设计提供认识基础。
3. 谙熟系统设计流程，理解系统设计流程图省时、省工、高效的实践意义，把学习质量管理落到实处。

一、什么是系统设计

微课程教学法系统设计（以下简称"系统设计"）是微课程教学法独创的翻转课堂本土创新的学习设计方法。它以学习者为服务对象，以三大模块教学模型和系统方法为依据，通过教学要素最优化组合，促进超常规高效的自主学习发生，促进学生内化知识、拓展综合能力、发展核心素养，是21世纪诞生于我国基础教育领域的具有中国特色的学习设计方法。

理解系统设计，当从五个方面入手。

其一，系统设计是翻转课堂本土创新的设计方法，支持翻转课堂本土

---

① 第三部分为微课程教学法实务的核心内容，涉及参加实验的教师能否设计出合格的"三剑客"，从而促成高质量学习发生。因此，"阅读建议"改为以章为单位布局的方法。敬请实验者留意与谅解。

创新。

其二，系统设计属于学习设计范畴。学习设计的着眼点是完成学习任务、达成学习目标。其结构由指导学习者从事学习活动的方案和支持学习者完成学习任务的资源所构成，讲求厘清达成目标与学习任务，学习任务与学习资源、学习方法之间的逻辑关系，用设计激发学生投入学习，在"任务单"指导下取得成功。因此，它既有别于传统的教案设计，又有别于信息化教学设计，还有别于西方进步论者倡导的"以学习者为中心的设计"[①]。就某种意义而言，学习设计是微课程教学法系统设计的本质特征。

其三，系统设计遵循微课程教学法以单位课时教学活动为研究对象，聚焦单位课时学习设计。

其四，系统设计的重点是系统最优化地组合教学要素。由于每一个课时的学习都有不同的内容、不同的特点，因此，各教学要素之间的关系会发生灵动的此消彼长的组合变化。

其五，目标与成果可以概括为两个促进，即促进超常规高效的自主学习发生，促进学生内化知识、拓展综合能力、发展核心素养。

概言之，系统设计是微课程教学法独创的具有中国特色的学习设计方法。

回顾与思考

什么是系统设计？如何理解系统设计？

小贴士

微课程教学法系统设计是关于翻转课堂本土创新的学习设计方法。

二、系统设计的结构

系统设计的结构与微课程教学法独创的教学模型直接相关。

关于微课程教学法教学模型，我们已经在本书第二部分第四章中做了较为

---

① ［美］艾伦·奥恩斯坦、弗朗西斯·P.亨金斯：《课程：基础、原理和问题（第五版）》，173页，南京，江苏教育出版社，2013。

/第三部分 系统设计："互联网+"时代的学习设计/

详细的介绍。由于系统设计的思想与方法直接从教学模型衍生而来，因此，我们有必要对微课程教学法教学模型做言简意赅的二次梳理。

微课程教学法教学模型包含三个组成部分：自主学习任务单、配套学习资源和课堂教学方式创新，即三大模块。三大模块中，自主学习任务单与配套学习资源，属于翻转课堂的课前学习范畴，主要任务是学习知识，相当于建构主义的"同化"。课堂教学方式创新属于翻转课堂的课堂学习范畴，主要任务是内化知识、拓展综合能力、发展核心素养，相当于建构主义的"顺应"。参见图5-2-1。

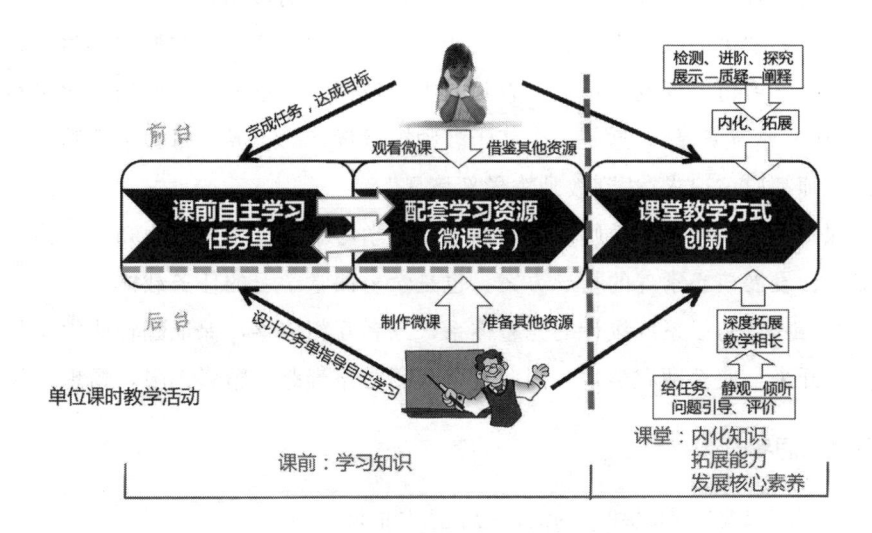

图 5-2-1 微课程教学法教学模型[1]

与教学模型相适应，系统设计的结构也由三个部分组成——自主学习任务单、配套学习资源和课堂学习任务单，俗称"三剑客"。

自主学习任务单（简称"任务单"）是教师设计的指导学生在家自主学习的方案，也是学生自主学习必须完成任务、达成目标的载体。

参与微课程教学法实验，并且颇有心得的教师，都深切地感受到："任务单"是课前自主学习的灵魂。只要"任务单"达到设计要求，学生的学习力就会被激发出来。

---

[1] 金陵：《微课程教学法：翻转课堂的本土创新》，载《中小学数字化教学》，2017(2)。

配套学习资源，顾名思义，是与"任务单"配套的学习资源，包括视频、文本、图片等可用于支持学生自主学习的网络资源或教师个人储备的数字化学习资源。翻转课堂实践中，用得较为普遍的是微型教学视频（包括"微课"）。

在微课程教学法中，配套学习资源的任务是：支持学生完成"任务单"给出的学习任务，使"任务单"驱动下的可能的高质量学习转化为现实的高质量学习。

由于"任务单"灵魂般的引领和配套学习资源强有力的支持，第一次尝试翻转课堂的教师往往会发现：学生"好厉害"，我们当刮目相看。

其实，学生的改变来自教师的改变。只有教师改变自己的教学行为，才能换来学生学习力的爆发。可见，教师的主导作用至关重要。微课程教学法称之为"教师主导新境界"。这是一个基于教师智慧设计的境界，每一个不满足于现状的教师都应该追求"达到教师主导新境界"。

课堂学习任务单是教师设计的用于课堂学习中促进学生内化知识、拓展综合能力、发展核心素养的指导方案，也是学生课堂学习的任务载体。

"三剑客"构成系统设计的完整体系，三者互相依存，保证翻转课堂超凡脱俗演绎开来，使教师和学生一同向着"智慧"之路奔跑，精彩无限，畅想无限。

回顾与思考

1. 与教学模型三大模块相对应的"三剑客"指的是什么？

2. 自主学习任务单、配套学习资源和课堂学习任务单这"三剑客"之间的关系是怎样的？

小贴士

此处主要是梳理与微课程教学法教学模型相关的概念及其相互关系，为进行系统设计做好准备。

三、系统设计的任务

系统设计的首要任务是为学生的自主学习搭建脚手架。因此，我们对于学习主体应该有一个符合实际的基本估价。

基于生活的启迪，微课程教学法的研究者发现了一个基本事实：所有的孩子天生具有自主学习的潜能（脑神经系统疾患者除外）。

很多教育工作者并不认同我们的发现。正如我们在没有开展微课程教学法实验的时候那样，也不会相信所有的学生天生具有自主学习的潜能。教师可以轻而易举地摆出事实说明：我们班的学生，至少是我们班的有些学生，不善于自主学习。很明显，这形成了学习主体认识中的"二律背反"：

(1)所有的学生天生具有自主学习的潜能；

(2)我班上的学生不会自主学习。

通常，我们认为，少部分学生在学习方面是天才，他们不需要教师为他们的学习操心，属于最受教师欢迎的对象。大部分学生虽然会遇到困难，但是，在教师或同伴的帮助下，尤其是在自己的努力下，能够跟上学习节奏，比较好地或者合格地完成学业。还有少部分学生学习悟性和学习习惯似乎很差，在教师或同伴的帮助下也没有明显的学业长进。他们不喜欢学习，往往成为学习上的失败者，属于很难让教师喜欢的对象。

2015年夏，我在奥地利旅行时遭遇的一件事，引发我对学生主体的重新审视。

当时，我们一行人进入奥地利一个被群山环抱的名叫斯拉得明（音）的美丽小城。由于下着雨，我们便进入路边一个服装超市躲雨闲逛。我平常不逛商店，这时候老想着跑到外面看看城市的风貌，时不时会到门口张望。突然发现雨停了，太阳出来了。我一个激动，情不自禁地举起双手喊出声来："啊，太阳出来了！"这时候，我身后传来一个非常稚嫩的声音："啊，太阳出来了！"原来，是一位同行老师的女儿，一周岁多一点，就在我身后，发出和我一样的声音，像我一样把双手举得高高。

我心里一个激灵，这不就是孩子具有学习能力的自然表现吗？我们能不能再次做一个实验来证实这一假设？于是，我对同行的一位老师说："我们再来一遍，不要让那个孩子知道。"

就这样，我重复了刚才的话语，也重复了刚才的动作。我的身后，又一次传来孩子稚嫩的声音："啊，太阳出来了！"同行的老师告诉我："她和你一样，双手又举起来了。"

如果我们从学习发生的视角考察，就会追问：为什么孩子会说和我一样的话？为什么孩子会做与我一样的动作？原因很简单，我们的孩子，只要是大脑生理机制正常的孩子，天生具有自主学习的能力。

虽然这只是一个偶发事件，似乎并不具有普遍的意义，但是，当我们转而把学习主体认识的视野投放到生活中去的时候，我们会发现很多类似的现象。孩子是怎么学会叫爸爸、妈妈的？为什么我们把孩子举得高高的时候，孩子会欣喜万分？这些都是孩子学习的原始表现。只不过，我们太习以为常了，通常不会往孩子的学习潜能方面去思考。

只要我们带着孩子是否具有自主学习潜能的问题去观察日常生活中可以观察到的孩子的成长，或者审视自己孩子的成长，哪怕是极其微小的琐事，那么，我们就能发现意义更为广泛的"所有的孩子天生具有自主学习的潜能"的新视域。

智能手机的迅猛发展为我们提供了拓展新视域的可能，使这种发现变得轻而易举。生活中一个非常普遍的现象是孩子玩手机玩得很溜，这值得我们思考：孩子为什么天生会玩手机？

假如我们从学习主体认识发生视域考察，答案就显得十分简单。那就是：所有的孩子，天生具有自主学习的潜能。他们不需要爸爸、妈妈和其他长者的任何指导，就能玩得很溜，这是潜在的自主学习能力使然。基于生活的观察与思考，我们不难发现这个问题。

基于这一认识，我们有理由相信，我们面对的学习主体有能力完成自主学习。基于微课程教学法"填沟理论"，我们有理由相信，只要给予每一个孩子出于个人认识特质所需要的学习时间，只要给予学生必要的自主学习指导，那么，所有的孩子都会自主学习就是真实的逻辑命题。

这一发现将改变我们对于学习主体的认识，引导我们去研究：如何把学生天生具有的潜能激发出来？

说到激发潜能，那是因为潜能可以退化，不进则退在潜能消长中是非常准确的注解。

我曾经在网上看到一个实验视频，说的是人们把一只活的母鸡丢进关着一只老虎的笼子里。接下来会发生什么事？一般的想象应该十分残忍：老虎一下子扑上来，把母鸡撕个粉身碎骨。

但是，这样的情况并没有发生。母鸡咕咕叫着落到了笼子中央，老虎在右侧后面躲着，没有扑出来。一会儿，母鸡看看没事儿，竟然在笼子中央踱起"方步"来。

这是怎么回事？

原来，这是一只从小由人工养大的老虎，野性已经慢慢退化。于是，我们不难想到，那些人工喂养长大的狮、虎、狼等，都存在着野性本能退化的问题。若要重返自然，那是需要专门训练的。否则，它们很快就会饿死荒野。

由此联想到我们的学生，在应试教育的灌输下，确实发生了自主学习潜能退化，确实存在着不在少数的学生不会自主学习的现象。我们不能眼睁睁地看着孩子在自主学习潜能退化中沉沦，而是要通过教师教学行为的改变，去激发孩子的潜能，重新燃起孩子自主学习的火焰。

现在，到了我们化解对学习主体认识的"二律背反"的时候了。系统设计所要做的，就是化学生不会自主学习为都会自主学习，而不是化自主学习潜能为不会自主学习陋习。

如何化解"二律背反"？

那就是：为学生的学习搭建有效的脚手架。这是系统设计的**首要任务**，也是微课程教学法的基本策略。如果我们基于对学生自主学习能力的正向认识，发展"教师主导新境界"的能力或水平，为学生的学习搭建起有效的学习支架，那么，就有可能通过翻转课堂，让学生发展核心素养，提升学业绩效，身心健康成长。

当您此后阅读到有关系统设计"三剑客"的内容时，不妨试试看：是不是会发现"脚手架"如影随形？

系统设计的第二个任务，是区分课前学习与课堂学习的目标和任务，把学习知识与内化知识、拓展能力、发展核心素养相互区分与连接。

课前学习的目标与任务是学习知识，完成"同化"。教师设计的重点是达成目标及完成配套学习任务，为此，教师需提供必要的学习方法建议和支持学生完成学习任务的配套学习资源。

课堂学习的目标与任务是内化知识，拓展综合能力，发展核心素养，完成"顺应"。教师设计的重点是检测、进阶与微项目学习，精华在于微项目学习。

区分课前学习与课堂学习的目标任务，是为了保证课前、课堂分工明确，实现沟通。只有课前学习完成了学习知识，课堂学习才有可能内化知识、拓展综合能力、发展核心素养。否则，学生在课堂上只能继续"学习知识"，没有办法保证"内化知识"的时间和质量。两个阶段"术业有专攻"，又融为一体，才能造就翻转课堂的超凡脱俗。

网络上流行"重要的事情说三遍"。关于课前学习与课堂学习的分工，在上述短短四个自然段中，不知不觉被强调了三遍，足见其重要性。我们提请实验者千万注意两个阶段的不同使命，以保证系统设计的高质量。万万不能陷入"预习"与"先学后教"的泥淖，也不要把"内化知识"的学习任务草率地塞进课前学习的自主学习任务单。

回顾与思考

1. 系统设计的首要任务是什么？为学生自主学习搭建有效的学习脚手架与把学生天生具有的自主学习潜能激发出来有什么关系？

2. 关注或回忆生活中见过的孩子成长点滴，试试看，能不能发现孩子天生具有自主学习潜能？

3. 为什么要区分课前学习与课堂学习的目标和任务？

小贴士

为学生学习搭建好脚手架，就能激发孩子潜在的学习能力，使之转化为现实的学习能力。

四、系统设计流程图的奥妙

最初的微课程教学法实践，并没有系统设计流程的概念，一切以三大模块及相应表单的顺序自然展开。直到看到一位副校长设计的"任务单"之后，我们发现了通过流程设计减少失误、提升设计质量的必要性。

当时，初看那位副校长设计的"任务单"时，我们认为其符合自主学习可操作的要求。但是，仔细阅读后我们发现：学生完成任务之后，还有一个目标无法达成。

造成这类问题的原因可能有两个方面。一是传统教案设计遗留的陋习：撰写教学目标时抄袭教参建议；撰写教学环节设计时根据自己对教材的理解和对学情的了解，以及对自身特长的把握，另搞一套；缺乏目标管理影响学习质量的意识。二是从"任务单"的目标栏目到任务栏目，中间间隔了"方法"与"预告"两个栏目，当教师顺序而下设计学习任务单时，已经忘记了既定的学习目标（提示：没有接触过自主学习任务单的读者读到这里会感觉有点"云里雾里"，没有关系，只要看第六章的"任务单"，一切"云雾"会自然消散）。

不过，责备教师设计时的大意，并没有多少积极的意义。与其责备参加实验的教师，不如重新审视设计流程，通过调整设计流程来保证设计质量，通过提升设计质量来保证学生的学习质量。

一旦用这样的视角思考设计本身，我们就会发现，不仅"任务单"栏目设计的流程有必要调整，而且，这种调整可以扩展到整个"三剑客"的设计，即依据"三剑客"相互之间的内在联系做出保证系统最优化的设计流程调整。微课程教学法的"三剑客"设计方法，之所以称为系统设计，正是这种系统思考的结果。

现已成熟的设计流程如图 5-4-1 所示。

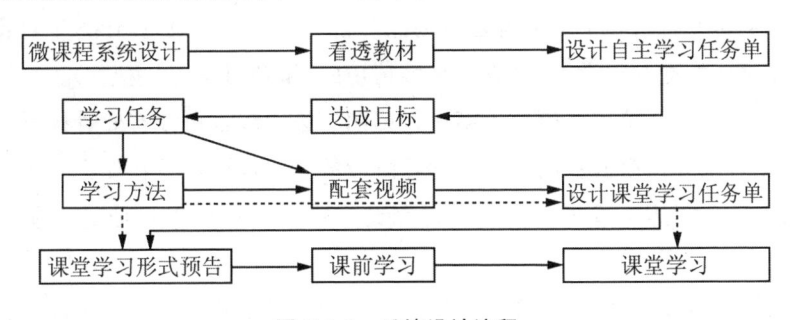

图 5-4-1　系统设计流程

如图所示：首先，根据课标，看透教材，做好自主学习任务单设计的准备。然后，自主学习任务单的设计、配套学习资源的开发、课堂学习任务单的设计一气呵成。设计逻辑如下。

第一步，具体精准提炼达成目标，使学习纲举目张，知道学习什么，要学到什么程度，以及如何达成目标。

第二步，思考一个问题：如何保证学习能够达成目标？采取一个设计行为——设计与目标匹配的学习任务，保证学生完成学习任务有质量的话就一定能达成相关目标。

第三步，思考一个关键问题：怎样保证学生完成学习任务？采取两个设计行为：一是根据学习任务给出学习方法建议；二是根据学习任务决定是否需要提供与之配套的视频等学习资源。学习方法与配套视频构成支持学生完成学习任务的"双保险"，确保有学习愿望的学生都能完成学习任务，从而达成目标。

第四步，转入视频开发，或优选其他配套学习资源（根据完成学习任务的需要，详见第三步）。如果完成学习任务不需要视频的支持，那么就可以直接进入课堂学习任务单的设计。

第五步，设计课堂学习任务单。尤其注意"微项目学习"的主题必须来自真实情境，以便所有的学生都能全身心投入学习，完成内化知识、拓展综合能力、发展核心素养的课堂学习任务。

第六步，填写"课堂学习形式预告"。即：将课堂学习任务单设计的学习环节提纲挈领提取出来，填入"任务单"的"课堂学习形式预告"（简称"预告"）栏目。全部设计完成。"预告"要满足三个条件：让学生发现课堂学习与课前学习的关系，从而主动完成课前"学习知识"的任务；让学生自觉巩固课前学习成果（因为课堂学习的第一个环节就是检测课前自主学习的成效）；让学生对课堂学习充满向往（关键在于设计出"来自真实情境的'微项目学习'主题"）。

六个步骤中，第一、第二、第三、第四、第六步，可以有效管控学生在家自主学习的成效；第五步属于课堂学习阶段的学习设计，旨在促进学生内化知识、拓展综合能力、发展核心素养。因此，系统设计可以保证高质量学习的发生。

这是一个省时、省工、高效的设计路线。通过规范设计流程来保证设计质量，通过搭建学习脚手架来保证学习质量，从而避免失误。当您尝试微课程教学法实验，开始系统设计的时候，请遵循这个流程展开，它会帮助您落实目标管理，使设计逻辑趋向合理，以便学生在完成任务有质量的前提下，达成学习目标。

一旦您开始这样的设计尝试，那么，在具体创意"三剑客"的"做中学"过程中，您一定会更深切地体会到，系统设计如何通过质量管理来保证学生发展核心素养、提升学业绩效的奥妙。

"三剑客"设计完成之后，即可从事教学实验，并且逐渐在实践中完成从演员型教师向点化学生智慧的导演型教师的转型。这样，您一定会发现，那些典型的微课程教学法课堂教学实例，究竟为什么会让教学超凡脱俗。

假如您的尝试已经趋于常态化，那么，一条资源建设新路将在心中展开。也许，您会沉浸其中，再也不愿回到所谓"传统教学"。

回顾与思考

1. 试一试，能否把流程图与系统设计的六个步骤对应起来？

2. 为什么说系统设计的六个步骤中，第一、第二、第三、第四、第六步可以有效管控学生在家自主学习的成效？

小贴士

从事系统设计，一定要树立学习脚手架保证学习质量的信念，明确界定课前学习与课堂学习的不同使命，使两个阶段分工明确，又相互连接，构成完整美好的学习过程。

核心概念

系统设计（System Design）

第六章　如何设计高质量的"任务单"

自主学习任务单简称"任务单",在"三剑客"中居于"第一客"的位置。它的使命是:与配套学习资源协同作用,指导并帮助学生在家完成学习知识的任务。"任务单"的设计合格了,学生就有可能通过在家自主学习,完成学习知识这一"同化",从而为在课堂上完成内化知识、拓展综合能力、发展核心素养的"顺应"创造条件。

如果"任务单"不能支持学生在课前完成学习知识的任务,那么,学生在课堂上只能继续学习知识,内化知识的时间就得不到保证,拓展综合能力和发展核心素养就无从谈起,课堂教学方式创新的美好愿望也会落空。

可见,"任务单"是翻转课堂的课前自主学习的灵魂。假如您对"任务单"的设计加以格外的关注,您就会在翻转课堂本土创新的研究中牵住"牛鼻子"。

阅读建议

1. 了解"任务单"的使命;发现不同的设计理念、不同的设计层次,可以直接导致不同的学习质量;发现习题与问题在功能上的差异,从中窥见设计"问题导向"学习任务的意义。

2. 理解自主学习任务单命名的来历与"任务单"的两个定义,了解"任务单"的结构,理解各组成部分之间的关系。

3. 了解达成目标的定义,理解"三要素"在提炼达成目标中的意义;理解目标的特征与缺陷,理解学习任务的特征,能够在实践中把目标与任务区分开来。

4. 通过案例分析,理解任务设计咬住达成目标、与达成目标耦合匹配的意义,掌握任务设计的基本方法。

5. 了解学习方法之于学生发展的意义,以及常见的学习方法的表达方式。了解课堂学习形式预告的三个功能,理解三个功能对于促进高质量学习发生的意义。

一、三份"任务单"之比较

初见任务单,您可能会以为,"任务单"与"导学案""学案"是差不多的。其实不然，用江苏省木渎高级中学地理教师马莉莉的话来说："设计自主学习任务单是一门学问，它能倒逼教师专业成长。只要你能设计出问题导向的任务单，你就可以发现：学生的自主学习能力原来是这么强劲！"①

为了洞察"任务单"设计对于保证学习质量的意义，我们有必要对不同的"任务单"做一个比较，以便分析哪一类"任务单"能使学生自主学习的质量比较高。

案例1：《用数对确定位置》自主学习任务单②

表 6-1-1　小学数学《用数对确定位置》自主学习任务单

一、学习指南
1. 课题名称：用数对确定位置
2. 达成目标： 通过阅读教材、观看教学视频、完成"任务单"的学习任务，达到： (1)理解列与行的含义，了解确定第几列、第几行的规则； (2)理解数对的含义，会用数对表示具体情境中物体的位置； (3)会把所学的知识与生活紧密联系起来，并运用到生活中去。
3. 学习方法建议： 　　说一说，画一画，玩一玩。
4. 课堂学习形式预告： 　　检测课前自主学习成果→提升性练习→合作探究：寻找教室里的数对、棋盘里的数对、海洋里的数对→展示成果、提出质疑、做出阐释。
二、学习任务
通过阅读教材，观看教学视频，完成下列学习任务： 1. 什么叫作列？什么叫作行？ 2. 确定第几列一般怎么数？确定第几行一般怎么数？

---

① 摘自中国教师教育 MOOC《微课程教学法》课程开发团队成员马莉莉在《微课程教学法》课程介绍——《课程箴言》视频中的发言。

② 设计者：苏州工业园区胜浦实验小学数学教师周丽。

续表

3. 什么是数对？怎样用数对表示位置？

4. 小明在教室的位置是第4列第5行，用数对怎么表示？

5. 小强在教室的位置用数对表示是(3，6)，他坐在教室的第几列第几行？

6. 说一说并写出你在教室的位置是第几列第几行，用数对如何表示？

7. 下面是小红房间的墙面平面图，请观察下图并用数对表示四块装饰瓷砖的位置。

（　，　）　（　，　）

（　，　）　（　，　）

8. 九宫格游戏：

规则：横竖斜谁先摆满3个即获得胜利；
　　　在每次摆棋子之前要先告诉对方，你想摆的位置。
建议：与爸爸、妈妈或者小伙伴比赛。
记录：我与（　　　　）进行了比赛，结果是（　　　　）。

三、困惑与建议

（提示：自主学习之后有问题可以写下来）

怎么样？有没有和你的爸爸、妈妈挑战一下九宫格游戏，也可以跟你的小伙伴比赛哦！

案例2：《两位数加两位数的进位加法》自主学习任务单

表 6-1-2　小学数学《两位数加两位数的进位加法》自主学习任务单

一、学习指南
1. 课题名称：两位数加两位数的进位加法（青岛版一年级下册第六单元）
2. 达成目标： （1）通过信息窗提供的信息，让学生提出并解决数学问题，在理解的基础上掌握两位数加两位数（进位）的计算方法。 （2）让学生通过小组和全班同学的交流、合作，体验两位数加两位数（进位）加法计算方法的多样化，培养学生的创新意识及合作交流的能力。 （3）让学生通过自己提出问题、解决问题这一过程，感受到数学源于生活，充分体验解决数学问题的成功喜悦。
3. 学习方法建议： 通过小组和全班同学的交流、合作，体验两位数加两位数（进位）加法计算方法的多样化，培养学生的创新意识及合作交流的能力。
4. 课堂学习形式预告： 学生自主小组合作学习。
二、学习任务
（1）通过信息窗提供的信息，让学生提出并解决数学问题，在理解的基础上掌握两位数加两位数（进位）的计算方法。 （2）让学生通过小组和全班同学的交流、合作，体验两位数加两位数（进位）加法计算方法的多样化，培养学生的创新意识及合作交流的能力。 （3）让学生通过自己提出问题、解决问题这一过程，感受到数学源于生活，充分体验解决数学问题的成功喜悦。
三、困惑与建议

我们曾多次拿案例1和案例2给中小学教师比较：哪一份"任务单"能让学生学得有成效？几乎所有的教师都认为案例1适合学生自主学习，极少有教师认为案例2比较好。这是什么原因呢？

其一，案例1的达成目标具体精准。给出了"通过阅读教材、观看教学视频、完成'任务单'的学习任务"，"达到理解列与行的含义，了解确定第几列、第几行的规则；理解数对的含义，会用数对表示具体情境中物体的位置；会把所学的知识与生活紧密联系起来,并运用到生活中去"三个目标。其中,既包括**实现目标的条件**,又包括**目标行为**的程度,还包括**目标内容**要素。这使学生看过就能发现要达到什么目标,以及达到目标的途径,起到了纲举目张的心理引导作用。

其二,学习任务与达成目标匹配。只要完成任务有质量,就能达成学习目标。为了帮助学生达成目标,学习任务采取问题导向的方式。这一个一个的问题,就是引导学生发现式学习的脚手架。这些脚手架使原本无从下手的自主学习变成可以循序渐进地操作。只要辅以配套教学视频支持,几乎所有的学生都能完成学习任务,达成学习目标。谙熟教育管理学的老师可以发现:**目标管理**的作用已经凸显。

其三,问题导向的学习任务有利于学生举一反三。这是因为,问题一般反映概念、原理(或定律)、方法。一旦学生完成了问题导向的学习任务,就意味着学生搞清了概念,理解了原理(或定律),掌握了方法。因此,能够举一反三,再也不必像题海战那样,做一个会一个,没做过的可能就不会了。其哲学原因在于,习题表现为"具体",问题反映的概念、原理(或定律)和方法则表现为存在于具体事物中的共性,理解了一般意义的概念、原理和方法,就有可能做到举一反三。

案例 2 则存在着不小的问题,不利于自主学习的操作。首先,达成目标抄袭教学目标。教学目标是对教师实施教学的要求,并不适合学生自主学习。对象错了,目标也变得不可捉摸,无法预见学习的效果。其次,目标与方法没有考虑学生在家自主学习实际,仅仅基于课堂学习假设,不可能有好的学习效果。再次,课堂学习形式预告根本没有规划,形同虚设,可见其不得"预告"之要领。最后,学习任务与达成目标的叙述一模一样,实际上是没有学习任务。没有学习任务,自主学习就没有办法操作,何谈质量?

这两份"任务单",案例 1 是翻转课堂常态化的微课程教学法实验者设计的,案例 2 是不了解微课程教学法的老师按照模板填出来的,也可以看作是传统型教师设计的。这使我们发现,**不同的设计层次,直接导致不同的学习质量**。

我们再把案例 3 与案例 1 做比较。

案例3：《植树问题——两端都栽》自主学习任务单

表6-1-3　小学数学《植树问题——两端都栽》自主学习任务单

一、学习指南
1. 课题名称： 人教版四年级第八册数学《植树问题——两端都栽》
2. 达成目标： 通过观看教学视频、自主分析思考，达到以下目标： (1)植树问题中"间隔""间隔数"的意义； (2)理清间隔、间隔数、棵树、全长这4个量之间的关系； (3)会求"棵树"和"全长"； (4)尝试用数学的方法灵活解决生活中的植树问题（两端都栽）。
3. 学习方法建议： 可以伸出手数数看，画一画线段图。以求：在简单、形象中寻找规律，在抽象、复杂中运用规律。
4. 课堂学习形式预告： (1)借助"手"理解"间隔"和"间隔数"的意义与不同。 (2)由"手指数－1＝间隔数"推出"棵树－1＝间隔数"。 (3)由线段图推出：间隔×间隔数＝全长，也就是：间隔×(棵数－1)＝全长；再推出：棵树＝全长÷间隔＋1。 (4)发现生活中其他的植树问题（两端都栽），如爬楼梯、钟打点等。
二、学习任务
通过观看教学视频自学，完成下列学习任务： 动手动脑，解决问题！ 1. 选一选： 　　"间隔"表示的是(　　)　　a. 长度　b. 数量 　　"间隔数"表示的是(　　)　　a. 数量　b. 长度 2. 填一填： 　　(　　)－1＝间隔数　　　　(　　)×(　　)＝全长 　　(棵数－1)×(　　)＝全长　　棵树＝(　　)÷(　　)＋1 3. 解决问题： 　　(1)8个小朋友排成一队，每两个小朋友之间相距50厘米，请问，这列队伍长几米？（遇到困难时可以画图）

续表

二、学习任务
（2）学校教学楼每层楼梯有 24 个台阶，老师从一楼开始一共走了 72 个台阶。老师走到了第几层？（伸出手数数看或到生活中去亲自体验尝试）
三、困惑与建议
（提示：此项由学生自主学习之后填写）

案例3与案例1的比较则稍显复杂，也许会增加判断的困难。因为，案例3与老师们熟悉的"导学案"雷同，对于自主学习来说，也是属于可操作的。

正因为判断的复杂性，我们格外注意对案例3和案例1做出合乎逻辑的价值判断。这样的判断，应该能够反证我们是否通过案例分析获得思维能力的发展。事实上，我们经过细致的分析，可以发现"任务单"与"导学案"这两类可以操作的自主学习的载体是有区别的。

首先，在案例3中，达成目标中的第一条为"植树问题中'间隔''间隔数'的意义"，只有内容要素，没有具体的目标行为（动词）。这样的目标，使学生乃至教师无法判断对这些内容要素的处理到底要达到什么样的认知程度，目标的功能也就被打了折扣。假如属于基本要求的认知水平没达到，那么，想要达成第二个"理清：间隔、间隔数、棵树（注：应为棵数）、全长这4个量之间的关系"的目标，以及第三个"会求'棵树'（注：应为棵数）和'全长'"的目标，就比较困难。

其次，最后一条目标是"尝试用数学的方法灵活解决生活中的植树问题（两端都栽）"。这个目标糟糕的地方在于：第一，所谓"尝试"，就是没有目标，或者说教师拿不准目标、不敢给目标。第二，其语言诱导的隐喻是学生不会用数学方法解决生活中的植树问题，是一种负能量的心理暗示。如果能改为用什么具体的方法灵活解决生活中的植树问题（两端都栽），才能让师生心知肚明。

最后，最大的问题是：案例3给出的学习任务是常见的习题，不是"问题导向"的学习任务。为什么说学习任务给习题、没给问题是"最大的问题"？现在提出这个问题,对于初涉微课程教学法的读者而言,可能会感到不可理解。所以,我们需要分析**习题与问题在功能上的差异**,洞察这两种任务对自主学习带来的不同影响,然后,当我们自己从事设计的时候,才能做出正确的抉择。

这是一件很有意思的事情。能否发现习题与问题在功能上的差异,关乎教师是否提升了对设计"任务单"的认识水平,还会影响教师能不能设计出高水平的自主学习任务单。

关于习题的功能,主要有三个方面。其一,从学生角度看,可以在学习之后练练手,巩固所学知识;其二,从教师角度看,可以检测学生掌握所学知识的情况;其三,习题对于考前复习是有意义的。这三个功能,无论哪一个都是在学习知识之后发生的(after learning)。因此,在学生投入自主学习之前就给出习题,不是明智的教学策略。

关于问题的功能,一方面,我们可以将其视为习题中的一种。这使问题具有习题的三个功能。另一方面,问题的价值远远不是这三个功能所能涵盖的,其更重要的意义在于另外两个方面:首先,问题使自主学习变得可以操作;其次,问题能促使学生举一反三。这两条功能,是多少一线教师求之不得的。很明显,对于学生自主学习而言,这是更加重要的功能。

为什么问题能使自主学习变得可以操作?

试看案例 1 中的问题:

(1)什么叫作列?什么叫作行?

(2)确定第几列一般怎么数?确定第几行一般怎么数?

(3)什么是数对?怎样用数对表示位置?

问题抓住了理解《用数对确定位置》的关键性知识,能够成为学生自主学习的向导。虽然从表面来看,面对这三对问题,尚未开始学习的学生也许不能回答。但是,所有的学生都不会觉得自主学习无从下手。相反,这会激发学生发现式学习。比如,到教材里找答案。如果在教材里找不到答案(有些教材里看不到任何对学生的辅导,把诠释知识的空间留给了教师)的话,学生会到配套的教学视频里去找答案。

而且,由于导向明确,学生能够聚焦关键问题,求得认知上的突破。因此,学生观看视频的注意力集中程度,远远超过不带问题观看视频的注意力集中程度。在这个过程中,学生独立思考,理解概念、原理(或定律)、方法,发展认识能力。而且，由于从表面上看教师还没有开始教，学生会因自己求得真知、完成任务而感到格外愉悦。这时候，学习成就感就会油然而生。

上述情况，对于传统意义上的"学困生""后进生"来说，其意义尤其重大。他们会发现，自己其实还不差。于是，自信心就会慢慢树立，兴趣也会慢慢增长。这对于家长和教师来说，实在是善莫大焉！

对于教师来说，给出问题，实际上意味着**教师找到了教会学生学习的方法**。我们发现，这些问题能够指导学生解决"学习什么"和"如何学习"这两个重要问题。因此，只要给出问题，几乎所有的孩子都会自主学习。这是问题在自主学习的可操作性方面的优势。

正像蓝志东博士在2017学思达亚洲年会的演讲中所做的有趣比喻：不带问题的自学，就像对着天空练投篮，有动作，没有方向，没有反馈，不知道学得怎么样；带着问题学习，就像对着篮筐练投篮，有方向，知道自己学得怎么样，可以根据方向、力度进行调整。因此，两类学习的效果是截然不同的。

现在再来分析第二个主题：**为什么问题可以使学习举一反三？**

脑科学表明，当学习者处于问题情境时，他们的脑活动会变得异常活跃。由于困惑与挑战引起了复杂的感官输入，从而导致了神经冲动，并且这个神经冲动激活了大脑的神经细胞，脑细胞的相互作用使神经细胞的"树突"快速增长，所以，这时就形成了神经元通路。因此，问题解决也就意味着"智力的增长"。[①]

在教学实践中，问题一般反映概念、原理（或定律）和方法。对于学生来说，回答问题不像做填空题那样看到答案就可以填进去，也不像做选择题、判断题那样可以简单地选择一个选项，而是必须理解之后才能回答。一旦问题被破解，也就意味着学生厘清了概念，理解了原理（或定律），掌握了方法，学习达到了理解的认知层次。

理解的东西是不容易被遗忘的。在教学实践中，搞清了概念、理解了原理、掌握了方法之后，再从"一般"出发分析"具体"，就显得游刃有余。完成问题导向的学习任务之后，再做练手习题，或者接受检测，就不容易出错，什么

[①] 引自罗宾·福格蒂（Robin Fogarty）为《多元智能与项目学习——活动设计指导》一书所做的序。

样的习题都能应对，即举一反三。这是问题导向的学习任务能产生特别好的学习效果的主要原因。

第一次尝试用微课程教学法翻转课堂的老师们，在课后都会感叹："没想到学生这么棒！"其实，不是学生突然变"棒"了，而是教师的设计行为发生了变化，由此激活了学生潜能，使他们潜在的学习力爆发出来。这就是我们所说的：用智慧点化学生。

由此可见，**翻转课堂之后，教师的主导作用不是被淡化，相反，显得更加重要。**这就是微课程教学法一直强调"教师主导新境界"的原因。

问题的上述两个特殊功能，促进了高质量自主学习的发生。不过，除问题之外的其他习题并不具备这两个功能。因此，微课程教学法要求实验者在设计自主学习任务单的时候，一定要弄清习题与问题的区别，坚持"问题导向"的学习任务设计原则，在自主学习开始阶段，不干"after learning"该干的事，力戒用出题替代问题的简单化倾向。

✒ 回顾与思考

1. 为什么大多数教师认为案例1与案例2相比较，案例1能够让学生学得比较好？
2. 达成目标三要素是指哪三个要素？
3. 习题与问题在功能上有何差异？
4. 为什么设计"任务单"的学习任务不能给"习题"？
5. "问题导向"为什么能引发高质量学习？

💡 小贴士

1. 达成目标三要素非常重要，提炼达成目标满足三要素要求，就能做到具体精准。
2. 不同设计理念、不同设计层次的"任务单"，直接导致不同的学习结果。
3. 问题与习题在功能上的差异，揭示只有问题才具有指导学生课前自主学习的意义。

二、什么是自主学习任务单

今天，除西藏自治区之外，"任务单"已经传入我国其他各个省、直辖市、自治区。

"任务单"的创意，始于对启动翻转课堂实验的思考。为了使课前自主学习有比较好的效果，我们决定尝试"任务驱动"。这是"任务单"的原始由来。

为什么冠以"自主学习任务单"这个冗长的名称？这涉及心理学方面的考虑。

我们在与教师的交流中常常听到：现在的学生，很多不对自己的学习负责，他们认为，学习是家长或老师所迫的。这些学生丧失了学习的原动力，将会在未来的发展中遭遇窘迫。

我们希望改变这种现状。我们不仅希望激发学生的自主学习的潜能，也希望唤起他们对自己的学习负责的态度。我们要尽自己所能，改变孩子在学习态度方面的现状。

从成语"望梅止渴"和有关"催眠术"的报道中，我们发现：语言对于人的行为具有诱导作用。如果我们的孩子每天领到一份"自主学习任务单"，久而久之，会潜移默化地意识到，学习就是他们自己的事。就这样，一个寄托着美好希冀的名称诞生了。

今天来看自主学习任务单，它有着双重定义。这个双重定义来自教学过程中的双主体：教师和学生。

从教师视域看问题，自主学习任务单是教师设计的表单形式的指导学生自主学习的方案。这个视角的定义，突出的是"指导"，而不是"检测"与"练手"这些发生在学习之后的行为。

从学生视域看问题，自主学习任务单是学生为达成学习目标所必须完成的任务的载体。这个视角的定义，强调的是必须完成任务，而不是完成多少是多少。学生只有在家完成学习知识的任务，在课堂上才能执行内化知识、拓展能力的任务，"学什么，会什么"才能成为现实。这个理念直接导致我们把自主学习的目标命名为"达成目标"，而不是一般意义上的"学习目标"。

从结构上看问题，"任务单"由三个部分组成：学习指南、学习任务和困惑与建议（见表6-2-1）。学习指南与学习任务须由教师设计，困惑与建议由学生完成任务之后填写。

表 6-2-1　自主学习任务单设计模板

一、学习指南
1. 课题名称： 　　提示：用"版本＋年级＋学科名＋册＋内容名"表示。
2. 达成目标： 　　提示：达成目标是学生通过自主学习应该达到的认知程度、认知水平或认知标准。要求具体精准，又不能混同于"任务"。请用"通过阅读教材（或观看教学视频、分析相关学习资源等）和完成任务单给出的学习任务"等实现"目标的条件＋目标行为＋目标内容"表述。
3. 学习方法建议： 　　提示：有就写，没有就不写，不要"喧宾"夺了"任务"之"主"。不写请删除此栏，并重排序号，不要"开天窗"。
4. 课堂学习形式预告： 　　提示：简要说明课堂教学组织形式，目的有三：（1）使学生发现，如果不完成好学习任务，课堂上就无法参与学习了；（2）使学生发现，今天学习的内容不能忘了（即自觉巩固）；（3）使学生对课堂学习充满向往。也可用极简易、不花哨的流程图代替。
二、学习任务
提示：根据达成目标，设计能够支持学生达成"目标"，并且属于可以操作的，即以"问题导向"为鲜明特征的自主学习任务（含必要的提示等帮助性信息）。注意两个问题： 　　1. 除语文、外语的读、写学习任务之外，其他学习任务必须坚持"问题导向"，不得以检测或练手性的习题取代问题； 　　2. 理科与外语学科在设计问题之后，需要给出练练手的习题，其他学科原则上不给习题。 　　上述两个要求，一开始会给我们带来困难。但是，一旦能设计出问题导向的学习任务，并以配套学习视频支持学生完成学习任务，自主学习质量就会提升。

续表

三、困惑与建议
提示：此项属学习反馈，由学生自主学习之后决定是否填写。
小贴士：1. 完成"任务单"设计之后，请删除所有提示项；2. 栏目不够用可以自行扩展。

如表6-2-1所示，学习指南包括课题名称、达成目标、学习方法建议、课堂学习形式预告四个要素，反映对学习主体的学习知情权的尊重，以及对学生完成学习任务、达成学习目标的指导，是单位课时教学活动中目标管理的开始。

学习任务是"任务单"的主体，是落实目标管理最重要的组成部分。教师指导学生通过自主学习达成目标的教学策略，只有落实在学习任务之中才能得到保证。因此，坚持目标管理、问题导向的原则与策略，是"任务单"设计的第一要务，也是"任务单"区别于以布置习题为主的"导学案""学案"等其他自主学习载体的重要标志。

困惑与建议，是为反馈自主学习信息而设的，同时，旨在培养学生依据目标评价学习成果的能力，养成即时评价的习惯，使他们时时体验到学习成就感，发现自身蕴藏的学习力，从而培养自主学习的喜好。此外，学生可以通过及时发现问题来及时解决问题，或者通过建议争取得到教师的帮助。

自我评价还可以采用更为简便的方法。例如，在达成目标的各个子项右侧，增加"（　）"符号，方便学生完成学习之后，用打钩或打叉的方式，评判自己的学习成果。如果简化评价方式，需要把第三部分的栏目名称做相应的调整。

微课程教学法属于复杂的社会人工系统，"任务单"体现出的各要素之间的协同、耦合关系，以及"任务单"设计与配套学习资源开发之间在促进高效自主学习发生方面的耦合关系，构成了美妙的用教师智慧点化学生智慧的篇章，让一条从演员型教师向导演型教师转型的大道从此在我们面前展开。

回顾与思考

1. "任务单"的全称为什么叫"自主学习任务单"？

2. "任务单"有哪两重定义？为什么有着双重定义？

3. "任务单"包括哪几个栏目，各有何功用？"任务单"设计的第一要务是什么？

"任务单"与"导学案""学案"等其他自主学习载体的区别表现在哪里？

💡小贴士

参加微课程教学法实验的教师，都深知"任务单"的重要性。在微课程教学法实验团队中有一条不成文的规定："任务单"设计不合格是不能进入教学实践的。这是什么原因呢？试一试，您能不能揭秘？

三、分层解构：参透教材之妙方

通过对三份自主学习任务单的分析，我们已经洞察：设计之于保证学习质量非常重要。通过对"任务单"定义与模板的分析，我们对自主学习任务单的来历、结构及其组成部分的意义也有了清醒的理解。现在，我们似乎可以着手设计"任务单"了。但是，且慢。

设计高质量的"任务单"，尤其是具体精准地提炼达成目标，设计"问题导向"的学习任务，都离不开一个基本前提：吃透教材。

吃透教材属"老生常谈"。但是，真正吃透教材者，似乎并不多见。不在少数的教师习惯于从教参上抄写或者通过数字资源直接粘贴教学目标，然后，随心所欲构想：我怎么讲。至于是不是吃透了教材，几乎没有多少教师会扪心自问。

本来，"吃透教材"就是个讲不清、道不明的用语。以至于在木渎实验中学微课程教学法"做中学"培训中，一位教师经历设计、陈述、质疑、阐释之后感慨："我们以前教书好像在瞎教，脚踩西瓜皮，滑到哪里算哪里。"这样的感言，其实是许多一线教师职业行为的真实写照。

微课程教学法从课程论研究中发现，几乎所有的大师都关注目标的达成，但是，要让所有的学生都达成目标，在过去是不可能的。所以，也没有"达成目标"这个概念。信息时代不同了，尤其是可汗式视频介入学习，为所有的学生都能达成目标提供了可能。但前提是：作为学生自主学习的指导者的教师，是否谙熟课标、吃透教材？

现实很骨感。在微课程教学法实验观察中，笔者发现，语文教师的"任务单"往往不是去指导学生厘清课文结构从而达到整体把握的认知高度，而是醉心于细节挖掘（大概是表现教师水平的心理作祟）。当下课之后笔者询问学生

"这篇课文讲的是什么事"的时候,学生往往回答不上来。

其实,这种情况不仅反映了语文教师只顾自己抓细节、不顾学生发展理解作品整体的阅读能力的偏差,而且反映出教师并没有真正"吃透教材"这个一直被回避的事实,此乃现象背后之实质。

旁观者大可以简单地批评教师没有吃透教材,但是,那没有多少积极的意义。与其批评教师没有吃透教材,不如从教师为什么不能吃透教材中寻找参透教材的方法,使之有能力担当学生自主学习的指导者角色。

微课程教学法找到了参透教材的好方法——分层解构法。由于学科的差异性,难以吃透教材的情况,在文科中尤为多见。因此,分层解构法对于文科教师参透教材很有帮助。

分层解构的第一步:厘清教材的结构。即搞清五个问题:课文分为几大组成部分?各大组成部分之间存在什么样的关系?编者或作者为什么要做这样的安排?这样安排有什么好处?有什么不足?完成这样的分析之后,教师就能看清课文结构,实现从整体上把握课文。

分层解构的第二步:分析课文各大组成部分内部的构成。如:某一组成部分内部可以分解为哪几个方面?这几个方面之间的关系是怎样的?为什么要做这样的安排?这样安排有什么好处?有什么不足?以及有没有什么方法渗透其中?如语文学科中人物描写的方法、景物描写的方法、修辞方面的方法等。完成这样的分析之后,教师不仅能从整体上把握课文,而且能深入到从细节上把握课文的层面。

工具软件的使用能够使分层解构法显得更为容易。常用的工具软件有思维导图(Mind Map)、概念图(Inspiration)等,能够通过关系图使思维可视化,从而方便教师分层解构。以初一地理第一章第一节《地球和地球仪》为例,我们使用工具软件可以方便地完成分层解构(我们可以从关系连线的粗细中发现学习材料的层次),使重点、难点显露出来,使教师提炼达成目标、设计"问题导向"的学习任务有据可循。参见图6-3-1。

因此,我们建议教师(尤其是文科教师)在设计"任务单"之前,借助分层解构法参透教材,精准提炼达成目标,从而纲举目张地设计学习任务,思考学习方法建议,乃至规划课堂学习任务。

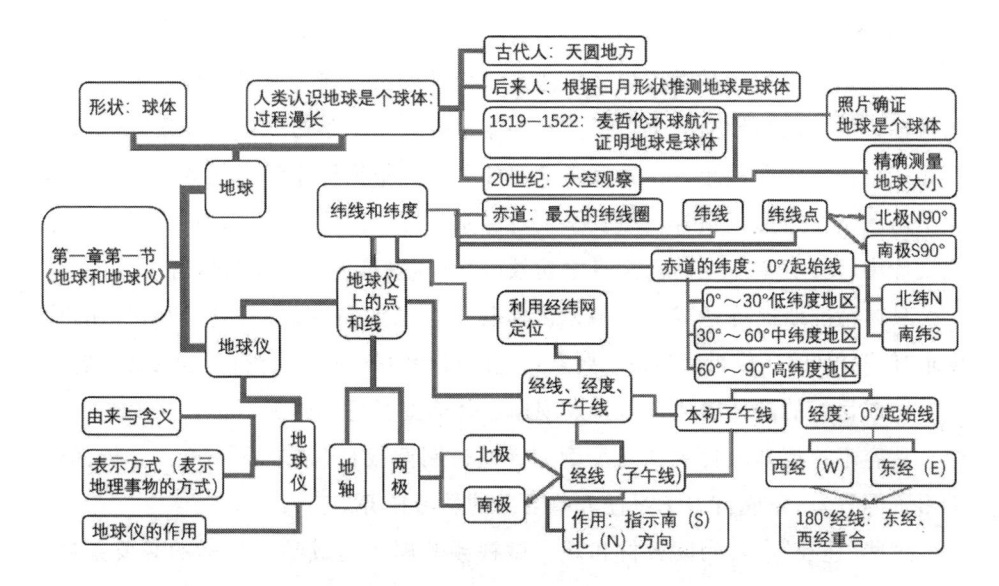

图 6-3-1　初一地理第一章第一节《地球和地球仪》分层解构可视化图示

回顾与思考

1. 设计高质量自主学习任务单的基本前提是什么？
2. 分层解构法怎样帮助教师参透教材？
3. 常用的思维可视化工具软件有哪些？

小贴士

1. 采用分层解构法可以帮助教师参透教材，从而做到具体精准地提炼达成目标，特别适用于内容复杂的文科课文分析。

2. 思维导图和概念图是帮助教师梳理思路、参透教材的好工具。

四、具体精准：提炼"达成目标"

何为达成目标？

达成目标是教师依据课标，在参透教材的基础上提炼出来的学生自主学习应该达到的认知程度、认知水平，或曰认知标准，强调的是"应该达到"，而不是"可能达到"。达成目标是否能够被达成？这是"学习方法建议"与"配套学习视频"要解决的问题。

提炼达成目标，是微课程教学法系统设计的第一步。有了目标，就可以根据目标，设计问题导向的学习任务；根据任务，给出学习方法和开发配套教学视频；根据方法和视频，设计课堂学习任务单；根据课堂学习任务单，提纲挈领给出课堂学习形式预告，激发学生对课堂学习的向往。可见，达成目标在系统设计中，具有牵一发而动全身之功效（详见本书第五章中相关内容）。

具体精准地提炼达成目标，是微课程教学法的特色之一。所谓具体精准，要求"任务单"的达成目标具备三要素：达成目标的条件、目标行为和目标内容。

达成目标的条件能让学习者发现通过什么途径可以达成目标，从而心中有数、从容不迫地开展自主学习。例如，通过阅读教材（或观看视频、分析其他学习资源等），完成自主学习任务单给出的学习任务。

这些"途径"中，阅读教材和观看微视频等属于达成学习目标的必要条件，但还不一定能使学生达成目标。"完成'任务单'给出的学习任务"是最重要的，它一加进去，整个条件（如阅读教材、观看配套学习视频、完成下列学习任务等）就从必要条件上升到充分必要条件的层次。只要完成学习任务有质量，就一定能达成目标。而且，只有完成学习任务，学生才能对完成情况做一个是否达成目标的质量评价。

需要强调的是，"完成自主学习任务单给出的学习任务"是达成学习目标的最现实的手段、途径和方法，所以，一定不能"丢"了这一充分必要条件，也不能把完成任务当作目标本身。教师不仅要有这样的认识，也要帮助学生形成这样的认识。

达成目标中的目标本身由目标行为和目标内容两个方面组成。语言表达必须同时包含目标行为和目标内容。

目标行为是学生通过学习某种学科或领域的内容所发生的认知行为改变的程度，即从原有认知模式达到新的认知模式，常用的有"了解""理解""发现"等。例如，能够发现两性氧化物和两性氢氧化物的区别。在这个阐述中，"发现区别"是目标行为，反映学生学习两性氧化物和两性氢氧化物所要达到的认知程度。

提炼目标行为时需要注意的问题有两个：

一是千万不能把要求学生达到的目标误写为教师计划做什么。例如，"将学生引入到口腔的结构域功能的认识"。这是一个典型的以教师为中心的教学目标。微课程教学法实验表明，教学目标不适合学生自主学习。

二是对于目标行为的描述，不能采取概括行为的模式，如"培养批判性思维""培养鉴赏力""培养广泛的兴趣""提高品读文本的能力"等。因为，这类表述过于笼统，无法让学生理解学习什么、要学到什么样的程度等，属于无效目标。

目标内容是目标行为的内容指向，反映目标行为得到改变的学科要素或生活领域的规定性。如上述"能够发现两性氧化物和两性氢氧化物的区别"中，两性氧化物和两性氢氧化物是行为目标的内容指向，离开了内容指向或生活领域的规定性，目标行为就变得不可捉摸，从而使"达成目标"成为无效目标。又如在"通过观看'微视频1'和完成任务一，掌握整本小说速读的方法"中，目标行为是掌握速读方法，目标内容的规定性是"整本小说"。

行为与内容的组合构成现实的目标，缺少了其中一个方面，目标就不再清晰可辨，沦为无效目标。无效目标直接影响学生学习的质量，使学生只知任务表现出来的"具体"，不知隐藏在任务背后的目标的"抽象"。只知具体、不知抽象的直接后果，就是失去举一反三的理解能力。这几乎是令学科结构主义不能容忍的。

综上所述，任何目标中不能缺少行为与内容中的任何一个。内容规定了学什么，行为规定了学习要达到的行为改变的程度，实现目标的条件则使学生清晰地理解如何去达成目标，从而采取相应的行动，促成目标最终达成。内容、行为、实现条件构成了微课程教学法让学生纲举目张地学习的"达成目标"三要素。

传统型教师没有"达成目标"的概念。他们习惯于根据教参给出的教学目标撰写教案，即为自己讲课撰写一个脚本；或者根据国外传入的信息化教学设计方法，设计一个难以常态化的公开课执行方案。更有甚者，直接从教参上抄袭教学目标，辅以随心所欲的讲课内容，"脚踩西瓜皮"式地实施教学。

至于学习产生的质量问题，他们自有传统的诠释方法：一是学生不认真，没有良好的习惯；二是有的学生不开窍。唯独没有教师疏于对目标及其实现程度的研究这种责任。这种状况需要改变。

微课程教学法从学习目标开始革故鼎新。从课程大师那儿汲取关注目标"达成"的营养，直接将目标命名为"达成目标"，把关注"我"怎么教，一下子转到关注如何让学生达成目标上来。换言之，选择了学习设计的取向。同时，借用语言诱导功能，暗示学生必须通过学习达成目标，于柔性中可见刚性。

在翻转课堂的微课程教学法中，达成目标分别出现在自主学习任务单和课堂学习任务单中，形成学习知识阶段与内化知识阶段不同的目标要求。

就自主学习任务单而言，为了清晰地表示不同的认知程度、认知水平或认知标准，达成目标的提炼必须具体、精准，抓得住认知材料（如教材）的关键，反映学科知识的内在要求，来不得半点含糊。

案例1：《真想变成大大的荷叶》

课文是一首儿童诗。苏州工业园区方洲小学语文教师曹玉婷为"任务单"制定如下达成目标：

通过观看微视频、朗读课文和完成《自主学习任务单》的学习任务，达到：

（1）能准确读出"梭、嬉、热、透、游、眨、柄、伞、着、戏"十个生字；

（2）能按照笔画顺序正确书写"戏、伞、柄、眨、热、透、着、游"八个生字；

（3）能够有节奏地朗读课文，了解诗歌大意；

（4）了解创作诗歌的基本方法，展开想象。

这些目标具体、精准，聚焦关键，三要素俱全。学生一看就知道要做什么、怎么做、做到什么程度。而且，这些目标可以作为学习成果的评价标准。（1）（2）是读写生字的目标；（3）是朗读课文、掌握课文结构与内容的目标；（4）是诗歌写作方法的目标，也是为课堂创作儿童诗创造条件的目标。目标的重点在于阅读理解与写作。

案例2：《铝的氧化物和氢氧化物》

这是苏教版高一化学《必修一》专题3第一单元第2课时的学习内容。苏州新草桥中学俞叶老师为"任务单"设计的达成目标如下：

通过观看教学视频和完成《自主学习任务单》上的任务，了解氧化铝和氢氧化铝的化学性质，以及两性氧化物和两性氢氧化物的概念；能够发现两性氧化物和两性氢氧化物的区别；了解氢氧化铝的制备方法以及氧化铝和氢氧化铝在生产生活中的常见应用。

这些目标，同样是三要素俱全，具体、精准、聚焦关键。学生一看就知道要学什么、怎么学、学到什么样的程度。这些目标可以作为学习成果评价的标准。

需要指出的是，达成目标中不能有含混不清的词语，诸如"学会、知道、明白、尝试、体会、品味、初步、简单、更好、进一步"等，不能反映学生学习应该达到的认知程度、认知水平或认知标准。如果这些词语出现在达成目标中，会导致目标的迷失，让学生云里雾里，不知怎样达成目标、是否达成目标，当然，也谈不上如何调整学习行为。

下面四个案例中，存在着这类空泛无效的词语。我们做出分析，以便帮助实验者发现问题，在实践中有则改之无则加勉，过好达成目标提炼关。假如读者有意遮住表格中的右栏（分析栏），直接去发现左侧（目标栏）中存在的问题，收获一定更大。

案例1：《珍珠鸟》目标分析

学习目标	分析
1. 通过查字典学习读读写写的字音、字词。	通过查字典达到会读会写是可行的。问题是，这个目标让学生不知道要读写哪些字词（笔者揣摩要到课本里去找），也不知道学习字音、字词要达到什么样的要求。这个目标给学生的学习带来了不便。实际上，这反映了目标的缺失。说明这位教师还没有真正树立"以学生为中心"的设计理念。
2. 品味文章的语言，学习文章生动细腻的描写方法，并说出其表达效果。	1. 关于"品味文章的语言"，存在着几个问题。(1)什么是品味？怎样品味？(2)品味全文，抑或哪一部分，还是哪一句？(3)"品味"到什么程度？这些前提都没有交代，让学习者糊里糊涂、似懂非懂。付诸实践的话，学生达成目标的程度一定是参差不齐的。 2. 关于"学习文章生动细腻的描写方法"，存在着一系列问题。诸如：什么样的描写属于生动细腻的？为什么要写得生动细腻？怎样做到描写生动细腻？学习生动细腻的描写方法要学到什么样的程度或水平？等等，都没有交代。这反映了教师自己对如何学习文章的描写方法心中无数。 3. 关于"说出其表达效果"，不属于主观预期的目标范畴，而是属于学习任务范畴，其背后隐藏着的目标，需要通过问一个"为什么"去加以发掘。因此，教师需要善于将目标与任务区分开来。

需要指出的是,"说出其表达效果"把目标与任务混为一谈,导致目标的缺失。其认识根源,可能是"行为目标"的误导。

行为目标(behavioral objectives)是一种课程编制目标,指以具体的、可操作的形式陈述课程与教学目标,它指明课程与教学结束时学生所发生的行为变化。[1] 王斌华著《校本课程论》称之为"操作目标",并有"要求学生根据说明书,在 30 分钟内组装完 3 号飞机模型"等举例。[2] 行为目标的优点是具体、精准、可操作,缺点是过于机械,往往把目标混同于任务,导致目标的迷失。

在微课程教学法中,所谓"要求学生根据说明书,在 30 分钟内组装完 3 号飞机模型"根本就不是目标,而是学习任务。在实践中,分不清目标与任务,容易把目标降格为任务,导致举一反三能力的减弱。因此,我们需要对目标与任务做学术甄别。

所谓目标,是人们对活动预期结果的主观设想,属于主观意识范畴。目标能够为活动指明方向,即通常所说的纲举目张。目标明确,行动就不容易跑偏。目标不明确,可能事倍功半。没有目标,可能劳而无功。因此,几乎所有的管理学都注重目标管理。

但是,目标有一个特征(或曰缺陷):**目标属于主观意识范畴,自己无法实现自己。**否则,无论什么事情都只要胡思乱想、空喊口号就可以实现,教学质量的提升还需要依靠改进工作来获得吗?显然,"任务单"目标的达成不能依靠目标本身,而要通过学习任务、学习方法指导和配套学习资源的组合支持才有可能实现。

任务通常指交派的工作,是试图达成目标的执行方案,具有两重属性。一方面,任务是为达成目标设计的执行方案,具有主观色彩;另一方面,任务本身就是一个被要求执行的行为,具有客观色彩。

比如组装飞机模型的任务,一头连着理解飞行原理、掌握组装方法或步骤、提升动手能力的目标,一头连着动手组装的行动。只要学生动手组装飞机模型,并且达到熟练程度,就能按时完成任务,达成目标。

正因为**任务具有主观与客观两重属性,一头连着目标,一头连着行动,**能

---

[1] 钟启泉、汪霞、王文静:《课程与教学论》,59 页,上海,华东师范大学出版社,2008。
[2] 王斌华:《校本课程论》,120~121 页,上海,上海教育出版社,2000。

够通过引发客观行为自己实现自己，目标才得以通过完成任务而被达成。因此，任务应该具有很强的可操作性，而且，也必须具有可操作性。

在目标与任务的关系中，目标是确定任务的依据；任务则是试图达成目标的执行方案。只要任务合理，又具有可操作性（真实的任务都具有可操作性），执行过程严谨有序，就有可能完成任务，从而达成目标。

过去，我们习惯于把"要求学生在地球仪上指出我国所在的位置"称作目标。现在，我们发现，与其称其为目标，不如称其为任务。因为，它不属于主观意识范畴，而是引发客观行为的学习任务，只要发生任务所要求的行为就能完成。

由于"要求学生在地球仪上指出我国所在的位置"属于学习任务范畴，它本身是有目标的，即了解我国在地球上的位置（世界的东方）和在亚洲的位置。了解了我国在地球上的位置，无论在地球仪上指，还是在地图上标注，或是口头说，笔头完成相关作业等，都不是问题。这是目标与任务之间的举一反三的关系，目标为一，任务为N。

行为目标容易把任务与目标混为一谈，从而迷失真正的目标。这使举一反三可能成为一件困难的事。毕竟，能指出我国在地球仪上的位置，未必知道我国地处亚洲东部。因此，微课程教学法主张简化学习目标体系，在系统设计中探索新的学习目标体系，免受教学目标局限的影响。

如何把不适宜的行为目标式的描述提炼成为合适的达成目标呢？微课程教学法发现了一种简单实用的方法，那就是：对这个行为目标问一个或数个"为什么"，例如，对于"要求学生在地球仪上指出我国所在的位置"的假目标问一个"为什么要……"的问题，追根寻源，直到把这个根源"刨底"刨出来（即问不下去了）。为了让学生纲举目张地投入学习，教师需要修炼这种"刨底"的功夫。

把目标与任务的关系迁移到"任务单"的达成目标与学习任务之中，我们不难发现，达成目标是制定学习任务的依据；完成学习任务，则是达成目标的手段与途径。学生需要通过相应的学习行动来完成学习任务，从而达成目标。

案例2：《用数对确定位置》的目标分析

达成目标	分析
1. 通过学习教学视频理解"列"和"行"的意义，掌握"列"和"行"的排序规定，学会用"列"和"行"结合表示物体位置的方法，理解数对的含义。	这个目标中有合理的成分，也有不尽如人意的地方： 1."通过学习教学视频理解……"交代了实现目标的条件，有利于学生了解如何学习；"理解'列'与'行'的意义"的要求也很清晰明了，有利于学生掌握列与行的含义。 2."掌握'列'与'行'的排序规定"的动词有问题，如果用"了解(或理解)'列'与'行'的排序规则"来表达，则更为贴切。 3. 关于"学会用'列'和'行'结合表示物体位置的方法，理解数对的含义"，存在着三个问题：表述空泛，排序颠倒，存在缺项。详见表后分析。
2. 能用数对表示物体的具体位置。	这是一条能力目标。实际上，这个目标已经存在于"学会用'列'和'行'结合表示物体位置的方法，理解数对的含义"中，如果就其不合理部分做出修改，就没有必要重复提出。

应该指出的是，第一个目标中"学会用'列'和'行'结合表示物体位置的方法，理解数对的含义"的表述存在三个问题。

第一，这个表述极其空泛。这是因为，所有的学习都可以用"学会"来总括。正确的表达至少应该能够回答三个方面的问题[①]：(1)什么是列？什么是行？(2)列数怎么确定？行数怎么确定？(3)什么是数对？如何用数对确定物体的位置？假如我们不做明确的界定，仅仅简单地提"学会""知道""明白"等空泛的要求，是没有任何实际意义的。

鉴于此，这条目标可以分解为了解列与行的含义，理解确定列数与行数的规则，理解数对的含义与表达方式，能够用数对确定物体的位置。其中，"能够用数对确定物体的位置"也可以表达为"能够用列与行结合的方式表示物体的位置"。

第二，"理解数对的含义"是"用'列'和'行'结合表示物体位置"的前提，而不是相反。不顾逻辑关系地随意表达，除了因为专业素养欠缺之外，至少内心深处并没有把学生学习质量当回事。如果用"理解数对的含义，能够用列数与

[①] 参见本章"一、三份'任务单'之比较"中，由苏州工业园区胜浦实验小学周丽老师设计的《用数对确定位置》的"任务单"。

行数的组对来表示物体的位置"就比较合适。

第三，从达成目标看问题，观看视频是支持学生完成学习任务的必要手段，但是，"观看教学视频"不能保证所有的学生都能理解列与行的含义、列与行的排序规定，以及数对的含义。只有完成"任务单"给出的学习任务，才有可能支持学生达成目标。因此，达成目标的条件、手段与途径中，必须包含"完成'任务单'给出的学习任务"。教师不仅应该了解这一点，也应当引导学生对此有清晰的认识。

案例2的设计者以为"完成'任务单'给出的学习任务"只是一句套话，不了解"任务单"在促进学习中的作用，所以，不去引导学生关注完成"任务单"学习任务的重要性，从而使"任务单"丧失了其本身所固有的评价学习成效的标准的功能。

案例3：《一剪梅·舟过吴江》目标分析

学习目标	分析
通过观看微课视频，能够正确、流利朗读这首词，明确词牌名的基本知识，能够初步了解作者及写作背景，理解重点词语、词句的意思。	这是某校校本教材《绘本·诵读·朗朗书声传千古》中的一篇词作。这个目标存在以下问题： 1. 达成目标的手段只有"通过观看微课视频"，与案例2一样，不能保证目标被达成。达成目标最现实的手段与途径是"完成'任务单'给出的学习任务"。 2. "明确词牌名的基本知识"让人感到"不明确"。这里以"了解词牌名的基本知识"表述为好。 3. "初步了解作者及写作背景"是一个典型的教学目标。详细分析见表后。 4. "理解重点词语、词句的意思"也是空泛、不具体、不精准的。需要把两个问题交代清楚：(1)什么是重点词语、词句？没有交代，让学生"理解"就难以下手。(2)哪个或哪些是重点词语、词句？如果教师胸有成竹，那就不能捂在肚子里，而是应该精准地提出来，让学生一目了然。否则，怎么称得上目标呢？

这个案例的主要问题集中在右侧分析栏中的"3"，我们称之为典型的教学目标。

教学目标中常见"初步"的表述。但是，微课程教学法提倡力戒"初步""更好""进一步"之类的空泛用词。

就《一剪梅·舟过吴江》而言,"初步了解作者及写作背景"中包含着两个方面的内容。一是作者其人,二是写作背景。我们可以通过细分使之清晰起来。但是,"初步"是无法清晰起来的。

修改这一类目标,可以从回答一对问题中发现"初步"的不合理入手。这对问题是:

(1)怎样算"初步了解作者及写作背景"?

(2)怎样算"不是初步了解作者及写作背景"?

如果目标制定者回答不上来,说明这个"初步"的规定是没有道理的。教师搞不清的问题,给了学生难道就可以搞清?至少说明"初步"这类问题对于学生学习来说是没有意义的,所以必须重新提炼。

假如目标制定者能够区分"初步了解……"与"不是初步了解……",那么,需要对这种区分做出选择,即从中梳理出那些能够反映"初步"到什么程度的要求,并用具体、精准的语言表达出来,而不是用空泛、不精准的语言让人无法理解"初步"的程度。

顺便说一下,与"初步"同样不精准的"更好""进一步"之类用词,实际上是拿捏不住要点的反映。在日常规划或计划中,这也只是表示制定者没有想好该怎么做,要达到什么样的程度或标准。如果已经想好了,一般都会在显要处清晰地表达要做什么、怎样做、做到什么样的程度。

即使某概念、原理(或定律)和方法在整个知识体系中确实处于低级层次,我们也没有必要将其定性为"初步"。原因首先是如上所述的不具体、不精准;其次,这个"初步"对于学生来说并不一定简单,如果一个重难点让学生花费九牛二虎之力之后只获得一个"初步"的认识,有可能使学生对学习产生恐惧感,产生出感觉无论做出多少努力也只能得到"初步……"这样一种负能量。

再说,如果学生是第一次接触到某个概念、原理(或定律)和方法,其内心是无法理解"初步"与"不初步"的。即便给了"初步"的要求,也没有实际意义。

总之,微课程教学法提倡,提炼达成目标要力戒"初步""更好""进一步"之类不具体、不精准的模糊用词。

案例 4：《圆的认识》目标分析

学习目标	分析
知道同圆中所有的半径都相等、所有的直径都相等，直径是半径的 2 倍，半径是直径的二分之一。	这样的目标表面上看好像不错，细思忖的话，问题不少。 1. 我们可以发现，只要把这几句话背诵出来，目标好像就达成了，但数学的思维属性会在不知不觉中丧失殆尽，学习也就失去了意义。 2. 有关圆的认识的目标，至少包含理解圆心、圆的半径和直径、半径与直径之间的关系，以及能够用圆规画圆和能够用字母表示半径和直径等。显然，这个目标是不完善的。

上述四个案例中出现的问题，是习惯于传统教学的教师在刚开始实验微课程教学法的时候容易发生的。我之所以不厌其烦地花费笔墨比较与叙述，是因为达成目标在系统设计中具有举足轻重的地位与作用。

一旦提炼出能够反映学习材料的内在要求，又符合课程标准的达成目标，设计学习任务就有了方向，那么，让学生通过有质量地完成任务达成学习目标就有了可能。因此，在开始系统设计的时候，花费再多的时间搞清达成目标也是值得的。

回顾与思考

1. 为什么达成目标必须具备达成目标的条件、目标行为和目标内容这"三要素"？

2. 为什么说"完成自主学习任务单给出的学习任务"在达成目标的条件中具有举足轻重的作用？

3. 什么是达成目标？

4. 何为目标？目标有何特征或缺陷？何为任务？任务的两重属性指的是什么？目标与任务的关系是怎样的？为什么在"任务单"的设计中，要对目标与任务做学术甄别？如何区分目标与任务？

5. 如何把不适宜的行为目标式的描述提炼成为合适的达成目标？

小贴士

达成目标是修炼微课程教学法的第一步。提炼好了，下面的设计就势如破竹。所以，花多大的工夫去理解都不为过。

五、耦合匹配：任务设计咬住"达成目标"

达成目标确定之后，学习任务的设计就成为水到渠成、顺理成章的事。这时候，只要根据相应的达成目标，对应给出足以让学生达成目标的学习任务，学习任务的设计就大功告成了。

不过，实践有时候很"骨感"，不一定像逻辑推理那么顺畅。不同的实验者设计一套成功的学习任务所需要的时间差异也是很大的。微课程教学法实验的启示是：为了设计一套能够保证学生通过在家自主学习达成学习目标的学习任务，首先必须抓好目标管理。

目标管理是设计自主学习任务单的第一个关键。在微课程教学法的系统设计之中，目标管理首先从提炼达成目标开始。进入学习任务设计环节，目标管理表现为：根据达成目标设计学习任务，使学习任务与达成目标对应、匹配起来，保证只要学生完成学习任务有质量，就能达成学习目标。此乃学习任务设计之第一要务。抓不住这个关键窍门，就会偏离完成学习任务有质量就能达成目标的轨道，学习质量就得不到保证。

本章"三份'任务单'之比较"中的案例1(《用数对确定位置》自主学习任务单)，为我们展示了任务与目标耦合匹配的力量，这就是：任务与目标一一对应，保证学生完成好学习任务就能达成学习目标。

表 6-5-1 《用数对确定位置》中任务与目标的匹配关系[①]

课　题	《用数对确定位置》
达成目标	学习任务
1. 理解列与行的含义，掌握确定第几列、第几行的方法。	1. 什么叫作列？什么叫作行？ 2. 确定第几列一般怎么数？确定第几行一般怎么数？

---

① 资料选自苏州工业园区胜浦实验小学数学教师周丽设计的自主学习任务单。

续表

课 题	《用数对确定位置》	
达成目标	学习任务	
2. 理解数对的含义，会用数对表示具体情境中物体的位置。	3. 什么是数对？怎样用数对表示位置？ 4. 小明在教室的位置是第4列第5行，用数对怎么表示？ 5. 小强在教室的位置用数对表示是(3,6)，他坐在教室的第几列第几行？	
3. 会把所学的知识与生活紧密联系起来，并运用到生活中去。	6. 说一说并写出你在教室的位置是第几列第几行，用数对如何表示？ 7. 下面是小红房间的墙面平面图，请观察下图并用数对表示四块装饰瓷砖的位置。 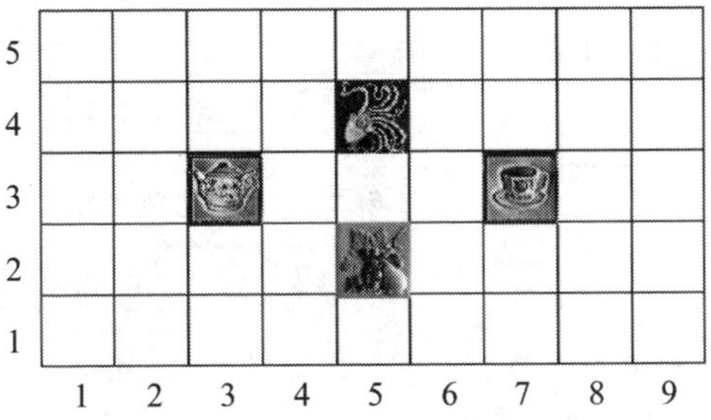     （　，　）　（　，　） （　，　）　（　，　） 8. 九宫格游戏： 规则：横竖斜谁先摆满3个即获得胜利； 在每次摆棋子之前要先告诉对方，你想摆的位置。 建议：与爸爸、妈妈或者小伙伴比赛。 记录：我与（　　　）进行了比赛，结果是（ 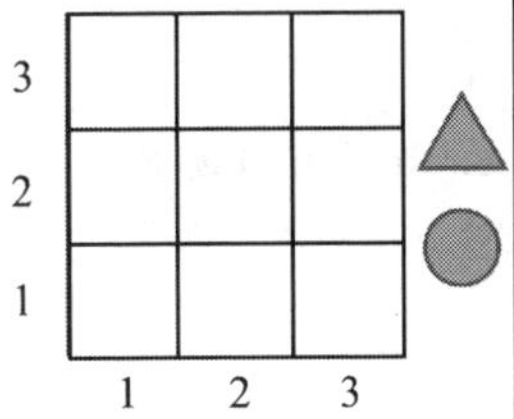　　　）。	

此外，所有成功的微课程教学法实验，都呈现出学习任务与达成目标匹配的鲜明特征。正是这种匹配关系，保证了只要学生完成学习任务有质量，就能达成目标。除了数学之外，其他学科的"任务单"同样为我们展示了这种"匹配"的力量。

表 6-5-2 《真想变成大大的荷叶》中任务与目标的匹配关系①

课　题	苏教版二年级语文下册《真想变成大大的荷叶》*
达成目标	学习任务
1. 能准确读出"梭、嬉、热、透、游、眨、柄、伞、着、戏"十个生字。	任务一：1. 把书后第 122 页、123 页的生字读三遍，读好之后，给自己加颗星。　　自己加☆：☆☆☆ 2. 给生字注音。 | 嬉 | 戏 | 透 | 眨 | 伞 | 柄 | 热 | 游 | 梭 | 着 |
2. 能按照笔画顺序正确书写"戏、伞、柄、眨、热、透、着、游"八个生字。	任务二：1. 按笔顺描红：戏 伞 柄 眨 热 透 着 游 2. 临写上面的生字： 写完之后找一找：有没有容易写错的字？ 假如有的话，想一想：有什么方法不写错？如果都会写了，向爸爸妈妈展示一下，请他们给你加☆：☆☆☆
3. 能够有节奏地朗读课文，了解诗歌大意。	任务三：1. 读一读：听录音，给诗歌标停顿。读出诗歌的节奏，读好后，请爸爸妈妈为你点个赞。　　家长点👍：👍👍👍 2. 写一写：诗中的"我"想变成什么？ 想变成什么 → ＿＿和＿＿ → ＿＿和＿＿ → ＿＿和＿＿ → 为什么？ 3. 想一想：为什么想要这样变呢？说给爸爸妈妈听，请他们再为你点个赞。　　家长点👍：👍👍👍

---

① 资料选自苏州工业园区方洲小学语文教师曹玉婷设计的自主学习任务单。

续表

课 题	苏教版二年级语文下册《真想变成大大的荷叶》*
达成目标	学习任务
4. 了解创作诗歌的基本方法，展开想象。	任务四：1. 这首诗歌的体裁有什么特点？ 2. 春天到了，如果你能变，你想变成什么？
*课文是一篇儿童诗。	

在《真想变成大大的荷叶》的学习任务中，有关读、写的任务，采用了**"量的规定性＋亲子互动"**的组合方法，以便确保学生达成目标。有关"了解诗歌大意"的目标，是通过填流程图的方法来达成的。有关"创作诗歌的基本方法"和"展开想象"的目标，通过两个问题来实现，这些问题既帮助学生达成目标，又为课堂内化知识做好了准备。正是有了课前学习知识的铺垫，才使课堂上的学生当堂创作出儿童诗，实现了知识的内化。

表 6-5-3　《Unit3 Hobbies(Part A)》中任务与目标的匹配关系①

课 题	牛津小学英语 5B《Unit3 Hobbies(Part A)》
达成目标	学习任务
1. 理解"like＋doing"的用法，掌握"like＋doing"的语法规律和"当主语是第三人称单数（如 he、she、my brother……）"时，动词后面变化的规律。	学习任务一：动名词 1. 什么是动名词？动名词的构成形式有哪几种？ 2. 什么情况下，动词＋ing，构成动名词？ 例如：　　　　（动词）写成　　　　（动名词） 3. 什么情况下，动词结尾去 e 再＋ing？ 例如：　　　　（动词）写成　　　　（动名词） 4. 什么情况下，把动词末尾辅音字母双写再＋ing？ 例如：　　　　（动词）写成　　　　（动名词） 5. 请写出下列动词的 ing 形式。 (1) collect　　　　(2) put (3) cook　　　　　(4) make (5) grow　　　　　(6) skate (7) get　　　　　　(8) come

---

① 根据昆山市朝阳小学英语教师徐洁洁 2013 年 6 月编制的自主学习任务单改写。原因在于当时还没有设计模板，一切尚在探索之中，特此说明。

续表

课　题	牛津小学英语 5B《Unit3 Hobbies(Part A)》
达成目标	学习任务
2. 理解课文内容，了解课文中每个人物的 hobby。	学习任务二：理解课文 感知课文，抓住主要信息，了解每个人的业余爱好（在相应的栏中打钩）： |	collecting stamps	taking photos	cooking	growing flowers	making clothes
---	---	---	---	---	---
Ben	√				
Ben's brother					
Mike					
Helen					
Yang Ling						
3. 能正确朗读课文，准确地为课文内容标注朗读技巧符号。	学习任务三：跟读并在课文中标注朗读符号（见右侧提示符号与解释） 例如：Ben's hobby is collecting stamps. He has many beautiful stamps. He is showing them to his classmates. ● 表示重读 ↗ 表示升调 ↘ 表示降调 ⋮ 表示停顿

《Unit3 Hobbies(Part A)》自主学习任务单表明，学习任务与达成目标相匹配的原则不仅适合小学语文和数学，同样适合英语学科的语法教学。尤其是，提供了英语学习任务采用"问题导向"的范例。如果针对第二个目标设计的学习任务采用英语问答的形式，比填表更好。因为这里的填表主要起检测作用，而不是引导学习的作用。

表 6-5-4 《What do they do? Story time》中任务与目标的匹配关系①

课　题	苏教译林版小学英语五年级上册《Unit 5 What do they do? Story time》
达成目标	学习任务
1. 读准 8 个职业类单词：a nurse, a policeman, a teacher, a worker, a cook, a doctor, a driver, a farmer。	任务一：登录 www.vhomework.com 英语平台，跟读以下单词 2 遍，再自读 3 遍。 a nurse　a policeman　a teacher　a worker　a cook　a doctor　a driver　a farmer
2. 能用 He's/She's a… He/She…来讨论职业。	任务二：请用 He's/She's a… He/She…熟读 5 遍后，在相应的叶片内用"★""★★""★★★"来表示。 （nurse helps sick people；policeman helps people；worker works in a factory；teacher teaches students；cook cooks nice food；doctor helps sick people；driver drives a car；farmer works on a farm） 任务三：通过网络、请教父母与老师等自学的方法，设计 5 份关于你 20 年后想做的职业的名片。读 5 遍名片上的内容，待课上交流。

这个"任务单"中，由于课文没有语法内容，以听说为主，因此，没有采用问题导向的最常见方法。不过，同样采用任务与目标相匹配的方法，任务一支持达成目标一，任务三支持达成目标二，任务二既支持达成目标一，又支持达成目标二。由于教师创造了"洋葱圈"方法，课堂上，学生把关于职业的对话练得滚瓜烂熟，很好地达成了目标。

也许有教育工作者会说，这些案例都是小学的，不适合中学。我们的实验表明，尽管中学在学习深度和学习容量等方面都与小学有较大的差别，但是，在遵循从学习知识到内化知识的学习规律，以及问题导向使每一个学生都会自主学习、配套视频能够使学生完成好学习任务等教学策略方面，都是一样的。我们能从

---

① 资料选自苏州工业园区翰林小学英语教师浦亚琴设计的自主学习任务单。

中学参加微课程教学法实验的老师们设计的自主学习任务单中发现同样的规律。

表 6-5-5 《窗》中任务与目标的匹配关系①

课　题	苏教版语文八年级（下）第四单元第 20 课《窗》
达成目标	学习任务
1. 正确书写相关字词，了解微型小说的特点，了解《窗》的基本情节。（　）	1. 下面的词语大多出自本篇小说，请根据拼音写出相应的汉字： 消 qiǎn（　）qiǎn（　）责　俯 kàn（　） 一 hóng（　）湖水　扣人心 xián（　） xǔ（　）xǔ（　）如生　自 xǔ（　）　wén（　）丝不动 洗 shù（　）　咳 sou（　） 2. 微型小说有何特点？ 3. 认真阅读文本，观看微视频，完成下面的任务： (1)完成下面的结构图。 故事的线索是：　　　环境的概括： 　　　　微型小说 矛盾冲突是：　"紧"而"微"　人物有： (2)画出小说的情节脑图。
2. 能结合具体语段分析人物形象。（　）	4. 在简单的情节中读出"不简单"的感受。结合具体的描写，谈谈令你最为感动和最为愤怒的情节，并说明为什么。 最为感动的情节： 感动的原因： 最为愤怒的情节： 愤怒的原因：
3. 能结合阅读资料，阐述自己对小说主题的理解。（　）	5. 结合故事情节和题目，试阐述你对这篇小说主旨的看法。

这份"任务单"的学习任务设计采用了多种方法。书写目标的达成，采用直接让学生根据拼音写字的任务对应。小说特点目标的达成，采用问题导向的任

---

① 资料选自北京外国语大学附属苏州湾外国语学校初中部语文教师董劲设计的自主学习任务单。

务对应。小说情节目标的达成，采用填写结构图和画情节脑图（当然，采用朴实的问题实际上比花哨的作业更有效，因为有效填图、画图的前提是把结构、情节搞清楚。缺了一个脚手架，学习效果可能会受影响）。人物形象分析目标的达成，采用"最为感动和最为愤怒的情节"的分析来对应，同时渗透情感、态度、价值观（不足之处是采用了检测方式，如果采用问题导向的方式效果会更好）。阅读资料阐述对小说主题的理解目标的达成，采用带有学术味语言的任务与之对应（这个任务的缺陷是采用了试题语言，假如把"试阐述你对这篇小说主旨的看法"改为"你对这篇小说主旨有何看法"的问题，就把主动权交给了学生。两种任务表达的方式对学生心理的影响是不同的）。

此外，这个"任务单"每一条达成目标的后面，都带了一个空括号。这个空括号作为学生完成学习任务之后自我评价是否达成目标之用。首创者为苏州工业园区文萃小学的皋岭老师。

表 6-5-6 《8.1 确定事件与随机事件》与《8.2 可能性的大小》中任务与目标的匹配关系[1]

课　题	苏教版八年级数学下册《8.1 确定事件与随机事件》《8.2 可能性的大小》
达成目标	学习任务
1. 能分辨不可能事件、必然事件、确定事件和随机事件，并能联系实际举例。	（一）探索新知 1. 什么是不可能事件？ 请与家人或朋友商量举例：＿＿＿＿＿＿＿ 2. 什么是必然事件？ 请与家人或朋友商量举例：＿＿＿＿＿＿＿ 3. 什么是确定事件？ 4. 什么是随机事件？ 请与家人或朋友商量举例：＿＿＿＿＿＿＿ 5. 如何区分确定事件与随机事件？

---

[1] 资料选自包头市蒙古族学校初中部数学教师王珏琦设计的自主学习任务单。

续表

课 题	苏教版八年级数学下册《8.1确定事件与随机事件》《8.2可能性的大小》
达成目标	学习任务
	(二)小试牛刀 1. 判断下列事件是必然事件、不可能事件还是随机事件： (1)两点之间线段最短。　　　　　　　　　　　　　(　　) (2)地球每天都在自转。　　　　　　　　　　　　　(　　) (3)一天有48小时。　　　　　　　　　　　　　　(　　) (4)小丽到达公交站时，12路公交车正在驶来。　　　(　　) (5)你最喜欢的篮球队将获得CBA冠军。　　　　　　(　　)
	2. 四只不透明的袋子中都装有一些球，这些球除颜色外都相同，将球摇匀。判断下列事件是必然事件、不可能事件还是随机事件，并说明理由。 ①　　②　　③　　④ (1)从第①只袋子中任意摸出一个球，该球是红球； (2)从第②只袋子中任意摸出一个球，该球是红球； (3)从第③只袋子中任意摸出一个球，该球是红球； (4)从第④只袋子中任意摸出一个球，该球不是黑球。
2. 能由猜想到试验验证随机事件发生可能性之大小。	3. 如图，质地均匀的小立方体的2个面上标有数字"1"，4个面上标有数字"2"。抛掷这个小立方体1次，试猜想"向上一面的数字为1"与"向上一面的数字为2"这两个事件中，哪一个发生的可能性大。 验证猜想： 要求：掷4次这个小立方体试一试，记录向上一面的数字，填入下表。 验证猜想： |	向上一面的数字
第一次	
第二次	
第三次	
第四次		

续表

课　题	苏教版八年级数学下册《8.1确定事件与随机事件》《8.2可能性的大小》
达成目标	学习任务
	汇总表格： | 试验结果	频数
向上一面的数字为 1	
向上一面的数字为 2	| 你做出的猜想与试验结果是否一致？ 未完待续…… 备注： 1. 请沿 3 题上方虚线剪下，把 3 题及以下部分带到课堂备用。姓名：_____ 2. 每人准备一个能放下一本数学书那么大的塑料袋。

这份"任务单"采用的是大多数理科，以及英语、地理中的自然地理等常用的"问题开路、'练手'紧跟"策略，任务紧紧咬住目标，课前课堂贯通。在视频资源的支持下，确保学生完成任务。由于任务与目标匹配，学生完成好任务就能达成目标。

表 6-5-7　《Unit 5 Good Manners Reading》中任务与目标的匹配关系[①]

课　题	苏教版译林英语八年级下册《Unit 5 Good Manners Reading》
达成目标	学习任务
1. 能用阅读技巧 skimming 归纳这篇采访的主题和每部分的大意。	Task 1 Skimming 1. What is the topic of the interview? 2. What is the main idea of each part? Part 1(line1-9)　　　　_____ Part 2(line 10-17/20-22)　_____ Part 3(line 18-19)　　　　_____

---

① 资料选自苏州高新区实验初级中学英语教师张丽倩设计的自主学习任务单。

续表

课 题	苏教版译林英语八年级下册《Unit 5 Good Manners Reading》
达成目标	学习任务
2. 能用阅读技巧 scanning 获得关于文本的详细信息。	Task 2 Scanning 1. What do British people often talk about? 2. What subjects do they avoid? 3. What do they do and say if you are in their way? 4. Why does Jenny think British people are polite at home as well?
3. 理解文中重点词汇并会造句：conversation, avoid, push in, bump into 等。	Task 3 Vocabulary　Write down their meanings in English and try to make sentences. 1. conversation(　　　)　　　　　　　　　　_____ 2. avoid(　　　)　　　　　　　　　　　　　　_____ 3. push in(　　　)　　　　　　　　　　　　　_____ 4. bump into(　　　)　　　　　　　　　　　_____ Task 4 朗读课文两遍，并自评得分 评分标准：读音正确、发音清晰(5分) 朗读流利、语速适中(5分) 语调自然、声音洪亮(5分) 自评总得分　　　　　　　　　　　　　　　_____

这份"任务单"用问题导向的方式，引导学生归纳采访的主题，提炼出每个部分的主要观点，归纳课文主要信息，来达成目标1和目标2；通过用英语写出所提供的词汇的意思和造句，来达成目标3。在初步达成目标的前提下，通过朗读来帮助学生掌握得更加熟练。同时，也使用了自我评价的方式。

表 6-5-8　《"地球和地球仪"会考复习》中任务与目标的匹配关系①

课 题	"地球和地球仪"会考复习
达成目标	学习任务
1. 会用平均半径、赤道周长和表面积描述地球的形状和大小。	1. 地球是什么形状？怎样从平均半径、赤道周长和表面积三个方面描述地球大小？

---

① 资料选自苏州工业园区星港学校初中部地理教师陆纪燕设计的自主学习任务单。

续表

课　题	"地球和地球仪"会考复习
达成目标	学习任务
2. 能通过比较和归纳，发现经线与纬线、经度与纬度的不同特点。	2. 经线与纬线存在哪些差异？（提示：可以从形状、长度变化、指示方向、相互位置关系等方面做比较） 3. 设计并填写"经线与纬线差异对照表"。（可参照下列表格） 经线与纬线差异对照表 	项目	经线	纬线
---	---	---
		| 4. 经度与纬度有哪些不同？（提示：可以从度数分布规律、零度线名称、划分半球界线等方面做比较） 5. 设计并填写"经度与纬度差异对照表"。（可参照下列表格） |	经线	纬线
---	---	---
度数分布规律（用简图表示）		
零度线名称		
划分半球界线			 6. 怎样正确表示经纬度？哪些经度和纬度不需要加方位字母？
3. 能运用经纬网确定某地点的地理位置与方位。	7. 观看微视频《经纬度的确定》，回答下列问题： (1)判断某一点的经纬度有哪几个步骤？ (2)怎样在经纬网上判断两点的方位关系？ 8. 观看微视频《经纬度的确定》，回答下列问题： (1)怎样判断某一点所在的南/北半球位置？怎样判断某一点所在的东/西半球位置？ (2)怎样区分东、西经度和东、西半球？请用简图示意。 (3)怎样根据某一点纬度判断它属于低/中/高纬地区？可用简图示意。

这是一份初中地理会考复习任务单，知识密度明显增大。但是，同样遵循学习任务与达成目标匹配、问题导向、视频支持的原则与策略。确保学生完成

任务有质量就能达成目标。

表6-5-9 《磁体与磁场》中任务与目标的匹配关系①

课　题	苏科版物理九年级第十六章第一节《磁体与磁场》
达成目标	学习任务
1. 了解磁体能吸引的物质、磁体的磁极，理解磁极间相互作用的规律，以及磁化的方法。	1. 磁体能吸引什么物质？不能吸引什么物质？ 2. 一个磁体有几个磁极？这几个磁极分别怎么称呼？ 3. 磁极间相互作用的规律是什么？ 4. 什么物质可以被磁化？如何磁化？ 5. 如何自制一个指南针？
2. 掌握探究看不见但客观存在的磁场的方法，会画出条形磁体周围的磁感线。	6. 有哪些方法可以呈现条形磁体周围看不见但客观存在的磁场？ 7. 如何描述条形磁体周围的磁场？ 8. 如何运用磁感线这一物理模型描述磁场？请画出来。 9. 分析：条形磁体周围磁感线的方向有什么特点？为什么会这样？

这份初中物理的"任务单"，用5个问题引导学生达成目标1，用4个问题引导学生达成目标2，还是紧紧抓住学习任务为达成目标配套这个关键，确保学生完成学习任务有质量就能达成学习目标。

这种目标管理的设计思路，不仅体现在小学、初中的"任务单"中，也体现在高中的"任务单"中。

表6-5-10 《以〈局外人〉为例的整本小说速读》中任务与目标的匹配关系②

课　题	高中语文《以〈局外人〉为例的整本小说速读》
达成目标	学习任务
1. 通过观看"微视频1"和完成任务一，掌握整本小说速读的方法。	1. 观看"微视频1"，完成下列任务： (1)微课程中介绍的整本小说速读方法有哪些？请梳理。 (2)你还有什么行之有效的方法想分享给大家呢？请写下来。 (3)选择一段你认为值得精读的段落，说说理由。

---

① 资料选自苏州市阳山实验初级中学物理教师唐建华设计的自主学习任务单。
② 资料选自北京外国语大学附属苏州湾外国语学校高中部语文教师吴素芳设计的自主学习任务单。

续表

课　题	高中语文《以〈局外人〉为例的整本小说速读》
达成目标	学习任务
2. 通过看整本实体书或电子书、小说导读和完成任务二，了解《局外人》相关文学常识、《局外人》的主要故事情节和主要人物形象。	2. 通过看整本实体书或电子书、小说导读，完成下列任务： (1) 完成文学常识填空： 加缪(1913—＿＿＿＿)＿＿＿＿国作家、哲学家，＿＿＿＿、"荒诞哲学"的代表人物。加缪于＿＿＿＿年获得诺贝尔文学奖。主要代表作除小说《局外人》之外，还有＿＿＿＿，哲学散文＿＿＿＿。加缪的思想，其核心就是＿＿＿＿，即＿＿＿＿，《局外人》的创作正体现了他的这种思想。 (2) 画出小说《局外人》主要情节思维导图。 (3) 人物形象分析：小说主人公默尔索是怎样的一个人？
3. 通过听《局外人》有声解读，结合自己的思考，能用自己的语言解读《局外人》表达的思想观点。	3. 听自学内容三《局外人》有声解读，完成下列任务： 思考：你对这部小说有怎样的个性化解读？（用1～2句加以表达，例如"生活就是一场看似合理的荒诞剧"）

这份高中语文"任务单"中的任务1瞄准"掌握整本小说速读的方法"的目标。其中有三个子任务，分别起引导学生发现整本小说速读方法、引导学生分享个人阅读的好方法、运用速读方法练一练、帮助学生内化知识的作用。任务2瞄准第二个达成目标，用填充引导学生掌握《局外人》相关文学常识，用画思维导图引导学生把握故事结构和主要情节，用问题引导学生做人物形象分析。任务3引导学生从事个性化解读并提出观点。

表6-5-11　《化学平衡》中任务与目标的匹配关系[①]

课　题	人教版高二《必修2》化学第二章第三节第1课时《化学平衡》
达成目标	学习任务
1. 理解化学平衡状态和形成化学平衡状态的条件、适用范围与特征。	1. 可逆反应的含义是什么？可逆反应的特点有哪些？ 2. 什么是可逆反应的限度？什么是化学平衡状态？ 3. 化学平衡状态的特征有哪些？

---

① 资料选自苏州新草桥中学高中化学教师俞叶设计的自主学习任务单。

续表

课　题	人教版高二《必修2》化学第二章第三节第1课时《化学平衡》
达成目标	学习任务
2. 能应用化学平衡状态的特征判断可逆反应是否达到化学平衡状态，能用化学平衡三步法进行简单计算。	4. 判断反应是否达到平衡状态的依据有哪些？ 以反应 $mA(g)+nB(g) \rightleftharpoons pC(g)+qD(g)$ 为例。 | $v(正)=v(逆)$	同一物质	
	不同物质	
可变量达不变 （保持不变）	各物质的物理量	
	各物质的含量	
	气体总物质的量	
	恒容条件下的压强	
	恒压条件下的气体密度	
	混合气体平均相对分子量	
	有颜色变化的反应		 5. 已知在1L密闭容器中进行反应 $mA+nB \rightleftharpoons pC+qD$，刚开始在容器中分别加 a mol物质A和 b mol物质B， 　　　　　　mA　　+　　nB　$\rightleftharpoons$　pC　+　qD 开始的量　　a　　　　　b　　　　　0　　　　0 转化的量　　mx　　　　nx　　　　px　　　qx 平衡的量　　____ (1)将平衡的量填在横线上。（答案均用字母表示） (2)物质A的转化率是多少？（用字母表示） (3)平衡时，物质B在混合气体中的体积分数为多少？（用字母表示） (4)平衡时，物质B和物质C的压强之比是多少？（用字母表示） 6. 练练手：（四道题，略）

《化学平衡》这一部分内容比较复杂。设计者采取问题导向的方法，抓住概念等基本知识，提升判断能力，联系巩固的方法，从纷繁复杂中梳理出清晰的思路，指导学生对应达成两个目标。

表 6-5-12 《自然界的水循环》中任务与目标的匹配关系①

课 题	高中地理《自然界的水循环》
达成目标	学习任务
1. 理解水圈的特点和构成，了解不同类型水体的主体。	（一）阅读教材第 54 页文字和图 3.1"水圈的构成"，观看"微视频 1"，完成下列任务： 1. 按照物理状态，水分为三种，其中数量最少且分布最广的是哪一种？数量最多的是哪一种？ 2. 按照空间存在形式，水分为三类，其中哪一类水是最主要的？占全球水储量的百分比是多少？ 3. 按照物理性质，水分为两种，其中对人类来说最重要的可直接利用是什么水？占全球水储量的百分比是多少？
2. 理解陆地上各种水体之间的相互关系，掌握河水补给的主要形式，并能结合实例进行分析。	（二）阅读教材第 54 页文字和图 3.2"陆地上的水体及其相互关系"，观看"微视频 2"，完成下列任务： 1. 从水的运动和更新的角度看，陆地上的各种水体之间存在着什么关系？能否用"井水不犯河水"来概括？为什么？ 2. 什么是河流补给？ 3. 河流补给主要有哪几种类型？各种类型的补给有什么特点？从而影响到河流的径流量变化有什么特点？汛期出现在什么时间？ 4. 请根据河流补给对河流径流量的影响，绘出我国以下地区河流径流量变化示意图，并说明河流补给的主要类型。 ①东部季风区：如长江、黄河、淮河等；②东北地区：如松花江、黑龙江等；③西北地区：如塔里木河。
3. 理解水循环的概念、类型及其环节、地理意义，能结合实例进行判断、说明。	（三）阅读教材第 55～56 页文字和图 3.3"水循环示意"，观看"微视频 3"，完成下列任务： 1. 水循环的主要动力是什么？ 2. 根据发生领域的不同，水循环分为哪三种类型？各包含哪些环节呢？ 3. 水循环的地理意义有哪些？

《自然界的水循环》的"任务单"直接把教材内容、学习任务和配套教学视频组合起来，通过问题导向、列表归纳等方法，分别瞄向既定的达成目标。

---

① 资料选自江苏省木渎高级中学地理教师马莉莉设计的自主学习任务单。

表 6-5-13 《遗传信息的携带者——核酸》中任务与目标的匹配关系①

课　题	高中生物《遗传信息的携带者——核酸》
达成目标	学习任务
1. 了解核酸的种类、主要功能，能够描述核苷酸的化学结构组成。	1. 核酸有几种？它们的主要功能是什么？ 2. 核苷酸由哪些化合物组成？DNA 和 RNA 的基本单位的中文全称分别是什么？ 3. 画出核苷酸的结构模式图。
2. 能发现 DNA 和 RNA 的不同点。	4. 两类核苷酸有哪些异同点？
3. 通过观看微视频和完成学习任务 5，了解核苷酸长链的生成过程，构建脱氧核苷酸长链模型。	5. 核苷酸长链的生成过程是怎样的？ 6. 利用老师提供的模型材料构建"脱氧核苷酸长链"物理模型。

在这份"任务单"中，不仅所有的学习任务围绕达成目标展开，而且读者清晰地看到，如何把达成目标转化为问题导向的学习任务。而这个转化，往往令初涉微课程教学法实验的教师因为没有经验而手足无措。参加实验的教师可以从这个案例中得到启示。

我们之所以不厌其烦地列举大量"任务单"案例，是因为传统型教师并不善于根据目标设计指导学生学习的学习任务。他们往往过多地把注意力投射到不受他们控制的学生的智力与习惯上，或者过多地把注意力投射到他们可以控制的布置习题上，偏偏不把注意力投射到发现支持学习者自主学习的规律与有效方法上去，致使本该是充满智慧的"双眼"被传统教学经验的"风沙"蒙住。

从这些案例中，我们可以洞见：达成目标是怎样转化为问题导向的学习任务的；学习任务又是怎样瞄准目标对应设计，从而保证只要学生完成任务有质量，就一定能达成目标的。无论小学、初中，还是高中，莫不如是。

---

① 资料选自山东省青岛第一中学生物教师周苑设计的自主学习任务单。

📝 回顾与思考

1. 学习任务设计的第一要务是什么？
2. 学习任务设计怎样做到目标管理？
3. 从表格呈现的目标与任务中，我们能够发现什么规律？

💡 小贴士

1. 学习任务与达成目标的耦合程度越高，学生越容易通过完成学习任务而达成学习目标。
2. 在微课程教学法中，"达成目标"大多数情况下表现为名词；有时候，"达成"作为动词，形成动宾结构的"达成目标"。阅读时须加以区分。

六、问题导向：学习任务设计的重要策略

如果达成目标提炼得具体精准，又有了学习任务与达成目标匹配的设计理念，那么，我们就可以深入到学习任务设计策略的研究中去。

微课程教学法倡导的学习任务设计的策略，可以概括为三句话："问题导向"的基本策略，"问题开路"的灵活策略，读写等技能性任务的特殊策略。

关于"问题导向"的基本策略，本章"三份'任务单'之比较"已经做了较为详尽的分析，归纳为两个方面：第一，问题使自主学习变得可以操作；第二，问题能促进学生举一反三。读者如有需要重温，可以返回去阅读，这里不再赘述。

现在需要探讨的是：如何设计问题导向的学习任务？这个问题常常困扰着初涉微课程教学法实验的教师。

其实，设计策略就藏匿在上述众多任务与目标匹配的案例之中。这就是：把达成目标转化为问题。《翻转课堂与微课程教学法》中提出"把教学重点、教学难点和其他知识点转化为问题"[1]的思路，不过，当时缺乏可供分析的案例。

现在，我们可以从众多案例中受到启发。

---

[1] 金陵：《翻转课堂与微课程教学法》，149页，北京，北京师范大学出版社，2015。

表 6-6-1　达成目标转化为"问题导向"的学习任务一览表①

序号	达成目标	问题导向的学习任务
案例 1	理解列与行的含义，掌握确定第几列、第几行的方法。	1. 什么叫作列？什么叫作行？ 2. 确定第几列一般怎么数？确定第几行一般怎么数？
	理解数对的含义，会用数对表示具体情境中物体的位置。	3. 什么是数对？怎样用数对表示位置？ 4. 小明在教室的位置是第 4 列第 5 行，用数对怎么表示？
案例 2	了解创作诗歌的基本方法。	1. 这首诗歌的体裁有什么特点？ 2. 春天到了，如果你能变，你想变成什么？
案例 3	理解"like + doing"的用法，掌握"like + doing"的语法规律和"当主语是第三人称单数时，动词后面变化的规律。	1. 什么是动名词？动名词的构成形式有哪几种？ 2. 什么情况下，动词+ing，构成动名词？ 3. 什么情况下，动词结尾去 e 再+ing？ 4. 什么情况下，把动词末尾辅音字母双写再+ing？
案例 4	能分辨不可能事件、必然事件、确定事件和随机事件……	1. 什么是不可能事件？ 2. 什么是必然事件？ 3. 什么是确定事件？ 4. 什么是随机事件？ 5. 如何区分确定事件与随机事件？
案例 5	用阅读技巧 skimming 归纳这篇采访的主题……	1. What is the topic of the interview? 2. What is the main idea of each part?
案例 6	会用平均半径、赤道周长和表面积描述地球的形状和大小。能通过比较和归纳，发现经线与纬线、经度与纬度的不同特点。	1. 地球是什么形状的？怎样从平均半径、赤道周长和表面积三个方面描述地球大小？ 2. 经线与纬线存在哪些差异？ 3. 经度与纬度有哪些不同？ 4. 怎样正确地表示经纬度？哪些经度和纬度不需要加方位字母？

---

① 资料选自本章"耦合匹配：任务设计咬住'达成目标'"中引用的自主学习任务单。

续表

序号	达成目标	问题导向的学习任务
案例6	能运用经纬网确定某地点的地理位置与方位。	1. 判断某一点的经纬度有哪几个步骤？ 2. 怎样在经纬网上判断两点的方位关系？ 3. 怎样判断某一点所在的南/北半球位置？怎样判断某一点所在的东/西半球位置？ 4. 怎样区分东、西经度和东、西半球？请用简图示意。 5. 怎样根据某一点纬度判断它属于低/中/高纬地区？
案例7	了解磁体能吸引的物质、磁体的磁极，理解磁极间相互作用的规律，以及磁化的方法。	1. 磁体能吸引什么物质？不能吸引什么物质？ 2. 一个磁体有几个磁极？这几个磁极分别怎么称呼？ 3. 磁极间相互作用的规律是什么？ 4. 什么物质可以被磁化？如何磁化？ 5. 如何自制一个指南针？
	掌握探究看不见但客观存在的磁场的方法，会画出条形磁体周围的磁感线。	6. 有哪些方法可以呈现条形磁体周围看不见、但客观存在的磁场？ 7. 如何描述条形磁体周围的磁场？ 8. 如何运用磁感线这一物理模型描述磁场？ ……
案例8	掌握整本小说速读的方法。 了解《局外人》相关……主要人物形象。	1. 微课程中介绍的整本小说速读方法有哪些？ 2. ……小说主人公默尔索是怎样的一个人？
案例9	理解化学平衡状态和形成化学平衡状态的条件、适用范围与特征。	1. 可逆反应的含义是什么？可逆反应的特点有哪些？ 2. 什么是可逆反应的限度？什么是化学平衡状态？ 3. 化学平衡状态的特征有哪些？
案例10	理解水循环的概念、类型及其环节、地理意义……	1. 什么是水循环？水循环的主要动力是什么？ 2. 根据发生领域的不同，水循环分为哪三种类型？各包含哪些环节呢？ 3. 水循环的地理意义有哪些？

续表

序号	达成目标	问题导向的学习任务
案例11	了解核酸的种类、主要功能，能够描述核苷酸的化学结构组成。	1. 核酸有几种？它们的主要功能是什么？ 2. 核苷酸由哪些化合物组成？DNA和RNA的基本单位的中文全称分别是什么？
	能发现DNA和RNA的不同点。	3. 两类核苷酸有哪些异同点？
	了解核苷酸长链的生成过程……	4. 核苷酸长链的生成过程是怎样的？

在上述案例中，我们发现，问题导向的学习任务几乎都是从达成目标转化来的，其中，又可以划分为直接转化和"1对N"转化两类。

案例1、2、8、10中的问题直接从达成目标转化而来，其特点是达成目标的要素比较单一，不需要两个及以上的问题来分解。案例3、4、5、6、7、9、11中的问题是以"1对N"的形式从达成目标转化而来的。这里的1是指达成目标，N是指学习任务。之所以采取"1对N"转化，是因为达成目标中包含的知识要素比较复杂，不是一个问题所能涵盖的，而是需要多个问题组合才能覆盖。

需要说明的是，完整的"任务单"中，问题导向的学习任务往往是直接转化与"1对N"转化这两种转化的兼容并蓄。如果达成目标中的知识要素比较单一，问题导向的学习任务可以直接转化而来；如果达成目标中的知识要素比较复杂，则需要先对达成目标涵盖的知识要素做认真的梳理，然后，对应设计问题导向的学习任务。

关于"问题开路"的灵活策略，直接从"问题导向"策略演变而来。指的是遵循"问题导向"的原则，针对某些除了理论上搞清问题，还需要实操才能掌握好的知识，采取先以"问题导向"搞清基本概念、基本原理（含定律）、基本方法等，在此基础上，跟进必要的练练手（习题），这就是"问题开路，练手跟上"，数学、物理、化学、生物、英语等学科，一般都采用"问题开路，练手跟上"的灵活策略。

值得一提的是，练练手的巩固性习题应采取正面刺激策略，避免选择正负摇摆的检测性习题，以免破坏刚刚建立起来的还不一定牢固的意义理解。这也是微课程教学法不主张在课前自主学习中采取检测策略，而坚持把检测放到课堂学习的第一环节的原因。

关于读写等技能性任务的特殊策略，是根据语文、英语，以及美术、音乐、信息技术等学科的特点，针对那些技能性的目标，采取直接布置操作性的任务，如语文、英语中的朗读、写字，美术、音乐、信息技术等学科中的动手、练声等。当然，涉及概念、原理、方法等学习内容，还是必须坚持"问题导向"的教学策略，这会使学习效果倍增。

总而言之，学习任务设计，应以"问题导向"为基本原则，同时，结合学科任务的具体情况，做灵活务实的符合系统最优化原则的创新，方能设计出好的学习任务。

回顾与思考

1. 微课程教学法有哪三种不同的策略可供设计学习任务时选择？如何选择采用这三种设计策略？
2. 如何设计"问题导向"的学习任务？
3. 设计学习任务，为什么应以"问题导向"为基本原则，又结合学科实际灵活创意？

小贴士

设计学习任务，要善于把达成目标转化为"问题导向"的学习任务。

七、逻辑延续与终身发展：方法的意义

自主学习任务单的学习指南中有一个栏目，叫作"学习方法建议"。学习方法建议具有逻辑与实践相统一的意义，而且很可能对学生的终身发展产生充满正能量的影响。

首先，就逻辑与实践的意义而言，"学习方法建议"支持学生完成学习任务从而达成既定目标。本章已经阐述过学习任务与达成目标的逻辑关系，即为了保证学生完成学习任务有质量就能达成既定目标，学习任务设计必须依据达成目标展开。现在，我们进一步提出问题：完成学习任务设计之后，我们有没有

什么策略可以帮助学生完成任务,从而达成既定目标?这不仅是系统设计的逻辑延续,也是教学实践中面临的现实问题。

微课程教学法的答案是肯定的。这个策略就是"学习方法建议"与"配套学习资源"这对"双保险"(或曰"拍档")支持。"双保险"的使命是:支持学生完成学习任务,至于传统观念中所担心的学情差异,可以依靠翻转课堂让学生在家按照自己的步骤学习来填掉"求知鸿沟"而被化解,教师已经没有必要被这种担心所束缚,而是可以坦然走向以创意面对挑战的教学新天地。

实践中的学习方法是多种多样的。

在语言(包括语文与外语)学习中,教师常常用标注法指导学生提升朗读能力。语文有重读符号、停顿符号、感情文字提示等标注方法;英语有升调、降调、连读、重读、停顿等标注方法。这些标注方法往往与听示范朗读结合在一起。先听范读,再一边听范读、一边做标注。标注做完之后,先一边耳听范读、一边眼看标注、一边轻声跟读,再慢慢过渡到看着标注朗读,最后过渡到直接朗读。在微课程教学法的实验中,标注法对于语文朗读与英语朗读都有显效。

江苏省木渎高级中学地理教师马莉莉让学生在学习热力环流时,用观察法发现规律。马老师在"任务单"中让学生观看视频,要求对两组实验中烟雾的流动做出描述,比较两次实验在条件与现象上的差异,分析烟雾运动的原因及其与地理大气运动的关系(见图6-7-1)。

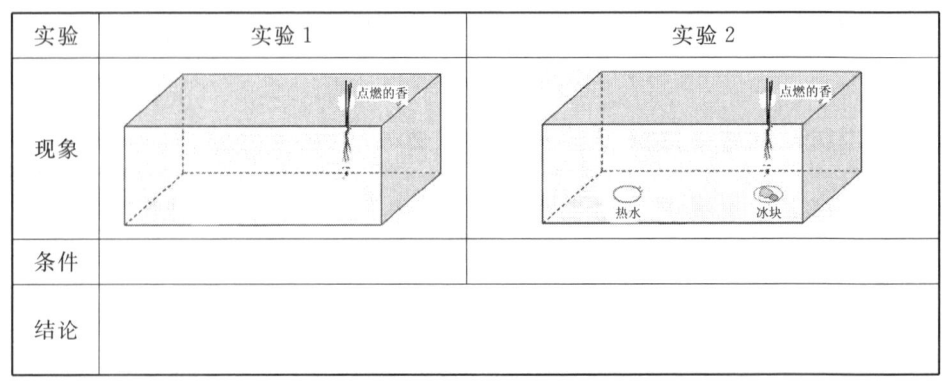

实验	实验1	实验2
现象		
条件		
结论		

图6-7-1 《热力环流》任务单中观察比较任务的示意图①

---

① 选自江苏省木渎高级中学地理教师马莉莉设计的自主学习任务单。

就学习方法的名称而言，马莉莉老师采取的方法，可以称作观察法，也可以叫作比较法。当这种方法与实物操作或实物观察结合起来的时候，又往往被教师称作"玩一玩""比一比"等。可见，学习方法不一定有统一规范的称呼，可以根据是否有利于激发学生健康的心理自由地创意。

流程图示法也是指导学生完成自主学习任务时常常采用的方法。例如，苏州工业园区翰林小学原副校长、语文教师王水丽在《第八次》"任务单"中指导学生用"画流程图法"帮助自己讲好故事；苏州工业园区方洲小学语文教师曹文婷在《真想变成大大的荷叶》"任务单"中用流程图示法指导学生梳理文章结构；江苏省木渎高级中学地理教师马莉莉用流程图示法指导学生梳理热力环流的形成过程。除了上述案例之外，流程图示法可以广泛地运用于各学科指导学生梳理流程、掌握步骤的学习之中。

在数学统计的学习中，列表法也是教师们常常采用的指导学生自主学习的方法。苏州工业园区翰林小学的梁文洁、苏州工业园区文萃小学的皋岭，都是数学教师，他们在指导学生进行统计内容的自主学习时，不约而同地为学生提供列表法的建议。

此外，读图法、绘图法等，也是教师常用的学习方法建议。苏州工业园区文萃小学数学教师马晓露在指导一年级学生完成《认识人民币》的学习任务中，还开发出"超市购物法"。可见，教学有法，教无定法。教师在实践中不应固守统一的名称，而要解放思想，释放智慧，提出丰富多彩的学习方法建议。

支持学生完成学习任务从而达成既定目标是学习方法建议的直接目标。其次，学习方法建议很可能对学生终身发展产生正能量的影响。

教师提供学习方法建议带来的好处是显而易见的。这些学习方法建议，可以"帮助学生在学习上找窍门，走捷径，取得事半功倍的效果，从而获得学习成就感和树立学习信心。如此日复一日，年复一年，学生便会在潜移默化之中感悟到，什么事情都可以有方法，从而培养出遇到棘手的事情就研究化解的方法的良好习惯，这对于学生终身发展是相当有益的"[①]。

这是一种正能量，尽管这种影响需要时间的积累才能显现，但是我们深信，日复一日、年复一年的方法创意，无论对学生今后的学习、工作还是生

---

① 金陵：《翻转课堂与微课程教学法》，147页，北京，北京师范大学出版社，2015。

活，都会产生积极的影响。因此，教师应该努力发现有助于化解困难的学习方法，增长智慧，造福学生。

此外，实验发现，"一些平时作业不规范"，而且，习惯似乎还未纠正过来的学生，"在使用了'任务单'之后，会按照教师提供的'学习方法建议'做得规范了"。[1]

需要说明的是，提供学习方法建议应该注意两个问题：一是学习方法建议的文字表述宜简明扼要，忌冗长和言不达意，以免喧宾夺主，破坏"任务单"以学习任务为主体的正常结构；二是凡是学生第一次接触或不容易理解的方法，在发放"任务单"的同时，教师应做必要的辅导，以便学生在遇到困难的时候，能够得心应手地借助学习方法建议化解问题。

回顾与思考

1. 微课程教学法采用什么样的策略保证学生完成学习任务，从而达成目标？
2. 学习方法建议对于学生的当前学习与终身发展有何意义？

小贴士

"学习方法建议"与"配套学习视频"协同形成"双保险"支持，确保不同的学生用不同的学习时间完成同样的学习任务，达成同样的目标。

八、为什么要提供"课堂学习形式预告"？

既然是在家自主学习的"任务单"，为什么还要设"课堂学习形式预告"栏目？有的教师对此质疑。当然，还有教师对"'课堂学习形式'是什么"抱有好奇心。

所谓"课堂学习形式"，顾名思义，指课堂学习采取什么样的形式。由于名称是从学生视角看问题，换位思考使有的教师感到不习惯。其实，假如从教师视角看问题，"课堂学习形式"指的就是教师们所熟悉的课堂教学组织形式。不过，由于"任务单"是给学生使用的，从学生视角看问题来命名课堂活动的形式

---

[1] 金陵：《翻转课堂与微课程教学法》，147页，北京，北京师范大学出版社，2015。

才更为妥帖。

关于为什么要提供"课堂学习形式预告"的问题，涉及学习知情权理念和"课堂学习形式预告"的功能。

传统教学是以教师为中心的，这种教学模式不需要考虑学生是否需要了解课堂上学习什么，会采取什么形式来学习，即无视学生关于学习的知情权。实际上，我们回顾学校工作经历时常常浮现这样的情况：一旦学生从与教师的交往中事先了解到下一次学习将干什么，或者怎么干的时候，会显得格外兴奋，准备也会格外充分，当然，学习效果也会特别好。过去，我们曾疏于思考这种现象背后蕴含的意义。现在想来，对于学生来说，也许听到这些消息的另一种暗示是教师对自己的信任。如果真是这样，是不是意味着学生对学习知情权的向往？

进入21世纪，我离开了学校，但是，听到越来越多的教师抱怨：学生对学习不感兴趣，好像学习是被家长和教师所逼迫的。我想，这背后虽有纷繁复杂的原因，但是，无视学生对学习知情权的渴望，会不会无形之中成了推波助澜的帮凶呢？

我迄今没有收到来自学生的对"课堂学习形式预告"感到厌烦的报告，这至少说明，设置这个栏目不会对学生造成负面的心理影响。

事实上，在"任务单"的"学习指南"栏目设置"课堂学习形式预告"，是基于"课堂学习形式预告"具有"醉翁之意不在酒"的三个功能的考虑。

"课堂学习形式预告"的第一个功能，也是最基本、最直接的功能是：激励学生完成"任务单"给出的学习任务，为课堂内化知识、拓展综合能力、发展核心素养创造条件。

翻转课堂以后，学习知识的任务移到家里（住校生则是在教室、寝室或图书馆）。在一个缺少监督的环境里，没有人能保证学生会自觉完成学习，除非他们自己充分认识到在家学习知识的必要性。

严峻的挑战还来自翻转课堂固有的特性。翻转课堂的课前学习不是预习，而是完成学习知识的任务。然后，到课堂上内化知识、拓展综合能力、发展核心素养。

以课堂学习方式创新"四步法"为例：课堂学习的第一个环节是接受自主学习成效的检测，第二个环节是完成基于最近发展区的进阶练习，第三个环节为协作探究或协作创作，第四个环节是展示协作探究或协作创作的成果。第三、第四两个环节构成"微项目学习"。

显而易见，如果课前不完成学习知识的任务，课堂上将无法融入内化知识、拓展能力、发展核心素养的学习。假如这能成为一种心理暗示，不啻让学生产生自我激励，从而引发学习行为，完成"任务单"给出的学习任务，为课堂内化知识、拓展能力、发展核心素养创造条件。

因此，让学生自己发现课前（在家）学习的重要性，从而引发相应的学习行为，远比教师在课堂上声嘶力竭地强调在家学习的重要性要有效得多。

"课堂学习形式预告"正好成为有效传达信息的"桥梁"，让学生们自己发现"任务单"的重要性：在课堂学习部分，没有教师讲课了，如果要想参与课堂学习，必须完成好课前自主学习任务。

"课堂学习形式预告"的第二个功能是强化自主学习成效。这个功能也带有"醉翁之意不在酒"的味道。这是因为，通过"课堂学习形式预告"，每一个学生都会发现：课堂上第一个环节就是检测自主学习成效。为了证明自己的学习力，学生们会下意识地强化课前学习内容的识记与理解。一旦发现"遗忘"现象，学生可以及时复习补救。这样做的结果，无疑是提升了学习知识的有效性。

大凡第一次参加实验的教师，往往在经历第一次课堂学习之后都惊叹：今天的学生怎么这么厉害！这其中，不能说与"课堂学习形式预告"一点关系都没有。

"课堂学习形式预告"的第三个功能是引发学生对课堂学习活动的向往。这个功能由于从项目学习中提炼出"微项目学习"而成为现实。在实践中，也确实表现为整个课堂学习活动的高潮。

"微项目学习"是课堂内化知识最重要的环节。学生是不是真正掌握所学，是不是有新的知识发现，能不能拓展综合能力、发展核心素养，都会在"微项目学习"中得到反映。

苏州工业园区翰林小学数学教师梁文洁为《数字与信息》设计的"课堂学习形式预告"中，"微项目学习"的主题是"我给好书身份证"。这个主题一下子激发了学生的好奇心：数学怎么还跟好书挂上钩了？怎么挂钩的？好书怎么还能给身份证呢？一系列的好奇引发学生对课堂学习的向往。课堂上，学生全身心投入，专心编，细思量，共展示，互质疑，智慧迸发，热情高涨，把数字与信息的编码关系搞得清清楚楚，编码方法也被掌握得牢牢的。

可见，"课堂学习形式预告"的第三个功能仍然"醉翁之意不在酒"。

由于"微项目学习"的主题来自真实情境，能激发学生内心蕴藏的探究热情，因此，在微课程教学法课堂学习"四步法"中，其他各项预告皆可简明扼要，唯独"微项目学习"必须昭示主题，让学生对课堂学习充满向往。这是需要设计者重视的。

需要指出的是，项目学习在我国中小学中并不普遍，许多教师没有创意来自真实情境的学习主题的思维习惯，因此，尝试"微项目学习"设计之初，往往受"真实情境"所困。有关如何化解这个难题，将在第九章做专项案例分析。此外，第十一章介绍的杜威的经验主义课程观，聚焦于项目学习的理论准备，也对化解这个难题有积极意义。

回顾与思考

1. 在自主学习任务单中，为什么提供"课堂学习形式预告"？
2. "课堂学习形式预告"具有哪三个"醉翁之意不在酒"的功能？
3. 在"课堂学习形式预告"中，为什么其他各项预告皆可简明扼要，唯独"微项目学习"必须昭示主题？

小贴士

"课堂学习形式预告"因为渗透学习知情权理念和"醉翁之意不在酒"的三个功能，能激发学生更好地完成自主学习任务单给出的学习任务，从而为课堂内化知识、拓展综合能力、发展核心素养创造条件。

核心概念

1. 达成目标（The goal to be achieved）
2. 问题导向（Guided by the problem）

参考书

金陵：《翻转课堂与微课程教学法》（北京师范大学出版社，2015）。

第七章　走向探索系统设计目标体系之路

系统设计流程为我们开辟了一条支持学生学习的道路。这条道路的基本特点是：目标管理，学习任务与达成目标匹配，学习方法与配套学习资源"双保险"支持学生完成学习任务，从而达成目标。

其中，达成目标与学习任务匹配，是微课程教学法实验成功的关键性组合之一。实践过程中，我们从课程研究的先驱者创造的成果中汲取营养，也从实验中发现：学习任务与达成目标的匹配关系破坏了现有教学目标体系的权威，后者在支持学习设计方面常常显得苍白无力。

教学不是用现有理论去套裁现实，而是要从实践的发展中，提炼出能够促进其持续发展的教学理论。理论之树只有扎根实践的土壤才能保持常青，我们需要沿着大师们开辟的道路继续前行，探索系统设计的目标体系建构之路，努力回应时代的挑战。

阅读建议

1. 既从课程领域大师们的研究成果中汲取营养，又努力发现有待提升的空间，以便在实践中少走弯路，激发创新。

2. 通过分析、解构微课程教学法系统设计的目标体系图式，洞察其精华；实践之后，试提出改进建议。

一、汲取课程研究大师的智慧

过去的一百年，是一个课程理论研究高歌猛进的时代。博比特、查斯特、泰勒、塔巴、布卢姆，大师云集，群星璀璨，他们的思想中蕴藏着丰富的宝藏，把思想的养料与当下的教学实践联系起来思考，便有可能催生出新的课程智慧。

(一)博比特和查斯特的教育目标分析和课程编制方法

1918年，第一本课程论专著《课程》(*The Curriculum*)出版，作者是美国课程理论先驱者约翰·富兰克林·博比特(John Franklin Bobbitt)，美国芝加哥大学教育系教授。

博比特认为，教育目标不应该"大而无当、得不到明确界定"，"一个科学的时代，要求的是精确化和专业化"。[①]

博比特指出，"核心的理论是很简单的。人类生活，无论种类多么复杂，其组成部分都是各项专门活动的完成。教育为未来生活做准备，实则就是明确而充分地为这些专门活动做准备"。只需要走到世界的事务中去，找到这些事务都由什么样的专门活动组成，就会显现出"一个人所需的能力、态度、习惯、鉴赏力和知识，那就是课程的目的"。这种从活动中发现课程目的的模式，就是著名的"活动分析法"。据此，博比特认为，课程就是"一套孩子们和年轻人必须通过完成目标而具备的经验"。[②]

博比特进而指出，课程可以在两种意义上加以界定。一是"整个的经验"，既包括"无指导的"经验，也包括"有指导的"经验，目标是"人类能力、习惯、知识结构等等的全部范围，也即一个人必须具备的一切"。其中，无指导的经验属于只要参与其中，"无须刻意努力就能达成"的经验。二是有指导的经验，即"一整套有意识的指导下展开的训练经验，学校使用这套经验，来使得个体能力的施展变得充分而完美"。[③]

博比特认为，学校课程"瞩目的对象"，是"那些通过普通的、无指导的经验无法充分达到的目标"。无指导的经验的"缺陷所在，就是有意识的教育的目的所在"，"准确无误地意味着系统化的、有指导的训练要达成的目标"。[④] 教育目标确定之后，制订详细计划，即"设计为达到教育目标而提供的各种活动、经验和机会"[⑤]。

根据博比特《怎样编制课程》一书，我们可以把课程编制过程归纳成五个步骤(见表7-1-1)。

---

① [美]约翰·富兰克林·博比特：《课程》，35页，北京，教育科学出版社，2017。
② [美]约翰·富兰克林·博比特：《课程》，36页，北京，教育科学出版社，2017。
③ [美]约翰·富兰克林·博比特：《课程》，36页，北京，教育科学出版社，2017。
④ [美]约翰·富兰克林·博比特：《课程》，37～38页，北京，教育科学出版社，2017。
⑤ [美]拉尔夫·泰勒：《课程与教学的基本原理》，8页，北京，人民教育出版社，1994。

表 7-1-1　博比特课程编制步骤一览表①

编制步骤	工作内容	内容界定
1	对人类经验的分析	把广泛的人类经验划分成一些主要的领域。通过对整个人类经验领域的审视，了解学校教育经验与其他经验的联系。
2	工作分析	把人类经验的主要领域再进一步分析成一些更为具体的活动，以便一一列举需要从事哪些活动。
3	推导出目标	目标是对进行各种具体活动所需要的能力的陈述，同时也旨在帮助课程编制者确定要达到哪些具体的教育结果（博比特在《怎样编制课程》中列举了人类经验的 10 个领域中的 800 多个目标）。
4	选择目标	要从上述步骤得出的众多目标中选择与学校教育相关的且能达到的目标，以此作为教育计划的基础和行动纲领。
5	制订详细计划	设计为达到教育目标而提供的各种活动、经验和机会。

博比特对于课程的界定，以及对于课程目的的论述，确定了现代课程领域的范围和研究导向，影响着一代又一代课程研究者前赴后继，至今仍熠熠生辉。

不过，任何一种理论，在它所关注的问题上，形成自己的优势；在它没有关注的问题上，形成自己的缺陷。② 博比特也不例外，他没有提供一个规范性的论证来"证明为什么这个缺陷，或者这个需求，就一定要满足"③。

博比特时代的另一位有影响力的课程研究领导者是博比特在芝加哥大学教育系的同事威瑞特·华莱士·查特斯（Werrett Wallace Charters）。查特斯也把确定人类活动的基本单位作为课程编制过程的第一个步骤，但是采取了另一种分析方法。

查特斯注重考查学生在学习过程中容易出错的地方，以便所选择的课程内容能够克服或纠正它们。在他看来，编制课程的目的是要克服达到目标时所遇到的困难，而不是要达到目标。由于学生在学习中所犯的错误和所遇到的困难，在决定课程与教学的重点应放在哪里时起重要作用，因此他主张采用错误

---

① [美]拉尔夫·泰勒：《课程与教学的基本原理》，8 页，北京，人民教育出版社，1994。
② [美]乔治·J. 波斯纳：《课程分析》，193 页，上海，华东师范大学出版社，2007。
③ 《博比特〈课程〉：百年后的重逢》，载《中国教育报》，2017-03-20。

分析法或困难分析法。①

查特斯在《课程建构》(*Curriculum Construction*)一书中，归纳了七个课程编制过程(见表 7-1-2)。

表 7-1-2　查特斯课程编制步骤一览表②

编制步骤	工作内容界定
1	通过研究社会背景中的人类生活，确定教育的主要目标。
2	把这些目标分析成各种理想和活动，然后再继续把它们分析成教学工作单元的层次。
3	按其重要性的程度加以排列。
4	把对儿童有很大价值，但对成人价值不大的理想和活动，提到较高的位置。
5	删除在校外能学得更好的内容，然后制定在学校教育期间能够完成的最重要的内容。
6	收集处理这些理想和活动的最佳做法。
7	根据儿童心理特征安排内容，以便用一种适当的教学顺序获得它们。

奥恩斯坦和亨金斯合著的《课程：基础、原理和问题(第五版)》高度评价博比特和查特斯对课程研究的影响，认为他们：(1)发展了课程编制原理，涉及目标、目的、需要、学习经验(活动)；(2)突出了行为目的的用途；(3)引入了来自对需要的研究(后来成为需要评估)的观念，以及目的和活动服从于分析和验证(后来称之为评估)的观念；(4)强调课程编者横贯科目材料，课程专家无须是所有科目的专家但应当是方法或过程方面的内行。③

(二)"泰勒原理"的新高度：目标分析与目标管理

美国著名教育家拉尔夫·泰勒(Ralph Tyler)曾在芝加哥大学教育系师从查斯特做研究生。在博比特和查特斯开辟的道路上，泰勒走得更远。

---

①　[美]拉尔夫·泰勒：《课程与教学的基本原理》，9 页，北京，人民教育出版社，1994。
②　[美]拉尔夫·泰勒：《课程与教学的基本原理》，9～10 页，北京，人民教育出版社，1994。
③　[美]艾伦·奥恩斯坦、弗朗西斯·P.亨金斯：《课程：基础、原理和问题(第五版)》，79 页，南京，江苏教育出版社，2013。

泰勒在"八年研究"的基础上,提出制订课程及教学计划时必须回答四个问题①,被称为"泰勒原理"。四个问题如下:

(1)学校应该寻求达到什么样的教育目标?

(2)如何选择可能有助于达到这些目标的学习经验?

(3)如何为有效的教学组织学习经验?

(4)如何评价学习经验的有效性?

在第一个问题中,泰勒对于如何确定教育目标做了详尽分析,提出五个来源:(1)对学习者本身的研究;(2)对当代校外生活的研究;(3)学科专家对目标的建议;(4)利用哲学选择目标;(5)利用学习心理学选择目标。

泰勒指出,从前三种来源中获得教育目标建议,"比任何学校想纳入教学计划的目标都要多"②,需要用"教育和社会哲学"和"学习心理学"作为两道筛子来筛选教育目标(见图7-1-1)。

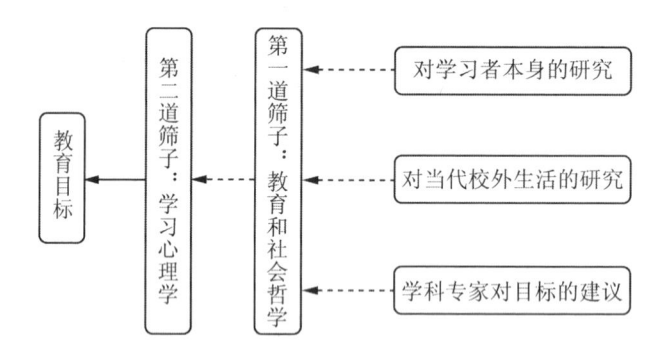

图 7-1-1　泰勒教育目标来源示意图

泰勒对**如何陈述教育目标**做了精细的阐述。从三个方面说明,仅以行为类型方式阐述教育目标不可能令人满意。③

一是目标被陈述为教师要去做的事情。泰勒认为,"真正的教育目标并不是要教师从事某些活动,而是让学生的行为模式发生显著的改变……意识到**任**

---

① [美]拉尔夫·泰勒:《课程与教学的基本原理》,Ⅰ～Ⅳ页,北京,中国轻工业出版社,2014。

② [美]拉尔夫·泰勒:《课程与教学的基本原理》,34页,北京,中国轻工业出版社,2014。

③ [美]拉尔夫·泰勒:《课程与教学的基本原理》,45～47页,北京,中国轻工业出版社,2014。

何对教育目标的陈述应该都是对学生应发生的改变的陈述"。"以教师开展的活动为形式来陈述教育目标……不是真正的教育目标……并不能为进一步选择教学材料、设计这门课程的教学程序提供令人满意的指导"。①

不幸的是,传统教学目标正被泰勒关于目标陈述方式的阐述击中要害。因此,教师在提炼达成目标时,一定得把关注点投到描述学生的认知发生改变到什么样的程度,而不能抄袭教学目标、描述教师干什么。这是一个达成目标表述的方向性的问题。

二是列出课程中要涉及的主题、观念、概论或其他内容要素。泰勒以"美国历史"有时会用的"殖民统治时期""宪法的制定"等标题式的教育目标,以及科学课中"物质既无法被创造也无法被消灭"和"绿色植物将太阳能转化成葡萄糖的化学能"等概论式的陈述目标为例,批评它们"**没有具体指出期望学生如何处理这些内容要素**"。②

就概论式陈述目标而言,这些目标是期望学生记住这些概论,还是能将它们应用于日常生活的具体实例中?期望学生把这些概论看作一种有助于解释科学解说之本质的统一连贯的理论,还是期望学生在其他什么地方用到这些概论?③ 这一系列的问题都没有得到界定,这样的目标实际上等同于没有目标。

至于主题清单式的目标阐述,泰勒干脆批评其"希望学生发生哪些改变就更不确定了"④。

三是采取概括化的行为模式陈述。泰勒列举"培养批判性思维""培养鉴赏力""培养广泛的兴趣"等陈述方式,指其虽然"确实指明了希望教育能使学生发生一些改变",以及"期待教育计划带来哪些类型的改变",但是,"这些目标太过笼统,试图达到目标的努力不大可能富有成效"。为此,泰勒认为有必要更详细说明该行为运用于哪些内容中,或者哪些生活领域。泰勒不厌其烦地指

---

① [美]拉尔夫·泰勒:《课程与教学的基本原理》,45 页,北京,中国轻工业出版社,2014。
② [美]拉尔夫·泰勒:《课程与教学的基本原理》,46 页,北京,中国轻工业出版社,2014。
③ [美]拉尔夫·泰勒:《课程与教学的基本原理》,46 页,北京,中国轻工业出版社,2014。
④ [美]拉尔夫·泰勒:《课程与教学的基本原理》,46 页,北京,中国轻工业出版社,2014。

出："仅仅谈论要培养批判性思维，却不涉及运用这种思维的内容及其可以解决的问题，是不够的。仅仅将教育目标陈述为'培养广泛的兴趣'而不详细说明要在哪些方面唤起、激起这些兴趣，这样的阐述还不够清楚。"①

泰勒认为，陈述教育目标"最有用的形式"是"**同时包括有关目标的行为和内容两个方面**"，即"既指出应培养学生的哪种行为，又指出该行为可运用于哪些生活领域或内容中"②。为了帮助读者理解，泰勒专门以生物科学课程为例，列出旨在使学生形成七类行为的二维表格（见表 7-1-3）。

表 7-1-3　使用二维表格陈述高中生物科学课程目标例证③

		目标的行为方面						
		1. 理解重要的事实和原理	2. 熟悉可靠的信息来源	3. 解释资料的能力	4. 应用原理的能力	5. 研究和报告研究结果的能力	6. 广泛而成熟的兴趣	7. 社会态度
目标的内容方面	A. 人类有机体的功能 1. 营养	×	×	×	×	×	×	×
	2. 消化	×		×	×	×	×	
	3. 循环	×		×	×	×	×	
	4. 呼吸	×		×	×	×	×	
	5. 生殖	×	×	×	×	×	×	×
	B. 植物动物资源的利用 1. 能量关系	×		×	×	×	×	×

---

① ［美］拉尔夫·泰勒：《课程与教学的基本原理》，47 页，北京，中国轻工业出版社，2014。
② ［美］拉尔夫·泰勒：《课程与教学的基本原理》，47～48 页，北京，中国轻工业出版社，2014。
③ ［美］拉尔夫·泰勒：《课程与教学的基本原理》，49 页，北京，中国轻工业出版社，2014。

续表

		目标的行为方面						
		1. 理解重要的事实和原理	2. 熟悉可靠的信息来源	3. 解释资料的能力	4. 应用原理的能力	5. 研究和报告研究结果的能力	6. 广泛而成熟的兴趣	7. 社会态度
目标的内容方面	2. 制约植物和动物生长的环境因素	×	×	×	×	×	×	×
	3. 遗传与基因	×	×	×	×	×	×	×
	4. 土地的使用	×	×	×	×	×	×	×
	C. 进化与发展	×	×	×		×	×	×

从上述泰勒对教育目标的来源，以及如何陈述目标的论述中，我们发现，泰勒对待学术的态度极为严谨，他的目标分析把博比特开创的课程理论向着精细化的方向大踏步地推进了。同时，我们也发现，即便有如此严密的论证，假如把课程目标二维表移植到我国中小学去，仍然会使教师感到不易操作。因此，我们需要沿着大师开辟的道路继续前行。

《课程与教学的基本原理》中文版，连同导言在内共 138 页，其中关于教育目标的叙述有 62 页，差不多占到全书的 45%，足见泰勒对于教育目标在课程原理中的地位之重视。这与微课程教学法实验中的发现不谋而合。微课程教学法实验发现，目标具有纲举目张的意义，决定学习任务设计的方向。目标确定精准，任务就不会跑偏，学习质量就可以得到保证。

在论述学校应寻求达到什么样的教育目标之后，泰勒继续思考并回答第二个问题：如何选择可能有助于达到这些目标的学习经验？显然，这涉及目标管理策略。

在泰勒原理中，学习经验是指学习者与使他起反应的环境中的外部条件之间的相互作用。泰勒认为，"学习是通过学生的主动行为而发生的；他学到什么取决于他做了什么，而不是教师做了什么"，"教育的关键手段是其提供的经验，而不是展现在学生面前的东西"。不过，"教师可以通过营造环境、构建情境来提供教育经验，以激发所期望的那种反应"。①

这些论述，对于还沉溺于在课堂上竭尽全力表现自己才华的传统型教师而言，确实具有醒世箴言、醍醐灌顶的意义。

泰勒提出选择学习经验的五项原则。一是提供机会让学生去实践学习经验所隐含的行为。假如目标是培养解决问题的技能，那么，就要给予学生充足的机会去解决问题，否则，这个目标难以达成。假如目标是培养广泛的阅读兴趣，那么，就要让学生有广泛阅读的机会，并从中获得满足，否则，目标也无法达成。②

此外，学习经验必须有可能给学生带来满足感；学习经验想要引起的反应在学生力所能及的范围之内；由于多种特定的经验都能达到同样的教育目标，因此，没有必要只提供某种事先规定好的学习经验；由于同样的学习经验常常会产生多种结果，因此，教师需要防范从为实现目标设计的学习经验中产生期望之外的不良结果。③

这五项原则，涉及学习经验所提供机会的必要性；学习经验可能引发的心理反应；学习经验实现目标的可能性；学习经验形式的多样性；鉴于学习经验引起结果的多样性，防范不良结果发生。这对我们从事系统设计具有很好的借鉴意义。

同样具有借鉴意义的是，泰勒从培养思维技能、获取信息、培养社会态度、培养兴趣四个方面举例说明有助于实现各类目标的学习经验的特征。这些特征有利于帮助教师发现应该组织何种学习经验才能有助于目标的达成：

思维所隐含的行为是把两个或两个以上的观念联系起来，而不是单纯地记忆和重复这些观念；

信息本身不具有终极性的价值，只有将信息视为功能性的，即有助于学生解决问题，或者有助于引导学生的实践等，这样的目标才有价值；

---

① [美]拉尔夫·泰勒：《课程与教学的基本原理》，66页，北京，中国轻工业出版社，2014。
② [美]拉尔夫·泰勒：《课程与教学的基本原理》，67页，北京，中国轻工业出版社，2014。
③ [美]拉尔夫·泰勒：《课程与教学的基本原理》，68～70页，北京，中国轻工业出版社，2014。

学生态度的转变源于其观点的改变，而观点的改变或者源自对情境的新洞见、新知识，或者源自从先前所持的特定观点中所获得的满足感或不满足感，又或者源自这两种过程的结合，没有什么方式能强迫人们持有不同的态度；

兴趣既可以被视为目标，也可以被视为手段，为培养兴趣而设计的学习经验要使学生能够从旨在培养兴趣的经验领域中获得满足。①

我们发现，以往人们将泰勒视为行为主义教育家，现在看来并不确切。从泰勒的上述表述中，我们很明显地感到，泰勒关于思维、目标、经验的阐述与杜威的主张十分相近。至少，作为与杜威差不多时代的教育人，泰勒的思想受到杜威的影响，并赞成杜威的教育主张。

研究有助于达成目标的学习经验之后，泰勒又把研究的触角伸到了第三个问题：如何为有效的教学组织学习经验？

泰勒提出有效组织学习经验的三大准则，即连续性、顺序性和整合性。连续性是指主要课程要素的直线式重复。泰勒举例解释：如果培养阅读社会学科资料的技能是一项重要指标，就必须确保学生能有机会重复地、不断地训练和发展这些技能。② 在微课程教学法的实验中，小学语文通常在课前学习与课堂检测中，都会涉及读写生字词。这正好与泰勒的连续性准则不谋而合。

顺序性涉及连续性，又超越连续性。如果课程的某一要素一遍又一遍地被重复，那么，不能仅仅停留在同一水平上。即"要将每一后续经验都建立在先前经验的基础上，且必须更广泛、更深入地探究所涉及的事物"③。在微课程教学法实验中，课堂进阶作业似乎与顺序性相关，但是，又强调了"最近发展区"原则。

整合性指课程经验的横向联系。泰勒以培养解决算术中数量问题的技能为例，指出："同样重要的是，要考虑采用一些什么方式，才能将这些技能有效地运用于社会科学、科学、购物或其他领域中，如此，这些技能就不会只是运

---

① [美]拉尔夫·泰勒：《课程与教学的基本原理》，71~82页，北京，中国轻工业出版社，2014。

② [美]拉尔夫·泰勒：《课程与教学的基本原理》，89页，北京，中国轻工业出版社，2014。

③ [美]拉尔夫·泰勒：《课程与教学的基本原理》，89页，北京，中国轻工业出版社，2014。

用于单一课程的孤立行为，而逐渐成为学生全部能力的一部分，以便运用于日常生活的各种不同的情境中。"①

在微课程教学法的实验中，河北省邯郸市复兴区前进路小学数学教师刘玲在第三届翻转课堂本土创新暨微课程教学法教学观摩会上执教《小数加法》（第一课时），在微项目学习阶段，设计"跳蚤市场"活动，让学生用数学方法完成定价、买卖、记账，用活数学技能，又与整合性准则不谋而合。②

从整合性准则中我们也可以看到，泰勒的课程思想受到与他同时代的杜威的影响，而不是像有人所认为的泰勒属于行为科学流派那样。事实上，在泰勒的课程理论中，线性课程与离散课程实现了统一。

在回答了课程原理三大问题之后，泰勒聚焦研究的第四个问题：如何评价学习经验的有效性？

泰勒认为，评价本质上是判断课程和教学计划在多大程度上实现了教育目标。③ 评价的对象是学生的行为及其改变。在泰勒看来，课程评价的过程可以迫使那些在之前对教育目标不甚清楚的人们去进一步澄清他们的教育目标。因此，对教育目标下定义，是评价的一个重要步骤。④

从1936年的一次会议上，参加"八年研究"的30所实验学校校长的普遍反映来看，泰勒领导的评价组对学校的指导和帮助比课程组更大。因为泰勒制定的评价原理在实践中起了指导的作用，而课程组则没有提供类似的原理。

就是在这次会议上，泰勒萌发了课程原理的灵感。后来，泰勒以《课程与教学的基本原理》为名，作为在芝加哥大学暑期研讨班的讲授提纲，最后于1949年由芝加哥大学出版社正式出版。1981年，该书与杜威的《民主主义与教育》一起被美国的《卡潘》（*Phi Delta Kappan*）杂志评为自1906年以来对学校课程领域影响最大的两本著作。

---

① [美]拉尔夫·泰勒：《课程与教学的基本原理》，90页，北京，中国轻工业出版社，2014。

② 刘玲：《你若盛开，清风自来——四年级下册〈小数加法〉系统设计的心路历程》，载《中国信息技术教育》，2018(13-14)。

③ [美]拉尔夫·泰勒：《课程与教学的基本原理》，113页，北京，中国轻工业出版社，2014。

④ [美]拉尔夫·泰勒：《课程与教学的基本原理》，118页，北京，中国轻工业出版社，2014。

泰勒主张：一项教育评价至少包括两次评估。一次在早期进行，另一次在晚些时候进行，以确定变化是否已经发生。同时，泰勒又指出了另一个问题：在进行教育评价时，只做两次评估是不够的。因为有些要达到的目标，可能在教育计划进行中已经达到，但是很快消退或遗忘了。所以，有必要在教育计划完成之后的某个时间再进行一次评价。[1] 这应该就是学期考试的缘由了。

由于评价涉及获得有关学生行为变化的证据，泰勒对获得学生行为变化的相关证据做了细致的梳理，如纸笔测验、观察、访谈、调查问卷、学生完成的作品，以及因其他目的而留下的记录（如图书馆的图书借出记录可以说明学生的阅读兴趣）等。[2] 可见，泰勒关于课程评价的理论，不仅关注到了量的分析，而且更为关注质的研究，从而把课程评价建立在科学的基础上。

关于课程评价的程序，泰勒认为，首先是清晰地界定"行为目标"。这样可以为学习经验的挑选和规划提供具体的指导。其次，提供给学生展示教育目标中隐含的行为表现的情境，从而可以观察教育目标实际在何种程度上得以实现。[3]

对于课程评价原理的研究，使泰勒成为把评价引入课程理论的第一人，泰勒也因此被誉为"当代教育评价之父"。

综上所述，泰勒原理的四个问题环环相扣，揭示了目标制定、课程设计和评价过程之间的内在联系，从而为现代课程原理奠定了基础，被称为"泰勒原理"，泰勒也因此被美誉为"现代课程理论之父"。

（三）教学目标系统化：布卢姆等人的教学目标分类

美国当代著名的教育家和心理学家本杰明·S. 布卢姆（Benjamin S. Bloom）师从泰勒，首先建立起教学目标分类系统——迄今为止影响最大的教学目标分类系统。布卢姆和他的伙伴们把教育目标分为三个领域——认知领域（cognitive domain）、情感领域（affective domain）和精神运动领域（psycho-

---

[1] ［美］拉尔夫·泰勒：《课程与教学的基本原理》，114 页，北京，中国轻工业出版社，2014。

[2] ［美］拉尔夫·泰勒：《课程与教学的基本原理》，114～117 页，北京，中国轻工业出版社，2014。

[3] ［美］拉尔夫·泰勒：《课程与教学的基本原理》，118～119 页，北京，中国轻工业出版社，2014。

motor domain)。

布卢姆在《教育目标分类：认识领域》(*The Taxonomy of Education Objectives，Cognitive Domain*)中描述了 6 种主要的教育目标：知识(knowledge)、理解(comprehension)、应用(application)、分析(analysis)、综合(synthesis)、评估(evaluation)，也有译作知道、领会、应用、分析、综合、评价等的。①

乔治·J. 波斯纳(George J. Posner)把认知领域目标的六个方面整理为下表(见表 7-1-4)。

表 7-1-4 认知领域目标②

序号	认知目标	描述
1	知识	对观点、材料或现象的回忆或辨认。
2	理解	理解交流中所包含的表面信息。
3	应用	知道如何或何时在新的情境或问题中应用新的提取知识。
4	分析	把"材料分解成它的组成部分"以及察觉它们之间的关系和它们的组织的方式。
5	综合	把部分和要素组合在一起来形成一个整体。
6	评价	因有些目的而对某些目的、观点、著作、解决方法、解决方案和材料等的价值做出判断。

波斯纳认为，这种分类法其实不是等级分类。例如，一个人无须学会低层次的技能就可以学会高层次的技能，而且，知识的概念被琐碎化为机械的回忆和辨认。但是，这个分类让教育工作者发现，大多数考试都集中于低层次目标，教育应远远超出单纯的信息的回忆和辨认层次。③

布卢姆对认知领域的划分对提炼达成目标具有一定的借鉴意义，不过，布卢姆的教学目标分类并没有鲜明地把属于意识领域的目标与为了达成目标所要完成的任务区分开来，如果简单照搬布卢姆的教学目标分类，反而会干扰真正

---

① 对于布卢姆教学目标分类的 6 种目标，采用奥恩斯坦和亨金斯合著的《课程：基础、原理和问题(第五版)》(江苏教育出版社，2013)一书的译法。
② [美]乔治·J. 波斯纳：《课程分析》，77 页，上海，华东师范大学出版社，2007。
③ [美]乔治·J. 波斯纳：《课程分析》，79 页，上海，华东师范大学出版社，2007。

的"达成目标"的提炼。

戴维·R. 克拉斯沃尔(David R. Krathwohl)等人将情感目标分为五级(见表7-1-5)。

表 7-1-5 情感领域目标①

序号	情感目标	内容	描述
1	接收	包括：(1)意识；(2)接收的意识；(3)选择性注意。	单纯听到一个观点。
2	回应	包括：(1)默认；(2)愿意回应；(3)心满意足。	对观点做出回应。
3	估价	表现：(1)接受；(2)喜欢；(3)承诺。	发展对该观点的价值和承诺。
4	组织化	涉及：(1)价值观的概念化；(2)价值体系的组织。	例：在有关自己对保护自然资源所负有的责任方面，学生形成自己的判断。
5	人格化	行为能反映：(1)一套概括化的价值观；(2)一套生活哲学。	例：学生调整自己的个人生活、公民生活，使之与道德伦理原则保持一致。

学术界对情感领域目标的评价远低于布卢姆的认知领域目标。批评者认为把认知与情感割裂开来扭曲了教育，情感目标描写的是情感的程度而不是学习的目标，等等。不过，一种情感领域的单独出现迫使教育者把学习的兴趣和态度作为可能的教育目标领域。②

最大的问题是，情感与过程是不可分割的，学习的过程中总会产生一定的情感。考虑到学生的自尊心与其他心理感受，不少情感方面的要求不必直接在"任务单"上呈现，只要有相应的任务，情感上的目标自然会达成。这是需要实践者注意的。

安尼塔·哈罗(Anita Harrow)完成了精神运动领域的目标分类，被承认为目标分类序列中的第三个部分。他将精神运动目标分为六级(见表7-1-6)。

---

① [美]艾伦·奥恩斯坦、弗朗西斯·P. 亨金斯：《课程：基础、原理和问题(第五版)》，201页，南京，江苏教育出版社，2013。[美]乔治·J. 波斯纳：《课程分析》，78页，上海，华东师范大学出版社，2007。

② [美]乔治·J. 波斯纳：《课程分析》，78页，上海，华东师范大学出版社，2007。

表 7-1-6　精神运动领域目标①

序号	精神运动目标	内容	描述
1	反射动作	(1)分级反射； (2)接收的意识节间反射。	涉及一个脊髓节。 涉及一个以上的脊髓节。
2	基本动作	(1)走；(2)跑；(3)跳；(4)推；(5)拉；(6)握。	
3	感知能力	(1)动觉能力；(2)视觉能力；(3)听觉能力；(4)触觉能力；(5)协调能力。	例：学生通过形状对积木进行归类。
4	体能	(1)耐力；(2)力量；(3)柔韧性；(4)敏捷度；(5)反应时间；(6)灵巧度。	例：到年底，学生至少能做五个俯卧撑。
5	技巧动作	与(1)游戏；(2)运动；(3)舞蹈；(4)艺术等有关。	例：学生可以翻一连串的筋斗。
6	非话语交流	(1)姿势；(2)手势；(3)面部表情；(4)创造性动作与表达性动作。	例：学生创造一组连贯的动作，并伴着音乐表演这组动作。

哈罗关于精神运动领域的目标分类，对目标设计中关注运动与认知的关系具有一定的启发。

课程领域的大师和其他领域的大师为微课程教学法实验提供了取之不竭的思想营养，为新时代解决新问题创造了良好的条件。尤其是泰勒的课程原理思想对于如何指导学生学习提供了方法论意义上的指导，甚至对学校管理都是宝贵的他山之石。

布卢姆等人的教学目标分类对我国教育产生了重大影响，使教师得以从不同认知层面去考虑教学目标，也引导教师关注学生在情感领域的发展。

但是，时代在前行，实践在创新，前人播下的思想种子需要新时代、新实

---

① ［美］艾伦·奥恩斯坦、弗朗西斯·P. 亨金斯：《课程：基础、原理和问题（第五版）》，201 页，南京，江苏教育出版社，2013。

践、新智慧的活水来浇灌。我们发现，当教师借助布卢姆教学目标分类方法处理目标与任务的关系时，明显感到力不从心。这给创新实践带来了不便，也使教师因为不明目标而陷入彷徨。因此，我们需要在前人走过的大道上继续前行，去探索未知世界的美丽。

回顾与思考

1. 1918年出版的第一本课程论专著《课程》（*The Curriculum*），其作者是哪一位？
2. 泰勒对"如何陈述教育目标"的阐述对我们提炼达成目标有何启示？
3. 泰勒是如何阐述"如何选择可能有助于达到教育目标的学习经验"的？对我们从事系统设计有何启示？
4. 泰勒关于"如何为有效的教学组织学习经验"对我们从事系统设计有何启示？
5. 泰勒关于"如何评价学习经验的有效性"对于从事微课程教学法实验有何启示？
6. 泰勒原理是怎样解释教学质量管理的？微课程教学法系统设计在哪些方面与泰勒原理存在一致性？
7. 布卢姆教学目标分类学把认知目标分为哪六个方面？这个分类有何不足？
8. 波斯纳对布卢姆的认知目标分类的批评对我们的微课程教学法实践有何帮助？

小贴士

课程大师们的理论成果是实践经验的总结。潜心实践，当经验与思考积累到一定的程度，就有可能产生新的概念、发现概念与概念之间的关系，形成能够指导实践的理论成果。在发现真理这个问题上，人人平等。

资料链接

1. 《博比特〈课程〉：百年后的重逢》（《中国教育报》，2017-03-20）。
2. 美国八年研究(1933—1941)：https://baike.baidu.com/item/八年研究。

二、架构学习目标设计新图式

我们走在山路上。探索学习设计的目标体系是艰难的，但是，大门已经打开，实践要求我们把实验成果提炼出来，形成便于操作的图式，让全国跃跃欲试加入微课程教学法实验的教师们受益。2019年，是"微课程教学法实践共同体"①的开局之年，至少需要提炼基本图式（结构），以支持微课程教学法实践在更广泛意义上展开。

从系统设计的视域看问题，新的学习目标体系包含三个部分：自主学习任务单的达成目标、配套学习视频的目标、课堂学习任务单的达成目标。

（一）关于"任务单"的达成目标设计

首先从基本理念入手。基本理念是指导自己从事达成目标设计的指南，涉及目标设计是否达到要求的合格不合格的问题。基本理念有两个。

其一，强调"应该达到"，而不是"可能达到"。如前所述，达成目标是教师依据课标，在参透教材的基础上提炼出来的学生自主学习应该达到的认知程度、认知水平，或曰认知标准。假如达成目标设计局限在"可能达到"，那么，课程学习任务就可能完不成，有一部分学生可能会"吃不饱"。

其二，目标指向学生认知发展的程度，而不是描述教师的行为。学习是在原有基础上的提升，达成目标主要描述学生通过学习，在认知方面应该达到的新的水准。所以，一定不能描述教师准备干什么。这个问题泰勒早就给我们点明，我们不能继续走不明不白的路。实际上，这个问题既反映了以学生为中心还是以教师为中心，也决定着目标能否对学生学习产生指导意义。

理念是"魂"，纲举目张，接着，就可以进入设计操作的技术层面了。技术操作的总体要求是具体精准。为了设计方便，我们把它分解为"三要素"，即设计达成目标必须满足"三要素"的要求。鉴于"三要素"在提炼达成目标中的重要性，我们再次做一个梳理。

"三要素"指达成目标的条件（或途径）、目标行为、目标内容。

---

① 2019年1月4日，教育部办公厅发文公布2018年度教育信息化教学应用实践共同体项目名单。由江苏省木渎高级中学为牵头单位，山东省青岛第一中学、苏州新草桥中学、苏州工业园区星洋学校、包头市蒙古族学校、北京外国语大学附属苏州湾外国语学校、苏州工业园区星汇学校、武汉市楚才中学、苏州工业园区翰林小学、苏州工业园区文萃小学、苏州工业园区胜浦实验小学、苏州工业园区方洲小学、苏州工业园区星洲小学十二所学校联合申报的"微课程教学法实践共同体"榜上有名。参见教育部网站，http://www.moe.gov.cn/srcsite/A16/s3342/201901/t20190110_366521.html，2019-09-01。

(1)达成目标的条件。作用是让学习者发现通过什么途径可以达成目标，做到心中有数、纲举目张，其中必不可少的一项是：完成自主学习任务单给出的学习任务。

(2)目标行为。目标行为是学习所发生的认知行为改变的程度，即从原有认知模式达到新的认知模式，关键是把握好动词的选择。

(3)目标内容。目标内容是目标行为的内容指向，反映目标行为得到改变的学科要素或生活领域的规定性。一般不会被遗漏，但是，会反映教师的业务素养。

目标行为和目标内容组合构成真实的目标。描述目标行为的用语因其所指向的目标内容的规定性而显示不同。一般来说，描述概念可以用"了解、理解"等词语；描述原理或定律可以用"理解"等词语，如果考虑激发探究心理，用"发现"是非常好的词语；描述方法可以用"掌握、理解、了解"等；描述能力可以用"能、能够、会用……分辨、区分"等。

在具体描述时，要注意区分目标与任务，千万别把任务充作目标，导致迷失目标，降低达标层次，这不利于学生明理通达、举一反三。在设计达成目标时，借鉴布卢姆认知领域目标有一定的意义，但是，有时候无助于分辨目标与任务的区别，请实验者万万警觉。

需要指出的是，汉语博大精深，我们仅仅列举了常用词语，无法揽尽所有用法。在实践中，教师应该按照实际需要大胆创意，形成日益丰富、精彩纷呈的目标描述体系。

描述目标行为需要规避含糊不清的用语。我们把从实践中发现的这类用语整理为《达成目标设计用语负面清单》。定义如下：负面清单列出的"用语"指不应该在自主学习任务单的达成目标的叙述中使用的用语。下表列出了这些用语，以及禁用这些用语的原因(见表 7-2-1)。

表 7-2-1　达成目标设计用语负面清单

序号	禁用语	禁用原因
1	"使学生、让学生"类	这一类用语是教学设计用语，描述教师做什么。达成目标要求描述学生行为改变的程度，而不是描述教师做了什么。
2	"初步、更好、进一步"类	这些用语过于笼统，含混不清，使学生看了以后不知道要达到什么样的认知程度。实际上反映了教师对于目标缺乏清晰的认识。

续表

序号	禁用语	禁用原因
3	"学习、学会、知道、明白、明确、领会"类	(1)这类用语过于笼统，含混不清，等于什么都没有说。几乎任何学习，都可以用"学会""知道""明白""明确""领会"这一类词来表述，但是，什么都没有说明白。尤其是"知道"，危害甚广。 (2)"知道""领会"起源于对布卢姆教学目标分类学的误翻译。布卢姆描述了6种主要的教育目标：知识(knowledge)、理解(comprehension)、应用(application)、分析(analysis)、综合(synthesis)、评估(evaluation)。后来，有人凑顺口溜，译作：知道、领会、应用、分析、综合、评价；称为：知领应·分综评。其中，除了评估与评价是一个意思，知识与知道、领会与理解都不可同日而语。"知识"属于知其然的要求，凑动词写作"了解"，也是知其然，这没有问题。"知道"可以是知其然，也可以是知其所以然，把两个不同要求的"用语"混到一起去了，使之含混不清，所以不能混用。"理解"属于不仅知其然，而且知其所以然，要求上是有提升的。"领会"不仅包含真正理解，还包括只可意会不可言传，也就是没有真正理解的。由于"领会"跨了真正理解与只可意会不可言传两种理解，所以，也是一个含混不清的用语，让学生搞不清到底要达到什么样的目标，因此，在提炼达成目标的时候必须力戒。
4	"品味、品读"类	"品味""品读"是一类含混不清的用语。笔者问过许多写了"品读"一词的语文教师："怎样品读？"结果，没有一个教师回答得上来。如果能够解释，那么就把能解释清楚的词语表达出来，而不是用"品味""品读"之类的用语来糊弄学生，掩盖自己似懂非懂的缺陷。
5	"说出、指出"类	"说出""指出"一类属于学习任务的用语，不是目标的用语。用错这类词的教师大多受到行为目标的影响。中外学者对于行为目标的解释，常常会用任务的描述来举例。实际上没有分清属于主观意识范畴的"目标"与既具有主观属性又具有客观属性的"任务"之间的差别。"目标"属于主观意识范畴，自己不能实现自己。"任务"一头连着目标，一头连着客观行为，同时具有主观与客观的属性，能够自己实现自己。只要按照目标制定任务，假如任务是问题导向的，那么只要认真执行(也就是采取客观行动)，就能完成任务。实验微课程教学法要善于从学术上甄别目标与任务。能够甄别，就不会把"任务"与"目标"混为一谈。

续表

序号	禁用语	禁用原因
6	"尝试"类	尝试是做到哪里算哪里,实际上就是没有目标。应该问一个"为什么要尝试",然后,借助答案把目标找出来。
备注		本负面清单列出的描述目标的用语属于1.0版本。随着实践的推进,负面清单用语可能还会增加,形成2.0、3.0……n.0版本。

教师借鉴负面清单,可以自审达成目标的设计质量,发现问题及时纠正。提升达成目标的设计质量之后,学习任务设计的针对性就非常强了。只要把目标转化为问题,就能完成高质量的学习任务设计,从而引发学生在家的高质量自主学习。

(二)关于"配套学习视频"的目标设计

"配套学习视频"的目标设计比较简单,只要找到"任务单"里相应的学习任务就行了,目标就是支持学生完成相应的学习任务。偏离了目标,就无法保证学生通过完成对应任务而达成相应的目标。

(三)关于课堂学习任务单的目标设计

鉴于"任务单"的达成目标针对学习知识的要求设计,课堂学习任务单的达成目标针对内化知识的要求设计的考虑,课堂学习任务单的达成目标应该与"任务单"的达成目标有所区别。

课堂学习任务单的达成目标是教师基于"任务单"的达成目标,为引导学生内化知识、拓展综合能力而设计的认知、能力、情感和核心素养等方面要达到的标准。

设计中要注意的问题主要有以下两个方面。

首先,"内化知识"的达成目标不能等同于"学习知识"的达成目标。至少努力发掘认知目标是否在课前学习的基础上达到比较熟练的程度,进而努力发掘知识迁移到什么样的程度的落脚点。

其次,"微项目学习"活动设计出来之后,还要从中发掘出活动所隐含的在知识内化,以及情感、假设、想象、交往、表达、协调、道德、责任、技术、创新等方面的提升的可能性。这些可能性如有可能转化为现实,就是应该被选择为达成目标的对象。信息技术、美术、音乐，以及职业技术学校的专业课程中的能力描述常常与"用（根据、依据、运用等）……"的表达方式相联系。

如果我们把上述文字描述转化为图式，我们就能发现，一个1.0版本的微课程教学法系统设计目标体系的框架跃然眼前（见图7-2-1）。

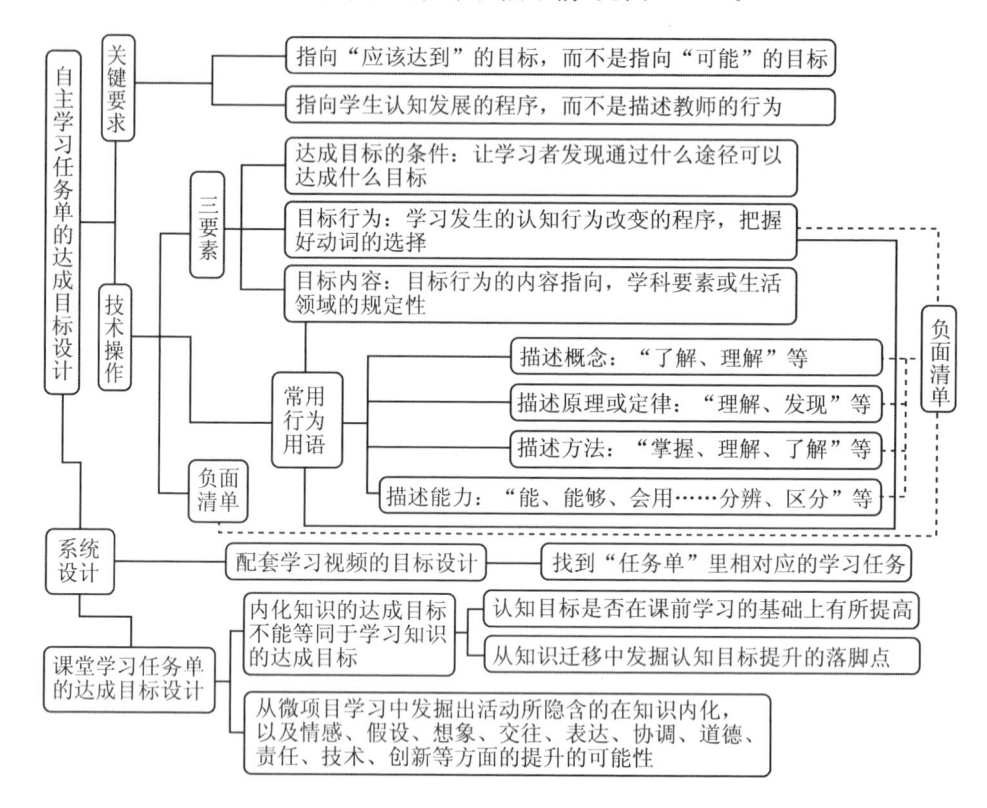

图 7-2-1 微课程教学法系统设计的目标体系

这是一个"认知目标＋能力目标＋素养目标"的目标体系。

认知目标包括了解、理解等；能力目标包括应用、分析、综合、比较、评价、发现、创新，以及协作与交流、信息与通信技术的掌握、批判性思维等；素养目标指一定社会生存发展所需要的每个人都有能力做到的，但是，受内心信念驱动而愿不愿意践行的行为准则或规范。如公民素养、情感、态度、价值观等，皆属于素养目标范畴。考虑到学习活动都会引发一定的情感、态度、价值观，所以，素养目标不一定以文字的形式进入达成目标，但是，应该作为教学目标进入教师的设计视野。

"认知目标＋能力目标＋素养目标"的目标体系，努力反映以往目标研究成果，又适应时代需要寻求发展，在我国中小学实践领域，表现出标行分明（标，即达成目标；行，即引发学习行为的学习任务）、表述精准、操作方便的特点，能够把目标管理贯彻到学习任务设计、学习方法建议和配套学习资源开发中去，在实验中取得了良好的成效。

这个体系为教师实验微课程教学法提供了方便，使设计出促进学生高质量学习的"任务单"变得相对容易，减少了重走弯路的可能性。但是，我们希望参加实验的教师在实践中不拘一格创意更有利于具体精准表达达成目标的好方法，促进学生更好地在学习中成长。

实验表明，提炼达成目标，头脑风暴、同伴互助是个好方法。通常在"做中学"的培训中，协作讨论提炼达成目标所耗费的时间少于各自为战式的提炼。这是因为，集体智慧可以弥补个体智慧之不足，容易激发智慧，化解疑难，从而提升整体认识。有时候，即使耗费两个小时才完成达成目标设计，也是值得的。因为，教师的思维在发展，智慧能够迸发出来。而且，除了自身专业素养提升之外，教师还对课堂采用协作学习策略有了体验与信心。

目标提炼到具体精准之后，设计的学习任务跟着目标走，与之一一对应，即与达成目标配套，那么，我们就能做到，只要学生完成任务有质量，就达成了学习目标。学习质量就完全成为可控的。

实验微课程教学法，也暴露了传统型教师在提炼目标方面捉襟见肘的问题。我们实验微课程教学法，制定达成目标的时候，一定要告别传统陋习，谨慎审视目标，精推细敲，使之成为学生自主学习的航标与评价的依据。

回顾与思考

1. 《达成目标设计用语负面清单》中列举的词语在自己设计自主学习任务单和课堂学习任务单中是不是存在？如果有，请改用能够具体精准表述的用语。

2. 梳理系统设计目标体系图式中各项目之间的关系，然后试着设计一个课时的"任务单"达成目标，努力达到图式要求。

3. 系统设计目标体系对设计目标是否有帮助？哪些方面还有待改进？

💡 小贴士

如果您是实验教师，请用好负面清单和达成目标体系图式，将图式揭示的方法付诸实践，也许，您就会创造奇迹。

★ 核心概念

目标体系（Target System）

📚 参考书

拉尔夫·泰勒：《课程与教学的基本原理》（中国轻工业出版社，2014）。

第八章　如何开发"需求导向"的学习资源

配套学习资源在"三剑客"中居于"第二客",在教学实践中,主要表现为配套学习视频。其使命是:支持学生完成课前学习任务中那些有难度的学习任务。在系统设计中,配套学习资源起着把"任务单"提供的达成目标的可能性转化为现实性的重要作用。

阅读建议

1. 从案例中发现"教师一开始体验到当'差生'的痛苦,后来一连串的问题迎刃而解"的原因。思考这个案例的实践意义。

2. 发现"任务单+视频"的组合学习法之所以比可汗式视频学习法更适合我国中小学生"翻转学习"的原因。理解视频主题根据学习任务确定的意义。

3. 了解录制视频的多种方法。理解录制视频技术的选择,受支持完成学习任务的呈现要求、视频录制者个人的技术储备或技术强项,以及视频制作者的审美情趣等因素的影响。

4. 了解用PPT录制视频的八个步骤,以及快速录制视频等方法;掌握用PPT录制优秀视频的方法。

5. 理解视频的价值贵在"为学生完成学习任务配套"。

一、案例:今天体验到当"差生"的痛苦

在微课程教学法实践中,发生了一个有趣的故事,可以加个标题:今天体验到当"差生"的痛苦。事情是这样的:

在微课程教学法专项培训活动中,往往有模拟教学环节,由一位学员当授课教师,其他学员当模拟学员。在2018年6月的长沙培训中,音乐老师当授课教师,把提前准备的"任务单"和视频发给"学生"自主学习。出于好奇,教师们都赶快下载视频观看,一时忘了先看"任务单"。

看完视频,有教师长叹:今天体验到当"差生"的痛苦!其实,浸润其中,

我也没有先看"任务单",而是好奇地打开视频先睹为快。一开始还头脑清晰,看完就感到"晕"了。有意思的是,除了我和这位"长叹"的老师之外,其他教师也像我们一样受好奇心驱使,不约而同地犯了先看视频的"错误",结果也都发出"晕"了的感慨。

这是怎么回事?因为这位音乐老师在学校所教对象是高中要参加艺术类考试的学生,传授的内容既专业,又量大。一下子把我们这些非专业教师给难倒了。

这时候,我突然从懵懂中醒悟,对学员老师说:"咱们微课程教学法不是这样学的呀!我们是不是应当先看'任务单',再看视频?"于是,大家冷静下来,重新对照"任务单"一个个任务看,看完一个问题,再看视频。

什么是音程?音程的上方音和下方音怎样称呼?和声音程的一度、二度怎么写?音程的名称由哪两个部分决定?大音程音数减少半音是什么音程?减少一个全音又是什么音程?纯音程音数增大半个音是什么音程?增加一个全音又是什么音程呢?该音程是旋律音程还是和声音程?谱例中的音程名称是什么?小字一组 d 为根音向上构成纯五度冠音是什么?纯四度是自然音程吗?增五度是变化音程吗?减五度是协和音程吗?大三度是不协和音程吗?一连串的问题迎刃而解。

这个案例很有意思,使我们发现了信息时代的一个教学要义:同样的教学要素,不同的组合方式,学习的质量就不相同。

按照可汗学院的萨尔曼·可汗的理解,视频可以让学生反复观看,直到他们看懂为止。这样的学习方式,显然只适合有学习毅力的学生。当然,可汗的美好愿望并不代表全球的教学现实。反映在翻转课堂实践中,只看一遍视频的学生有之,看了多遍还是不得其解者也有之。要把视频促进学习的潜力充分发掘出来,恐怕还得另辟蹊径。

"今天体验到当'差生'的痛苦"这个案例使我们惊喜地发现,微课程教学法创造的信息时代的学习方式比可汗倡导的风靡全球的视频学习方式更有效。这个学习方式可以概括为"任务单+视频"的组合学习法,尤其适用于翻转课堂的课前自主学习。

"同样的教学要素,不同的组合方式,学习的质量就不相同。"这使我们发现，教师主导作用在促进学生提升学习质量方面的优势不容忽视。翻转课堂实验中非常重要的策略是：把教师主导作用提升到一个"新境界"——只有在信息时代才具有的"设计决定学习质量"的境界。

回顾与思考

1. "今天体验到当'差生'的痛苦"这个案例对我们有何启示？
2. 为什么说"任务单＋视频"的组合学习法尤其适用于翻转课堂的课前自主学习？

小贴士

教学方式是教学要素的组合方式。组合教学要素的方式不同，学习的质量就不相同。"任务单＋视频"的组合学习法是翻转课堂本土创新创意的保证学习质量的好方法。

二、配套学习视频开发的第一要务

现在，我们需要揭秘"任务单＋视频"组合为什么比可汗式视频学习法更加有效。

"任务单＋视频"的组合学习法之所以有效，关乎系统设计的优势，直接相关的当属"问题导向"的学习任务、达成目标的条件、与目标耦合的学习任务和"需求导向"的视频开发路线这四股力量的共同作用。

细细分析这四股力量的共同作用，对于改变我们的设计观和提升设计水平很有意义。我们不难发现：

在"任务单"中，"问题导向"的学习任务使学生清楚地认识到自主学习要"学什么"。"达成目标"三要素中的"实现目标的条件"又引导学生发现"怎样学"才能完成学习任务，从而达成目标。因此，在"问题导向"的学习任务与"实现目标的条件"的双重作用下，学生对于怎样才能学有成效，已经心知肚明。当然，也有学生需要教师提示之后，才能达到心知肚明。

由于学习任务对应达成目标，具有只要学生完成学习任务有质量就能达成学习目标的性质，因此，"学习是否有效"一下子聚焦到视频能否支持学生完成学习任务上来。这是萌生"需求导向"的视频开发路线的认识基础。

在微课程教学法看来，假如"任务单"给出的学习任务，只要通过阅读课文就能完成，那就没有必要耗时耗力开发视频；假如"任务单"给出的学习任务完成起来可能有难度，那就必须针对这些学习任务开发视频资源，以便助力学生完成学习任务。这就是微课程教学法所倡导的配套学习视频开发的第一要务：**视频主题根据学习任务确定**。

一旦根据学习任务的难度确定了需要开发的视频主题，自然离不开对"知识点"的选择。不过，这种选择是灵动的、需求导向的，不像大多数"微课"那样规定为一个知识点。

在微课程教学法的视频开发策略中，有三种"知识点"选择的方法。第一，凡是只要讲授一个知识点就能支持学生完成学习任务的，其视频就聚焦一个知识点。第二，凡是需要讲授数个知识点才足以支持学生完成学习任务的，其视频就综合数个知识点。一般来说，只要时长不超过 8 分钟，视频就不会干扰学生的学习。第三，凡是需要学科知识点以外的学识与方法支持学生完成学习任务的，其视频就可以"没有知识点"。一切依据完成任务的需要来决定将要开发的视频的主题，非常灵动。

这样开发出来的视频，就是与"任务单"配套的学习视频，对于学生而言，只要愿意学习，谁都能借助视频完成学习任务，达成学习目标，体验到学习成就感，从而对学习充满渴望与热爱。

当然，您也许并不认可"没有知识点"的视频，至少会满腹狐疑。其实，"没有知识点"是有特定含义的，一般指的是方法指导上不涉及学科知识点。

比如，语文课分析人物描写，传统教学大都采用教师讲授的方式，把人物描写的若干方法一一列出，学生只能被动接受。微课程教学法认为，不能用教师的思维代替学生思维，学习人物描写的方法必须让学生自己在阅读中分析思考，唯此才能发展思维，提升阅读理解能力。因此，教师往往给出让学生自己分析人物形象的学习任务，要求他们用思维导图把人物描写的方法梳理出来。假如学生并不知晓思维导图，那么，教师需要事先开发一个讲述怎样画思维导图的视频，以便支持学生用思维导图做人物描写的分析。画思维导图不属于语文课的"知识点"，微课程教学法称之为"没有知识点"。

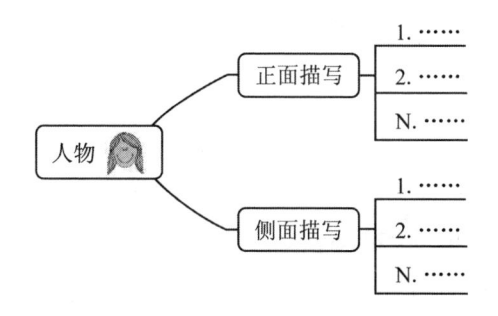

图 8-2-1　梳理人物描写方法的思维导图

这样讲方法的视频，在小学语文中也常常出现。比如了解课文结构或文章大意，常常给出画流程图、填关键词的学习任务。但小学生一开始不了解怎样用流程图加关键词来表达自己的理解，因此，教师会开发一个讲授画流程图的视频，让学生们根据对课文内容的理解画出反映流程的图式，再添加关键词，使人一目了然，也让学生自己有较深刻的理解。这样的视频，也不讲"知识点"。

图 8-2-2　梳理结构的流程图

图 8-2-2 也表明，一旦思绪放飞，教师的智慧就会迸发出来。他们通过创造图式来指导学生从事高质量的阅读理解。这些指导学生学习的视频，都不讲课文中的"知识点"。但是，"没有知识点"的视频，能够帮助学生更好地把握课文中的"知识点"。

读到这里，您是否发现：微课程教学法的视频开发路线与以往"供应导向"的资源建设路线真的是截然不同的？这是一条"需求导向"的、可以通过设计（"任务单＋视频"）实现对学习质量有效管控的资源建设创新之路。这条创新之路为我们展示了新型学习资源的应用前景，值得我们去探索与创新。

回顾与思考

1. 为什么说"任务单＋视频"的组合学习法比可汗式的视频学习法更适合我国中小学生"翻转学习"？

2. 配套学习视频的主题为什么要根据学习任务来确定？

3. 在微课程教学法的视频开发策略中，有哪三种"知识点"选择的方法？

💡 **小贴士**

1. "任务单＋视频"的组合学习法在保证学生自主学习质量方面优势明显。

2. 配套学习视频开发的第一要务是：视频主题根据学习任务确定。

3. 在微课程教学法的视频开发策略中，"知识点"的选择方法灵活多变。

三、 巧选视频录制的技术方式

假如您认同"需求导向"的资源建设路线，那么，接下来要探讨的问题是：可以用哪些技术录制视频？

今天，录制视频的技术早已不像写作拙著《翻转课堂与微课程教学法》时的 2014 年那样，只有为数不多的几项选择。现在，用 Camtasia Studio、录像、数位板、万彩动画乃至 PPT 等，都能方便地录制视频。

Camtasia Studio 是一套专业的屏幕录像和后期编辑软件，具有强大的录制屏幕功能，能在任何颜色模式下轻松地记录屏幕动作，包括光标的运动、菜单的选择、弹出窗口、层叠窗口、打字和其他在屏幕上看得见的内容；还可以在屏幕上画图和添加效果，以便标记出想要录制的重点内容；在最后制作视频时，还可以把摄像机录像以画中画格式嵌入到主视频中。

Camtasia Studio 与应用软件（如 PPT）组合使用，可以录制教师讲解、操作应用软件的画面与动作，适合所有学科教师使用。其高级功能适合信息技术教师或其他学科中技术悟性较高的教师使用。

信息技术学科教师用 Camtasia Studio 可以轻松录制关于各种应用软件的讲课视频。由于其专业背景，信息技术学科教师驾驭 Camtasia Studio 没有技术上的难度。只要具有良好的人性化设计理念、必要的美学素养，以及良好的语言表达能力，不难设计出优秀的讲课视频。这些视频可以用于翻转课堂的课前学习，也可以用于预习、"先学后教"，乃至课堂学习之中。

需要指出的是，假如没有"以人为本"的开发理念，作为高手的"信息"教师，往往开发出糟糕得令人无法恭维的教学视频。原因何在？往往在于：高手操作靠条件反射，而不需要思维。因此，动作奇快，几秒甚至一秒，可以操作完好几个步骤，令初学者不知所措。

这是因为，初学者还没有建立起操作的条件反射，他们听视频里的声音和看视频里的动作时，往往需要思考的时间。思考花费的时间比条件反射需要的时间长，这使初学者的视觉与听觉往往跟不上根据条件反射的速度来操作和讲解的节奏。因此，笔者建议信息技术学科教师在录制学习视频时考虑初学者的特点，把每一个动作所涉及的方位、菜单、按钮、功能等交代清楚，避免让学习者不知所措。

其他学科的教师常常用 Camtasia Studio 录制 PPT 讲课视频。但是，由于这款软件功能强大，因此，专业化要求比较高，并不适合技术水平不高的教师选用。对于没有高超的技术悟性的教师而言，直接用 PPT 等应用软件录制视频，实在是太好不过的选择。

需要指出的是，使用 Camtasia Studio 录制讲课视频，一般不需要剪辑。但凡需要剪辑，往往是录制视频过程中的讲课或朗读出了问题。"剪辑"是一个技术活，需要满足两个条件：一是占有大量素材，二是有极大的细心与耐心。

只有占有大量素材，才能根据录音剪辑、合并，合成更为优秀的视频。一般教师（包括信息技术教师）手头并无多余素材，剪一刀，少一段，结果往往是破坏了讲课节奏，冒出突兀的话语，使学习者的思维猝不及防地被迫中断。而且，一般而言，视频的声音效果往往越剪越差。

极大的细心与耐心是剪辑者必备的品质。剪辑前需要反复地听和看，以便确定剪辑对象。剪辑之后要反复检查，如果发现问题，需要重新剪辑；如果需要调整视频，也要做相应的调整，直至满意为止。一般教师没有这样的专业素养，往往只注意把讲错的话剪去，结果把节奏打乱，语言突兀，扰乱了学习者思维。

因此，我们建议一般学科教师慎用"剪辑"功能。短短几分钟的视频，讲错了就重新讲一遍，不仅花不了多少工夫，还能越讲越好。如果依赖剪辑，不仅不会提高讲课水平，还可能会录制出劣质的学习视频。

如果实在青睐于剪辑，那么，一旦讲课出现失误，就应该停顿两三秒时间，然后再接着讲。这样可以形成一段空白视频供后期剪辑。剪辑后要注意听语言节奏，可以多次修改，直至与原节奏吻合为止。

一般来说，录制一款优秀的讲课视频，需要人性化的设计理念和良好的美学素养，以及熟练的操作技能和优秀的语言表达融为一体。其中，语言表达是优秀的讲课视频中最为关键的因素。否则，任何一款优秀的软件也不能保证制作出优秀的作品。关于 Camtasia Studio 录制视频的基本操作，拙著《翻转课堂与微课程教学法》（北京师范大学出版社，2015）第七章做了较为详细的介绍，本书不再赘述。

录像是录制视频常用的手段。除了专业或家庭摄像机之外，一般单反照相机和数码照相机都具有录像功能。智能手机问世之后，整合了摄影摄像功能，已经成为众多学科教师录制视频的利器。假如教师使用微软 Surface Book 系列的电脑或 Surface Pro 系列的电脑，利用其自带的相机的摄像功能可以轻松完成录制学习视频。Surface Book 和 Surface Pro 的录音质量也相当好，好像专门为教师录制视频准备的一样。

数位板是计算机输入设备的一种，又称绘画板、手绘板等，由一块板子和一支压感笔组成，用于绘画创作，使人产生拿着笔在纸上画画的感觉，这是键盘和手写板无法媲美的。运用数位板的绘画功能，可以在需要作图、写字的教学视频录制中随意使用，尤其适合书写美观和善于绘画的教师。由于文字或图画与真实写字、绘画的速度一样，观看时，思路跟着文字、绘画的笔画一一出现，非常符合常人学习习惯，是一款很不错的制作视频的技术工具。

需要注意的是，数位板要与录屏软件组合使用，以便把数位板上的写、绘信息输入到电脑屏幕中，供屏幕录制软件捕捉。比如，此前介绍的 Camtasia Studio 录屏软件可以与数位板组合使用，二者是非常好的"搭档"。

此外，数位板需要安装相应的驱动，这样可以使笔触有轻重粗细的效果，文字和图画更加自然、美观。同时，电脑里要有支持压感的软件，比如 Photoshop、Sai、Office（2010 以上版本），以及 Windows 操作系统自带的 Windows ink 等。这样，我们就可以用"CS＋数位板"的组合，挥洒自如地创意所需要的讲课视频。

动画演示大师（Focusky）作为一款不需要录屏软件支持的制作视频的应用软件，拥有大量动画模板可供选择，可以通过添加场景，设置背景，编辑时间轴，输出视频，智能化地完成视频制作。软件自带丰富的素材，可以导入 PPT 和 3D 背景，添加影视般的转场特效，给观众带来震撼的视觉冲击。对于不善于制作动画又喜欢炫酷动感视频的教师而言，是一项不错的选择。只要登录 Focusky 动画演示大师官网（http://www.focusky.com.cn/product-features/），就能了解这款软件的简单介绍，详查其操作教程。

对于有较高的美学素养或较强的个性化倾向的教师而言，动画演示大师可就不一定是福音了。那呆板的人物、程式化的动作，难以令美学素养较高者喜爱，也难以得到个性化倾向鲜明的教师的青睐。

微课程教学法认为，使用哪一种技术录制视频，受支持完成学习任务的呈现要求的影响。如果涉及观察、记录等实验性行为，视频采用实录或仿真为好。如果涉及数学、物理等学科的解题，以及英语学科的教学视频，以"数位板＋Camtasia Studio"为好。其他一般性的文字表达，上述所有的技术方式都可以实现。

视频制作方式还受到视频录制者个人的技术储备或技术强项，以及视频制作者的审美情趣等因素的影响。所以，不存在最好的技术，只存在最适合视频录制者的技术。假如教师会制作 PPT 演示文稿，那么，PPT 就是一款功能强大的、不需要任何录屏软件支持的、操作简便的视频制作软件。

回顾与思考

1. 哪些技术可以用于录制视频？

2. 影响教师选择录制视频技术的因素有哪几个方面？ 您适合用什么样的技术录制视频？

小贴士

选择录制视频的技术受支持完成学习任务的呈现要求的影响、 视频录制者个人的技术储备或技术强项的影响， 以及视频制作者的审美情趣等因素的影响。

四、 PPT， 快速录制好视频

众所周知，PPT 是一款优秀的演示文稿软件。不过，从 Office 2010 版开始，PPT 慢慢演变为一款兼容功能强大、操作简便的视频制作的办公软件了。说其操作简便，是因为大多数教师都会用 PPT 制作演示文稿，如果在演示文稿中插入音频，经过排练计时，再"保存"，"另存为"MP4，一个视频就制作完成了。因此，只要想学，任何一个教师都可以把PPT转成视频。是不是"极为简便"？

用PPT快速做视频，可以遵循以下步骤。

第一步：撰写讲课文稿。语言表达能力很强的教师也可以不写文稿，直接进入录制讲课音频。

第二步：录制讲课音频。常用的工具是手机。以HUAWEI Mate9为例，可以把手机放在距离讲课者1米左右的桌面上。这样可以避免吸气声音被录入。录音完毕，把录制的讲课音频文件输入电脑，准备插入PPT之用。用其他手机录制音频前，可以先试一试手机与人的距离，选定既没有呼吸与咂舌声，声音又很清晰的放置点。

假如用电脑录音，可以用浴巾盖住电脑，录制出来的音质相当好。当然，如果有专业录音条件，则更好。

第三步：为讲课文稿设计PPT页面。这项工作类似于专业影视工作者设计的"分镜头"。比如：每一个页面相当于专业摄影中的一个"镜头"，即一个机位拍摄的画面；同一个页面中的每一个动画，相当于专业摄影中的一个机位的摄像机镜头通过左右平移（摇），或变换焦距（行话称"推、拉"），或跟随对象同步移动（行话称"跟"）来引起画面的运动。

第四步：每一个页面上的文字、图片、视频、动画完成之后，将讲课音频插入PPT首页（见图8-4-1）。

图8-4-1　音频插入PPT(1)

/第三部分 系统设计:"互联网+"时代的学习设计/

操作时,先点击屏幕左上方"插入"键(见图 8-4-1 中长虚线箭头指向的虚线椭圆内)。然后,点击右上方"音频"键(见图 8-4-1 中短虚线箭头指向的虚线竖形椭圆内),出现下拉菜单"PC 上的音频"和"录制音频"(见图 8-4-2 中右上方白色虚线箭头指向的白色虚线圆形内)。

图 8-4-2　音频插入 PPT(2)

点击"PC 上的音频",出现本地菜单。

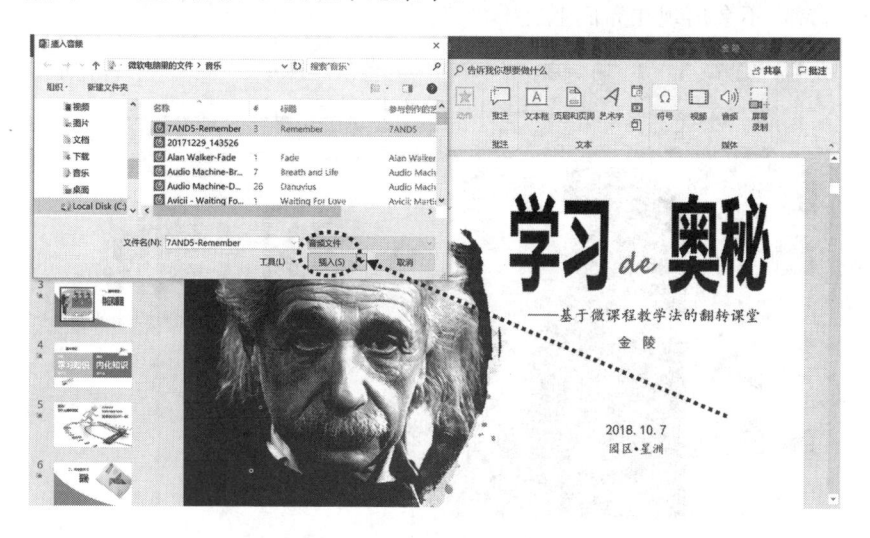

图 8-4-3　音频插入 PPT(3)

在本地菜单中选择文件,点击"插入"(见图 8-4-3),出现图 8-4-4 所示画面(图中虚线圆角矩形框内的播放器图标),插入音频的操作就完成了。

图 8-4-4　音频插入 PPT(4)

第五步：隐藏"播放器"图标。点击上方播放工具栏内的"在后台播放"（见图 8-4-5 中虚线箭头指向的虚线圆角矩形框内），使"播放器"图标在播放时隐藏在后台，不会出现在界面上。

图 8-4-5　隐藏播放器图标

第六步：排练计时。点击"幻灯片放映"，出现"排练计时"图标和"录制幻灯片演示"图标（见图 8-4-6）。

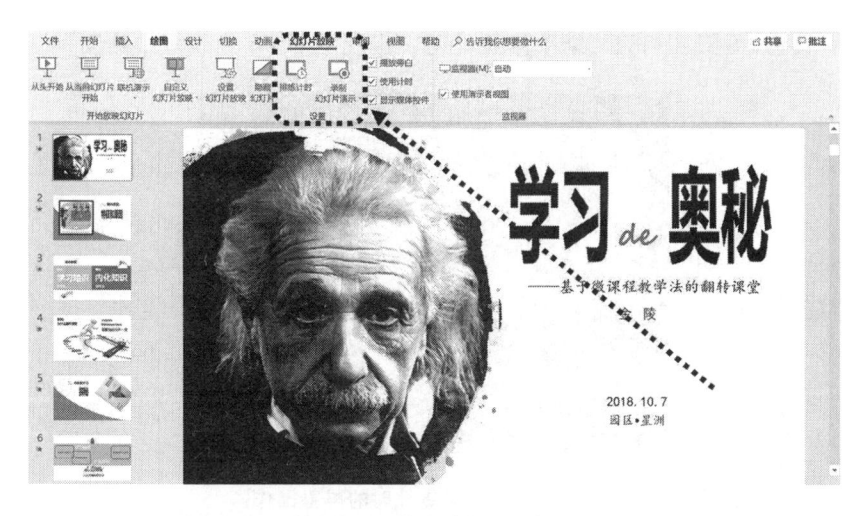

图 8-4-6 点击"幻灯片放映"之后选择"排练计时"

点击"排练计时",进入播放界面(见图 8-4-7)。

图 8-4-7 进入播放界面

如图 8-4-7 所示,点击左上角白色圆角虚线矩形中的"录制"箭头(→),开始排练计时。此时,操作者只需根据讲课音频播出的内容及其节奏点按鼠标左键,完成翻页或点出页内动画,使讲课音频的内容及其节奏与翻页的动作或页内动画的动作匹配起来(匹配之后播放起来可以像电影电视一样具有动态的效果),直到讲课音频播完。此时,PPT 页面一般也进入最后一页。

第七步:结束排练计时,保存文件。点击左上角白色虚线圆角矩形内的

"关闭"按钮(见图 8-4-8),结束排练计时,出现图 8-4-8 虚线框中的图标。

图 8-4-8　结束排练计时的屏幕操作

或者点击电脑键盘左上角的"Esc"键(见图 8-4-9 中白色虚线椭圆标出的按键),同样结束排练计时,出现图 8-4-10 虚线框中的图标。

图 8-4-9　结束排练计时的键盘操作

图 8-4-10　结束排练计时的操作

如图 8-4-10 所示,点击右下方虚线框中的"是"按钮,排练计时结束,回到 PPT 编辑页面(见图 8-4-11)。

点击屏幕左上方"文件",选择"另存为",保存已经完成排练计时的 PPT。

第八步:PPT 转存为视频。只要把已经保存了排练计时的 PPT 另存为"mp4"(见图 8-4-12 中虚线箭头指向,选择"mp4")。

图 8-4-11　排练计时结束

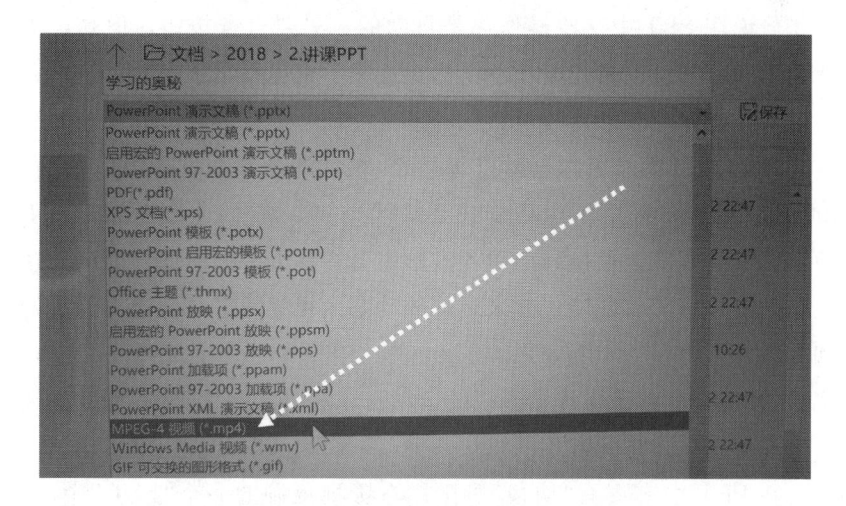

图 8-4-12　排练计时后的 PPT 转存为视频(1)

按下"保存"键(见图 8-4-13 中右侧虚线矩形框内),稍等片刻,一个视频就做完了。

图 8-4-13　排练计时后的 PPT 转存为视频（2）

现在，我们来梳理一下 PPT 录制视频的流程（见图 8-4-14）。

撰写文稿 ▶ 录制音频 ▶ 设计PPT页面 ▶ 插入音频 ▶ 隐藏图标 ▶ 排练计时 ▶ 保存文件 ▶ 另存为mp4

图 8-4-14　PPT 录制视频的流程

用 PPT 快速做视频，是不是很容易？

要做一个优秀的 PPT 视频，需要在设计上用心。如前所述，需要良好的人性化设计理念、必要的美学素养、娴熟的操作技术，以及良好的语言表达能力融为一体。其中，人性化设计理念、必要的美学素养、娴熟的操作技术，在操作上往往自然天成。

比如，人性化设计，就要以视频观看者为本，制作动态的 PPT 脚本，避免画面静止。这样，设计者需要频繁使用页面切换，并在每一个页面中增加动画设计。虽说在 PPT 中这些操作都是自动的，只要点点按钮，但是，毕竟需要耗费精力和时间。同时，设计中自然渗透美学素养和技术素养。

贯彻人性化设计理念，涉及影视的基本特征——运动性。电影和电视作品都是由运动的画面构成的。电影以每秒 24 帧的速度播放，电视以每秒 25 帧（PAL 制式；欧美日采用 NTSC 制式，每秒 29.97 帧）的速度播放。由于人眼视网膜具有残像效应，切换画面时，人脑内会存在上一帧图像。高速切换画面时，人脑内的残留影像便能连起来，形成动态的视觉效果，创造出逼真的艺术形象和令欣赏者惊叹的审美效果。

优秀的 PPT 视频需要传承影视的运动性。这是录制优秀的 PPT 视频的基本条件。在影视制作中，有不同机位画面（俗称"镜头"）切换造成的动感，与此相类似，在 PPT 中有页面"切换"相随；在影视摄制的一个"镜头"中，有推、拉、摇、移、跟的用法，与此相类似，在 PPT 的每一个页面中，同样可以添加动画逼真模仿"镜头"用法。只要心中有一个念想：让观看者看得舒服，就要在切换页面和增添动画上下功夫。况且，PPT 的动画效果林林总总有上百种，足以让我们把影视技法创造性地运用到 PPT 视频中。

　　需要注意的是，PPT 画面运动是有规律的。那就是：语言讲到哪里，画面跟到哪里；画面呈现到哪里，语言讲到哪里。这使学习者的视觉与听觉在同一时间里同步接收信息，大脑处理轻松自在，学习效果好。假如画面呈现与授课语言不同步，就会形成视觉与听觉相互干扰。严重时，还会造成表面上什么都看到了、什么都听到了，实际上什么也没有看到、什么也没有听到的不良后果。因此，PPT 录制视频虽没有难度，但需要用心。

　　制作优秀的视频，有时候会对讲课音频的前后"吹毛求疵"。假如您对"剪辑"情有独钟，那也不必烦恼，PPT 备有"剪裁音频"工具（见图 8-4-15），足以让您在完成音频与页面、动画的排练计时之后，省去"剪辑"视频的烦恼。

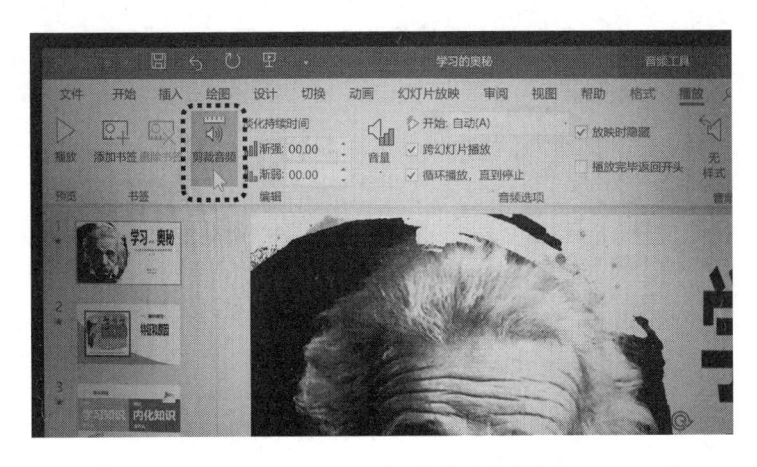

图 8-4-15　PPT 中的"剪裁音频"功能

　　点击图 8-4-15 左上方黑色虚线圆角矩形里的"剪裁音频"键，出现图 8-4-16 界面。

　　图中有一条从左到右的横向时间轴，时间轴的两端各有两个形似美工小刀的剪裁工具。左有绿色"小刀"，可以向右移动，以便把开头多余部分拦到"小刀"左边，一"刀"下去（点击"确定"），就可以剪掉开头的多余部分。右有红色"小刀"，可以向左移动，以便把结尾多余部分拦到"小刀"右边，点击"确定"，便可剪掉结尾多余部分（见图 8-4-17 中部"剪裁音频"工具中的"小刀"两侧的黑色虚线箭头示意），形成图 8-4-18 所示状态。

图 8-4-16 "剪裁音频"(1)

图 8-4-17 "剪裁音频"(2)

图 8-4-18 "剪裁音频"(3)

剪裁的时候，在开讲声音的前面留出 2～3 秒的时间是有必要的。这能够让开场白在观看者期待的最佳时间传来，而不至于突兀"开口"，也不至于拖沓得让人没了"脾气"才姗姗来迟。

如果对讲课音频做了精准的剪裁，排练计时之后根本不需要剪辑，直接可以另存为视频。是不是省去了很多麻烦？

假如教师突发性地繁忙，无暇精做 PPT 脚本，那也没有关系。PPT 早已经准备好极简的屏幕捕捉工具——"录制幻灯片演示"利器（见图 8-4-19 上方大的圆角虚线矩形框中的小矩形框）。

图 8-4-19 "排练计时"右侧的"录制幻灯片演示"

点击小框里的"录制幻灯片演示"，出现下拉菜单。有两个选择，一个是"从当前幻灯片开始录制"，还有一个是"从头开始录制"（见图 8-4-20）。

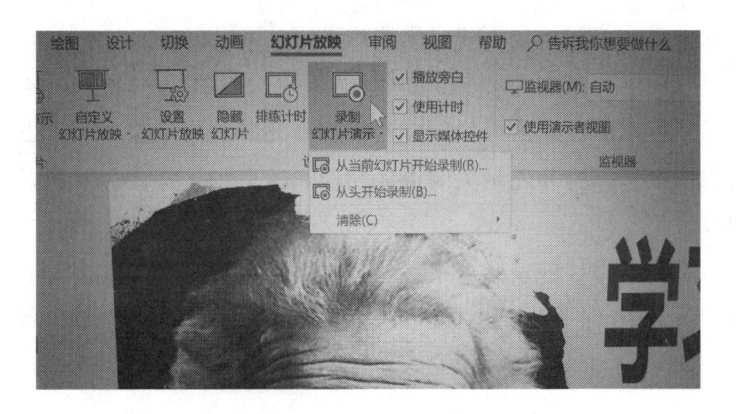

图 8-4-20 PPT 的屏幕录制工具

以"从头开始录制"为例,点击进入屏幕录制界面(见图 8-4-21)。

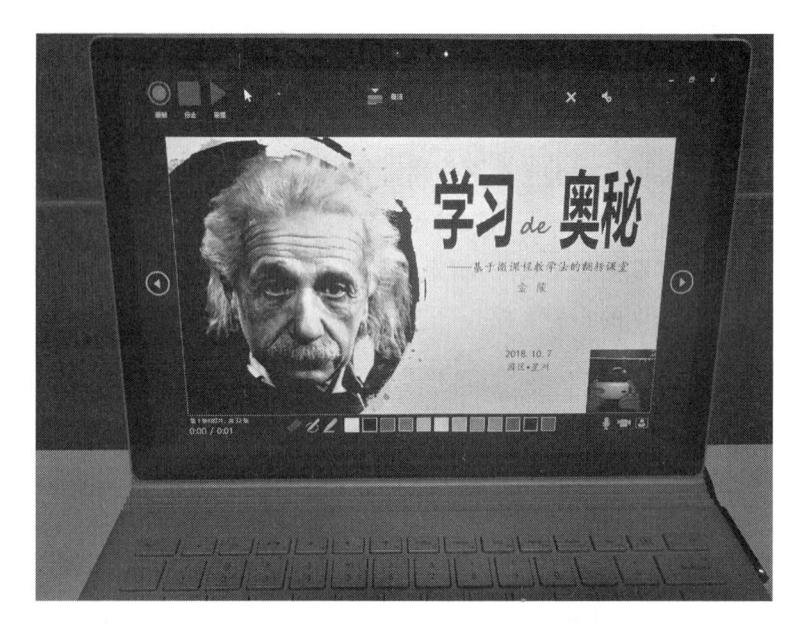

图 8-4-21　PPT 屏幕录制界面

由图 8-4-21 可见,屏幕左上方有红色圆形的"录制"按钮。点击按钮便开始录制屏幕。教师可以一边讲课,一边翻页。录完音在右上方点击"关闭"按钮(×),顺序点击"文件""另存为""mp4""保存"等按钮,一个简易视频就快速录制好了。

当然,这种极简的视频录制方法,无法呈现动画效果,一般适合应急之用。如果要做优秀的视频,不建议采用这种方法。

这种简便的屏幕录制可以插入画中画视频。在图 8-4-21 中,屏幕右下方有影像显示。可以通过点击人像图标选择打开还是关闭摄像功能,也可以通过点击摄像机图标选择打开还是关闭摄像功能。这两种选择适合录制者对"出镜"是否有偏好。

对于有"出镜"喜好的录制者来说,还有两种选择方式。点击右上方标有喇叭和齿轮的方形图标(见图 8-4-23),出现选择麦克风和照相机的菜单(见图 8-4-24)。

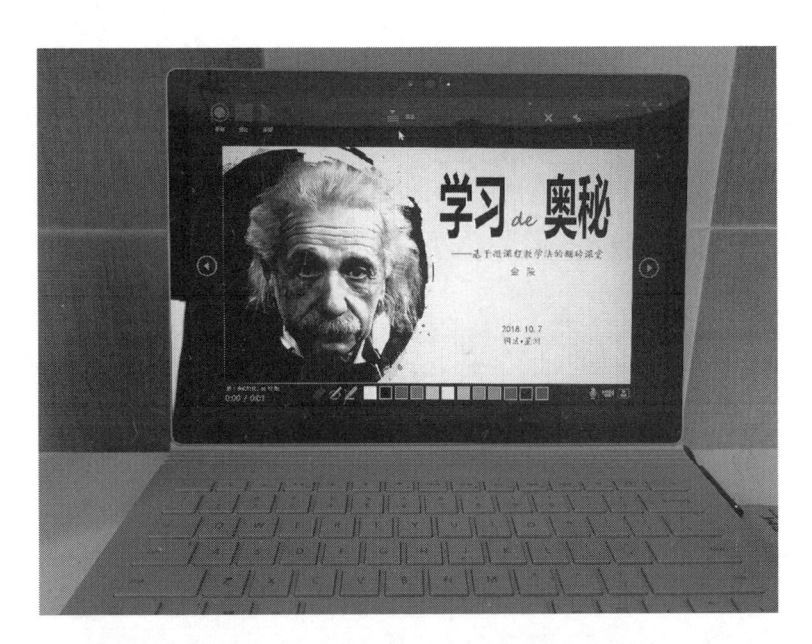

图 8-4-22　录制者不出镜的 PPT 屏幕录制界面

图 8-4-23　选择摄像朝向的设置按钮

图 8-4-24　选择麦克风或照相机的菜单

点击"照相机"(Microsoft Camera Front)，出现图 8-4-25 的界面。

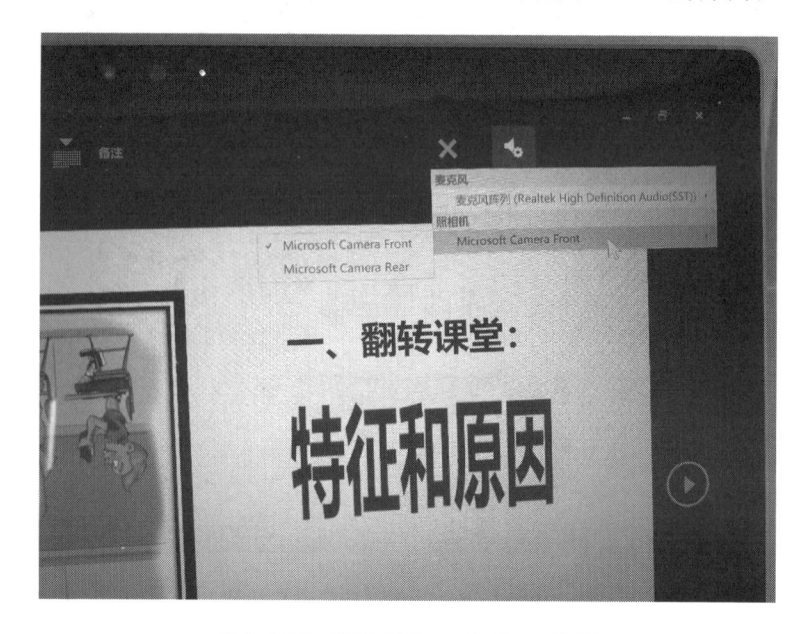

图 8-4-25　照相机 Front 和 Rear 选项

/第三部分 系统设计:"互联网+"时代的学习设计/

如果选择 Microsoft Camera Front 工具,讲课者可以自己操作电脑(在电脑的前面)把自己的讲课状态录制到右下方的"画中画"中去(见图8-4-26)。

图 8-4-26 录制者的影像在右下方"画中画"中

如果选择 Microsoft Camera Rear 工具,需将被摄对象置于电脑屏幕背后(Rear)录制。一般来说,讲课者难以自己录制自己的讲课状态,需要有录制者协助。但是,这种操作也有两个优势。一是讲课者可以在选中的场所接受录制,如坐在书房的写字台旁从容讲课;二是可以拍摄演示的画面,比如一边操作一边讲课,适合用实验证明的教学(见图8-4-27)。

假如录制视频的教师使用 Microsoft Pro 电脑,安装 office 365 以后,PPT 录制屏幕的功能就如虎添翼了。

以 Microsoft Pro 5 为例,从"幻灯片放映"进入,点击"录制幻灯片演示",出现下拉菜单(见图8-4-28)。

从中任选一项,点击出现如下界面(见图8-4-29)。

点击"开始录制(R)",进入录制界面(见图8-4-30)。

图 8-4-27 "画中画"里的演示录像

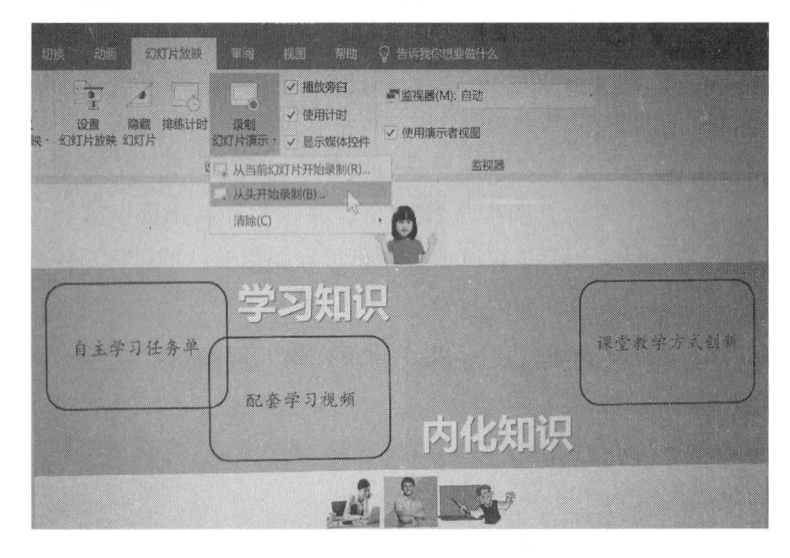

图 8-4-28 Microsoft Pro 5 进入"录制幻灯片演示"(1)

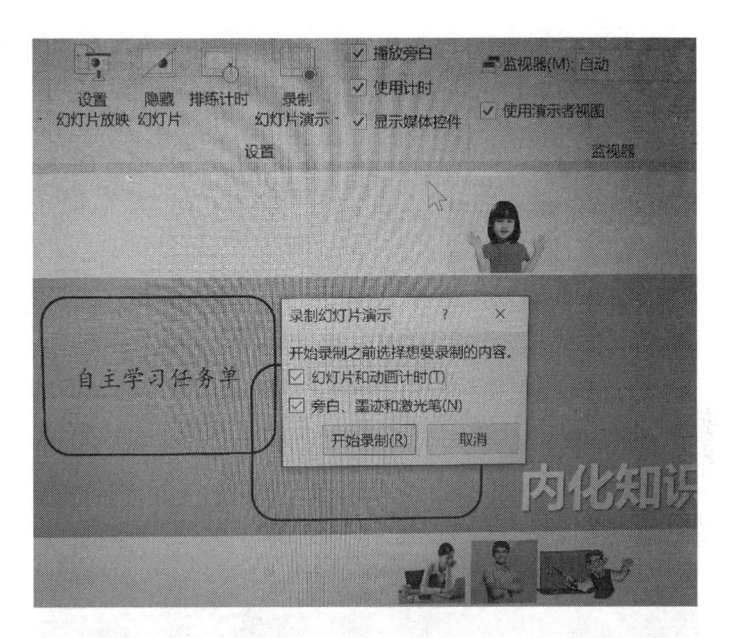

图 8-4-29　Microsoft Pro 5 进入"录制幻灯片演示"(2)

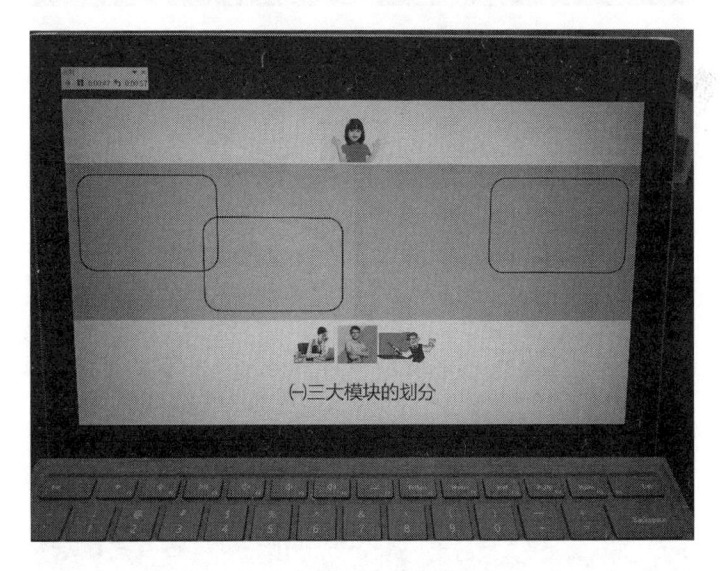

图 8-4-30　界面左上方出现"录制"工具栏

点击左上方"录制"工具栏中的"→",开始录制屏幕。教师可以一边讲课,一边翻页,一边点出动画效果。这是非 Microsoft Pro 系列的电脑所不具备的。

· 187 ·

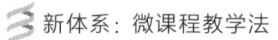

从屏幕录制截图可以清楚地观察到这个现象。我们把图 8-4-30 作为动画的第一幅，对比后面的图 8-4-31 和图 8-4-32，就能发现，Microsoft Pro 5 和 office 365的组合，简直就是一个简易的 Camtasia Studio！

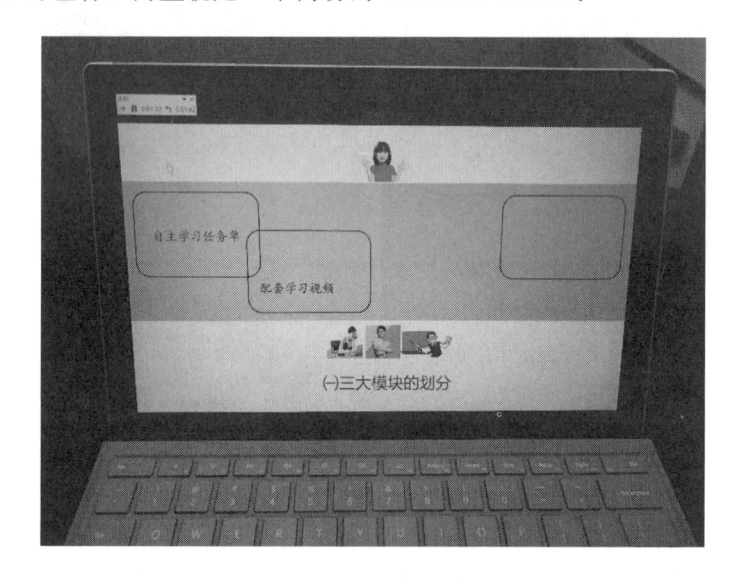

图 8-4-31　每一页上的动画依次可以点击出来(1)

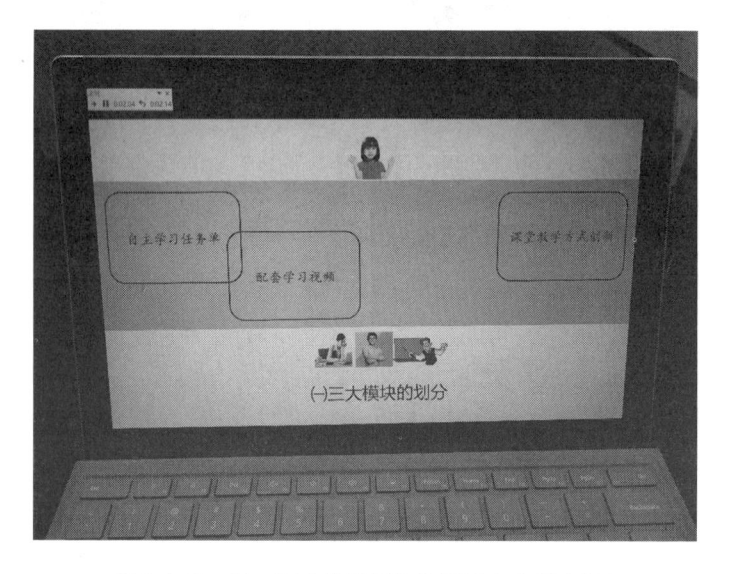

图 8-4-32　每一页上的动画依次可以点击出来(2)

在 Microsoft Pro 5 的 office 365 上，除了 Camtasia Studio 所拥有的套装功能之外，Camtasia Studio 的屏幕录制功能，PPT 全都拥有：可以翻页，可以录制每一页上的动画，活脱脱一个没有 Camtasia Studio 的 Camtasia Studio！

况且，Camtasia Studio 学起来复杂，PPT 却不需要专门学习。当代教师几乎没有不会制作 PPT 演示文稿的，如果能把 PPT 录制视频的技术掌握好，那么，对于从事微课程教学法翻转课堂实验，以及从事其他方式的教学，都会大有裨益。

回顾与思考

1. 用 PPT 录制视频有哪八个步骤？
2. 应急时怎样用 PPT 快速录制视频？
3. 录制优秀的 PPT 视频的基本条件是什么？怎样用 PPT 的切换功能和动画功能模仿影视推拉摇移跟的用法？

小贴士

扪心自问：会用哪些技术？最适合用什么技术？有兴趣的话，可以试着用某种技术录制一个配套学习视频。

五、视频的教学价值在哪里？

在微课程教学法中，视频属于三大模块的第二个模块：配套学习资源。配套学习资源可以有很多形式：可以是网络上的，也可以是本地的；可以是文本、图片、动画，也可以是视频、音频。由于翻转课堂和 MOOC 的传播，也由于我国中小学教师的努力实践，视频在学习资源中的地位日益凸显。

虽然视频可以被应用于多种教育场景，但是，其作用最大的，当属在翻转课堂的课前自主学习阶段，为自主学习任务单给出的学习任务配套。这使一种以"自主学习任务单＋配套学习视频"组合为显著标志的新学习方式从此诞生。

在微课程教学法翻转课堂的实验中，教师首先需要具体精准地提炼出自主学习的达成目标。为了达成学习目标，需要设计与目标对应"耦合"的学习任务。为了完成学习任务，教师需要根据完成学习任务的具体情况，提出学习方法建议与提供配套学习视频。在视频与方法"双保险"的作用下，确保学生完成学习任务，达成学习目标。

如果说，具体精准的达成目标、问题导向的学习任务给学生从事高质量的自主学习创造了前所未有的可能性，那么，视频介入课前的自主学习则让这种可能性转化成为学生从事高质量的自主学习的现实性。从此，学生的课前自主学习质量成为可以管控的因素，只要学生愿意学习，教师就能够保证学生在翻转课堂的课前学习中完成"学习知识"的使命。这为翻转课堂的课堂学习完成"内化知识"的使命创造了条件。

视频的价值贵在"配套"，即视频与学习任务配套。"任务单＋配套视频"组合，构成了微课程教学法独创的课前自主学习质量的有效管控手段。由于"配套"，信息化促进有效学习或高质量学习的优势凸显出来，学习方式的变革成为可能，"教师主导新境界"得以形成，教师职能转型也就被提上议事日程了。

回顾与思考

为什么说视频的价值贵在"配套"？

小贴士

视频的价值贵在为学生完成学习任务"配套"；"任务单＋配套视频"组合，构成了微课程教学法独创的课前自主学习质量的有效管控手段。

核心概念

配套学习视频（Matching Learning Videos）

第九章　聚焦学生发展：课堂学习任务单设计

课堂学习任务单是微课程教学法"三剑客"中的"第三客"，主要研究内化知识。课堂学习任务单的设计与课堂学习方式创新如影相随，其使命是：促进学生内化知识、拓展综合能力、发展核心素养、涵养健康的心理情操，激发应对未来挑战的潜能，具有寻求未来美好生活的潜质。由于课堂学习任务单的出现，课堂学习方式创新再也不是不可捉摸的。

阅读建议

1. 了解翻转课堂背景下，课堂学习创新的必然性，发现课堂学习任务单对于巩固课堂学习方式创新成果的不凡意义。

2. 了解课堂学习任务单的框架结构，洞察各子项的功能与逻辑，发现课堂学习任务单与课堂学习环节高度一致的意义。熟悉课堂学习任务单各项目的设计策略。

3. 了解"微项目学习"与项目学习的关系；掌握"微项目学习"设计、组织的方法；了解同伴互助、头脑风暴、跨学科碰撞对于创意来自真实情境的"微项目学习"的意义；能从案例中发现适合自己借鉴的方法。

一、为什么要设计课堂学习任务单？

设计课堂学习任务单是借助"任务单＋视频"的组合学习法支持学生完成课前"学习知识"任务之后，在从事课堂学习方式创新设计时的必然选择。这种必然性首先表现为课堂学习方式创新的必要性。

首先，从实践视域看问题，学生在"任务单＋视频"的组合学习法的引导下，已经在家通过花费自己所需要的时间完成了"学习知识"的学习任务。到了课堂学习的时候，如果教师还是按照传统教学的套路讲授的话，这课就上不下去了。如果一定要上下去，这节课几十分钟的时间也很难熬过去。因此，课堂学习方式必须创新。

其次，从逻辑视域看问题，学生在课前完成"学习知识"的任务之后，应该进入课堂"内化知识"的学习。如果说,"学习知识"是接受知识,即建构主义所谓"同化",那么,"内化知识"需要把知识与经验结合起来,形成新的认知结构,完成建构主义所谓"顺应"。

因此,内化知识不是从知识到知识的冥思苦想,而是要把知识运用到解决真实问题的实践之中,在实践中创造价值,获得经验,并且推而广之发现新的应用场景、新的实践方法、新的价值或新的问题,因此,需要手脚、感官与头脑共同作用。

在这个过程中,学生获得的不光是知识的巩固,而且有基于实践的能力升华、方法感悟、知识输出,最终发展出个人对于原有知识的价值判断,从而形成新的认知结构。如果用汉语言来表达"学习知识"与"内化知识"的关系,那就是"学什么,会什么"。如果做到了,学习的革命性意义就出现了。

由此可见,课堂学习方式再也不能延续传递知识的旧习惯,必须实现创新,使课堂学习方式朝着有利于促进内化知识、拓展综合能力、发展核心素养的方向演进,即朝着有利于学生迎接未来挑战、追求与创造美好新生活的方向演进。

课堂学习方式创新为什么会选择"课堂学习任务单"?这不仅在于课堂学习任务单能够满足内化知识、拓展综合能力和发展核心素养的需要(满足这一需要的载体可以有很多),而且在于课堂学习任务单具有"巩固课堂学习方式创新成果"的意义。迄今为止,还没有其他范式可以保证已经初尝"转型"成果的教师不再退回到传统教学。

在微课程教学法翻转课堂的早期实践中,并没有专门的课堂学习任务单。即使是在2014年写作、2015年出版的拙著《翻转课堂与微课程教学法》,也只提供了"任务单"设计模板,而没有提供课堂学习任务单的设计模板。[①] 在当时,只有"任务单+视频"的组合学习与创意课堂学习方式创新的"四步法"。这一实践模式被证明在激发学生学习力、促进内化知识、拓展综合能力和发展核心素养方面是行之有效的。

实践中的教师转型,即从演员型教师向导演型教师转型,首先从设计"任务单"、配套学习资源和课堂学习方案开始,然后经过教学实践及其反思、感悟、调整才能完成。这里面经历了一个告别已经养成习惯的旧思维方式与旧行为方式的"痛并快乐着"的过程。

---

① 金陵:《翻转课堂与微课程教学法》,137、202~210页,北京,北京师范大学出版社,2015。

经历这个过程考验的教师都会发现一个基本事实：学生的学习力一下子爆发出来，好像今天的学生已经全然不是昨天的学生一样，确实要刮目相看了。实际上呢，是教师的设计、组织方式发生了变化，他们以智慧搭建了让学生沿着有利于完成学习任务、从而达成学习目标的路径前行的"脚手架"，这才引发课堂上学生学习力爆发的喜人状况。

教师还会发现另一个事实：教师好像变得"无所事事"，只需关注学生是怎样学习的，有没有异常情况出现，有了异常情况如何引导，或者干脆组织"差异化学习"；末了，要对学生协作探究和展示活动（包括陈述、质疑、阐释）的情况做一个评价。当教师没有适应新教学方式的时候还真会感觉"很难过"，好像手脚都不知道放在什么地方似的。

一旦转型成功，教师又会异常兴奋。因为新的教学观念与教学行为完全突破了传统教学观念与教学行为的窠臼，结果是自己的思想解放了，智慧激发了，课堂行为潇洒了，学生在课堂上进入了全身心投入学习的状态；新课改那些曾经无法体验的理念、方法、角色行为，一股脑儿被体验、领悟到了。教师好像进入了一个全新的境界。

初期的实践也表明，一旦教师继续实践，常会"重蹈覆辙"：传统的演员型教师又回来了，又拘泥于玩弄教法，以教师的思维替代学生的思维，忘记了按照学习规律让学生进行参与式学习。因此，课堂上又见教师组织教学的花架子，不见了学生们学习力的爆发，表面上的热闹又开始制造出学习"泡沫"。可见，教学改革要颠覆传统陋习，确实艰难异常。难怪有人发出"全球主流教育的学习方式早已成功转向，我们还在猛攻填鸭式和灌输式教育"的感叹。

原来，传统教学观念历经数十年乃至上百年的流传，已经转化成为一种行为习惯，阻拦着新的认知结构形成。对于教师来说，只有理念新认知的"同化"是不够的，必须从职业行为规范层面粉碎旧认知结构的窠臼，才有可能巩固课程改革成果，养成新的行为习惯，形成新的认知图式，完成"顺应"。

于是，焦点转到"如何巩固教师点化学生智慧的'转型'成果，让教师彻底告别传统陋习"上来。分析表明，只要让教师坚持遵循学习规律、促进内化、促进综合能力和核心素养发展的"四步法"设计路线，就能巩固"转型"成果。

进而我们要问：怎样让教师遵循学习规律、坚持"四步法"呢？无数次的尝试表明，讲授法改变不了教师的行为习惯，唯有规范教学行为才能巩固理念更新与实践创新的成果。于是，一个以"四步法"为蓝本的课堂学习任务单诞生了。

这个"蓝本"的特点在于，延续课前学习中任务驱动、目标导向、参与式学习的教学策略，并且，把这些教学策略直接化为学习环节(步骤)，使教学策略与教学环节完全合一，只要按照课堂学习任务单设计的程序走，教师想回传统教学都回不去了。

因为，当教师使用课堂学习任务单的设计模板从事学习设计的时候，已经没有办法设计怎样表现自己，而是只能去研究：怎样让学生巩固知识，获得成就感？怎样为学生搭建"最近发展区"的"脚手架"，使之认知水平继续往横向拓展？怎样为学生设计"微项目学习"主题，以确保学生内化知识、拓展综合能力、发展核心素养？教师如何顺势而为提升哪些综合能力与核心素养？等等。到了课堂学习环节，传统教学就难以为继。

可见，课堂学习任务单以其与课堂学习环节(步骤)的一致性为我们提供了教学创新的便捷选择。这种一致性，正好成为立足当前、面向未来的课堂学习方式创新的最佳拍档。从教师转型视域看问题，巩固"转型"成果需要创意特定的规范，让教师在创新实践中养成新的职业习惯，使之不再退回传统的角色行为。

接下来，我们将为您揭秘课堂学习任务单，以及与此相伴的课堂学习方式创新，是怎样遵循学习规律，促进学生巩固知识、内化知识、拓展综合能力、发展核心素养的。

回顾与思考

1. 选择课堂学习任务单的必然性表现在哪三个方面？
2. 为什么在微课程教学法实验之初，没有必用课堂学习任务单，但是，现在选择必用课堂学习任务单？
3. 课堂学习任务单在巩固教师"转型"方面有何意义？

小贴士

课堂学习方式创新是完成"学习知识"任务之后"内化知识"的必然选择，也是巩固教师"转型"成果的必然选择。

二、课堂学习任务单的框架结构

课堂学习任务单是课堂学习方式创新的设计方案，旨在促进学生内化知识、拓展综合能力、发展核心素养，巩固课堂学习方式创新的成果。其特点是任务驱动、目标导向、参与式学习等教学策略与学习环节(步骤)完全合一。

为了帮助读者了解课堂学习任务单，我们首先通过表9-2-1了解课堂学习任务单的框架，然后对各个部分的设计理念做一个合乎逻辑的梳理。

表9-2-1 《_____》课堂学习任务单

(以"四步法"为例)

_____学校_____年级_____班级_____学科 学生姓名：_____

一、目标与方法
1. 达成目标： (提示：课堂学习的"达成目标"应概括课堂各项学习活动的目的)
2. 学习方法： (提示：设计能够帮助学生完成学习任务的方法，尤其是能够帮助学生从事协作探究或展示活动的方法)
二、学习任务
(一)自学检测(范围与难度与"任务单"加配套学习视频相当，建议：时间与"进阶"合并计算)
(二)进阶作业(根据"最近发展区原则"设计，建议：时间与"检测"合并计算，不超过15分钟)

续表

二、学习任务
(三)协作探究(探究主题首选来自真实情境中的探究主题,语文、英语学科也可以选自教材中有创作意义的情境,理、化、生学科还可以选择有探究意义的实验项目,时间不少于10分钟)
(四)展示准备(备注:展示包括陈述、质疑、阐释三个方面,用时不少于10分钟)
例: 1. 用思维可视化工具(如思维导图)梳理通过协作探究得到的个人学习收获; 2. 交流个人学习收获,并迅速整理出本组协作学习成果的要点; 3. 推荐代表本组参加全班展示人选; 4. 准备评价各组代表在全班展示活动中的表现(发现优点,指出不足,提出改进建议)
三、困惑与建议
(提示:此项由学生自主学习之后填写)
备注:1. 栏目不够用可以自行扩展;2. 完成"任务单"设计之后,别忘了删除所有提示项。

从表9-2-1可见,课堂学习任务单包括三个模块:目标与方法、学习任务、困惑与建议。其设计理念与设计逻辑如下。

第一模块:目标与方法。分解为达成目标与学习方法两个子项。其设计理念是目标管理。即:首先,根据系统设计可预见的学生完成"学习知识"任务的情况来确定课堂"内化知识"的达成目标。然后,根据课堂学习的达成目标设计学习任务,再根据学习任务设计学习方法,以便支持学生完成学习任务,达成既定目标。

第二模块:学习任务。学习任务是课堂学习任务单的主体部分,是本章研究的重点。达成目标确定之后,教师需要思考"如何才能达成目标"的问题。目标该如何达成呢?依靠学习任务来达成。这与"任务单"中达成目标与学习任务之间的耦合关系是相同的,以便确保学生完成学习任务有质量的话,就能达成既定目标。这是"学习任务"的设计理念。

据此，设计学习任务须贯彻学习任务与达成目标匹配的原则与策略，根据有了"提升"的认知目标，以及有关拓展综合能力、发展核心素养方面的目标，创造性地设计学习任务（尤其是"微项目学习"的任务），以便学生最终达成既定目标。

在本章"一、为什么要设计课堂学习任务单？"中，我们曾经叙述课堂学习任务单作为"蓝本"的特点：把任务驱动、目标导向、参与式学习的教学策略直接化为学习环节（步骤），使教学策略与教学环节完全合一。精准而言，就是学习任务与课堂学习环节（步骤）完全合一。表 9-2-1 的设计模板以"四步法"为例，把学习任务表现为自学检测、进阶作业、协作探究、展示准备（为课堂学习最后一个环节——"展示活动"配套）四个方面，让我们得以窥见，这种策略与步骤的合一是怎样通过学习任务的设计而实现的。

第三模块：困惑与建议。这是一个反馈性栏目，由学生完成学习之后决定是否填写或填什么内容。需要指出的是，一个系统是否完善，有一个重要因素是：系统是否提供了反馈的通道。"困惑与建议"这个栏目，无论学生填写与否，都是一种学习反馈。因此，千万不可随意删除这个栏目。

按照四个环节实施教学，以学生为主体，教师指导，换来的是，学生学习力爆发，知识内化，能力拓展，核心素养发展。这不正是当代教育人所期待的吗？

💡 回顾与思考

1. 什么是课堂学习任务单？其特点何在？
2. 课堂学习任务单由哪三个部分构成？

💡 小贴士

课堂学习任务单体现课堂学习任务与课堂学习环节（步骤）完全合一。

三、目标与方法的设计

课堂学习任务单的第一个模块就是"目标与方法"，包括达成目标与学习方法两个子项。这两个子项投射出目标管理的原则与策略。

课堂学习任务单的设计传承了"任务单"设计中的目标管理逻辑。在"任务单"的设计中，首先，确定应该达成的目标；然后，根据达成目标设计学习任务；最后，根据学习任务精选学习方法，帮助学生更好地完成学习任务，从而达成目标。现在，这一设计逻辑完全传承过来了。

就提炼"内化知识"的达成目标而言，要注意的问题是："内化知识"的达成目标不能等同于"学习知识"的达成目标。这个问题说起来容易，做起来就不一定容易了，主要表现为操作的时候常常有照抄"任务单"达成目标的情况发生。这表明教师不知道课堂学习该有什么目标。这种糊里糊涂的状况会影响学生的学习效果，还往往导致无缘无故地加重学生作业负担。所以，教师必须力戒照抄"任务单"的达成目标的行为，养成什么事情都要纲举目张的职业习惯。

"照抄"的原因可能包括两个方面：一是教师习惯于课堂学习传授知识，可如今，学习知识的任务已经在课前完成，没有了传授知识的任务，好像连课堂要达成什么目标也一块儿找不到了。二是教师还没有养成根据目标来设计学习任务的习惯。好不容易完成了"根据目标设计学习任务"的"任务单"，到了设计课堂学习任务单的时候又忘了，不知道课堂上该干什么，为什么要这样做。自然，教师就迷失了目标。

破解之道在哪里？

我们是否注意到：本书从第四章阐述微课程教学法教学模型开始，一直在强调翻转课堂的两个学习阶段中，课前学习完成"学习知识"的任务，课堂学习完成"内化知识"的任务。

如果我们注意到了，那么，解决之道也就找到了。那就是**聚焦于课堂学习的核心任务**。这个核心任务就是"内化知识"，因此，课堂学习任务单的设计必须紧紧围绕"内化知识"来发掘达成目标。

如何内化知识呢？需要把知识与经验结合起来，也就是把知识运用于解决真实问题（至少是类真实问题）。在实践中，手脚、感官与头脑共同作用，创造价值，获得经验，发展出个人对于原有知识的价值判断，从而形成新的认知结构。这个认知发展过程，建构主义称之为"顺应"。

"内化知识"与实践相关联，也与认识主体相关联，因此，在"内化知识"的过程中，学生不仅会更好地理解知识的意义，还能够发展出综合能力，孕化出核心素养。所以，我们提炼的达成目标，应该反映出适合学习内容发掘的综合能力和核心素养的提升。

其次，应该聚焦于**认知目标本身必须有所提升**。比如，如果"任务单"的达成目标里有"正确朗读课文"（语文）的要求，那么，到了课堂学习任务单的达成目标里，至少应该提升为"能流利地朗读课文"。假如"任务单"的达成目标里有理解原理的要求，那么，到了课堂学习任务单的达成目标里，就可以有基于理解原理的"洞察两者之间的关系""发现两者的区别（或联系）"等要求。假如"任务单"的达成目标里有了解"步骤（或方法）"的要求，那么，到了课堂学习任务单的达成目标里就应该有"掌握……步骤（或方法）"等要求。

我们在实验中也发现，有误以为课堂达成目标与课前达成目标没有什么差异的中小学教师，他们丢开模板直接根据经验给出学习任务，尽管也采用了"四步法"的形，但是，到了应该设计来自真实情境的"微项目学习"的时候，总是虚晃一枪，布置几个有难度的作业题了事。虽然有"任务单＋配套视频"的课前学习效果打底，课堂巩固知识的效果也不会差，但是，仅此而已，只能到达"巩固知识"的层次，达不到"内化知识"的高度，而且很容易滑回"应试教育"的轨道。这不是微课程教学法翻转课堂所提倡的。

表 9-3-1 中的"对比"，是教师在实验中创造的样本，可供实验者借鉴。

表 9-3-1　课前学习与课堂学习的达成目标对比[①]

序号	自主学习任务单的达成目标	课堂学习任务单的达成目标
1	(1)能正确、流利地朗读课文，理解"畏、型、形、匕首、利剑"等字词的含义，正确书写"亿、漫、吊、剑、型、畏、猛、齿、匕、谜"。 (2)能用关键词概括每个自然段的主要意思。 (3)了解课文介绍的恐龙的种类及其特点，理解打比方、列数据、做比较等说明方法的作用。	(1)熟练掌握基本知识，能借助图表复述第二自然段。 (2)较为熟练地掌握列数据、打比方、做比较等说明文写作方法。 (3)能运用列数据、打比方、做比较等说明方法创作关于某动物的说明文。

[①] 表 9-3-1 原作者分别为苏州工业园区文萃小学陶亮俚、邯郸市复兴区前进小学刘玲、苏州工业园区翰林小学浦亚琴、包头市蒙古族学校初中部王珏琦、山东省青岛第一中学周苑。

续表

序号	自主学习任务单的达成目标	课堂学习任务单的达成目标
2	(1)理解小数加法中满十进一的含义。 (2)掌握满十进一的方法。 (3)掌握相同位数小数进位加法的笔算方法。	(1)熟练掌握小数加法的计算法则，能正确进行计算。 (2)能学以致用，与同伴合作解决课堂活动中的真实问题。 (3)努力塑造自己发现问题、提出问题、想办法解决问题的品质。
3	(1)读准并会写8个单词：uncle, aunt, a man, a woman, a boy, a girl, a baby, twins。 (2)能用He's/She's…来介绍"Story time"里面的人物。	(1)能读一读、演一演 Unit 8 We're twins "Story time"的内容，语音语调好。 (2)能用Who's that … 提问，并用He's/She's…. His/Her… is/are…回答。
4	(1)理解同类项的含义，掌握判断两个单项式是否为同类项的方法，会在多项式中找出同类项。 (2)理解合并同类项的含义，发现数的运算律和运算法则在整式运算中的作用，掌握合并同类项的方法。	(1)能够准确找出同类项，并能阐述判断依据。 (2)能够熟练地合并同类项，能在整式运算中熟练运用数的运算律、运算法则。 (3)发现合并同类项的意义。
5	(1)了解免疫系统的组成及其主要作用。 (2)了解人体三道防线的组成及非特异性免疫与特异性免疫的区别。 (3)了解特异性免疫的含义，理解体液免疫和细胞免疫的过程。	(1)能够运用免疫系统的组成来解释和解决免疫现象和免疫问题。 (2)能够独立绘制免疫过程图解并利用图解讲解体液免疫和细胞免疫的区别与联系。 (3)能够说明艾滋病的发病原因、传播途径；掌握预防艾滋病的方法；能逻辑清晰地表达自己的观点，善于发现问题，养成理智、礼貌对话与交往的习惯，发展创新思维能力。

总而言之，不能原封不动地照抄"任务单"里的达成目标，而要在"学习知识"的基础上体现"内化知识"，在"内化知识"的基础上体现拓展综合能力、发展核心素养的要求。

最新研究表明，提炼课堂学习任务单的达成目标，还可以采用根据课堂学习的一般结构或流程来阐述的方法，把达成目标的"三要素"渗透在每一条目标

/第三部分 系统设计："互联网＋"时代的学习设计/

中。而且，就操作而言，这样做明显降低了提炼达成目标的难度。

关于微课程教学法课堂学习的一般流程或结构，是本章将要重点介绍的内容，这里只做简单梳理。从表 9-2-1 可知，微课程教学法课堂学习的一般流程或结构可以归纳为四个环节：①自学检测；②进阶作业；③协作探究（或创作）；④成果展示活动（含陈述、质疑、阐释）。

新的课堂学习"达成目标"的提炼方法，把这几个环节作为达成目标的条件或途径，形成把课堂学习环节作为达成目标的条件的范式（见表 9-3-2）。

表 9-3-2 课堂学习任务单"达成目标"的提炼范式

学习环节	课堂学习任务单的达成目标	说明
第一个环节	通过完成检测任务，巩固自主学习的认知成果。	这是所有课堂学习任务单理所当然的目标之一，一下子化解了提炼目标的难度。
第二个环节	通过进阶作业，能运用所学知识解具有一定挑战性的题。	具体表述时应视"进阶"环节所涉及的"最近发展区"的特点而做相应修改。
第三、第四个环节	通过微项目学习，能运用所学知识解决真实情境中遇到的问题（或创作……作品），养成人际沟通与交流的良好习惯，能有条理地表达自己的观点，发现陈述中的问题并提出质疑，养成通过同伴互助激发智慧的良好习惯。	具体表述应视具体"微项目学习"促进学生发展的可能性（潜在走向），以及特定班级学生需要加强发展的能力与素养要求，而做相应修改。
备注	1."课堂学习任务单的达成目标"栏中，有下划线的文字为达成目标"三要素"之"达成目标的条件（或途径）"，无下划线的文字为"目标行为"和"目标内容"。 2. 课堂学习究竟采用四个环节还是三个环节，由教师根据实际情况决定，但是，不提倡超过四个学习环节。因为，深度学习需要时间做保证；环节越多，则分配给每个环节的时间就越少。 3. 微项目学习包括协作探究（或创作）和展示活动这两个组成部分，详见本章"微项目学习：撬动课堂学习创新的杠杆"的内容。	

这种提炼课堂学习"达成目标"的方法具有以下三个方面的好处。其一，根据每一个环节来提炼达成目标，有利于降低教师提炼达成目标的难度；其二，

可以明示微项目学习与核心素养发展的关系，有利于教师有意识地把核心素养发展方面的要求落到实处；其三，学生拿到课堂学习任务单，便能清晰了解每一项任务的目标，有利于调动学生学习心理的正能量，减少因盲目学习而产生的负能量。

我们以小学语文五年级上册《四季之美》（统编版）为例，通过对比自主学习任务单的达成目标与课堂学习任务单的达成目标，发现新提炼范式的好处（见表9-3-3）。

表 9-3-3　课前学习与课堂学习的达成目标对比①

自主学习任务单的达成目标	课堂学习任务单的达成目标
(1)通过观看微视频、跟读和书写，做到读准"旷、怡、凛、冽、逸"五个生字，把课文读流利；能正确书写"黎、晕、漆、幕、愈、旷、怡、逸、免"九个生字。 (2)通过通读全文和完成学习任务，了解文章的结构，发现作者捕捉春天的黎明、夏天的夜晚、秋天的黄昏、冬天的早晨之所以"最美"的典型特征。 (3)通过阅读全文和观看微视频，了解"中心概括＋画面描写"的写作方法，了解把画面写具体、写生动的表达方法。	(1)通过完成检测任务，巩固自主学习成果。 (2)通过完成进阶作业，理解避复修辞手法对于提高表达效果的意义。 (3)通过创作题为《＿＿＿最美是＿＿＿》的短文，掌握"一句话概括＋细节描写"的写作方法，掌握把画面写具体、写生动的表达方法。 (4)通过作品展示活动（陈述、质疑、阐释），养成人际沟通与交流的良好习惯，能有条理地表达自己的观点，发现陈述中的问题并提出质疑，发展通过头脑风暴激发智慧的能力。

表9-3-3中的课堂学习达成目标轻松概括了课前学习的要求，又通过"进阶"和微项目学习环节，引导学生深挖作品修辞细节，掌握写作方法，提升表达能力，拓展综合能力，发展核心素养。

关于"学习方法"的设计，微课程教学法强调：一定要根据学习任务来设计，使"学习方法"能够支持完成学习任务。千万不可在学习任务还没有确定的时候，就先行填写没有针对性的"方法"，以至于把本来体现教师主导的智慧，变成徒有虚名的摆设。

---

① 根据苏州工业园区星洲小学语文教师孙晓娓设计的达成目标修改。

回顾与思考

1. 要使课堂学习任务单的达成目标超越"学习知识"阶段的达成目标，需要在哪两个方面下功夫？

2. 设计课堂学习任务单的"学习方法"与设计"任务单"的"学习方法"有何共通之处？

小贴士

内化知识需要把知识与经验结合起来，在实践中创造价值，获得经验，发展出个人对于原有知识的价值判断，从而形成新的认知结构。

四、检测：凝聚课程理论精华、遵循学生学习规律

提炼课堂学习的达成目标之后，需要为这些目标匹配足以达成目标的学习任务。一旦进入设计学习任务，我们就可以发现课堂学习任务与课堂学习环节（步骤）的一致性。这种一致性倒过来促使教师抛开传统教学套路，走进课堂学习方式创新的新天地。

学习任务是课堂学习任务单的主体。设计学习任务，一般采用"四步法"，即检测、进阶、协作探究（或协作创作）和展示成果（包括陈述、质疑、阐释）。其中，"检测"是课堂学习的第一个任务，也是课堂学习的第一个环节，体现出学习任务与学习环节的一致性。

为什么在课堂学习一开始，就安排"检测"？这个问题，涉及研究"检测"的必要性和必然性。我们不妨回顾微课程教学法关于"微课程"的基本认识。

微课程教学法从课程视域理解"微课程"，将"微课程"定义为：

云计算和移动互联环境下，有关单位课时教学活动的目标、任务、方法、资源、组织形式、评价与反思等要素优化组合为一体的教学系统。

这个定义凝聚着所有课程共同具有的特征，即课程设计、课程开发、课程实施、课程评价四大范畴。"微课程"作为宏观课程微观组织意义上的课程，即微观到单位课时教学活动的课程，也应该具有四大范畴。否则，不能称其为"微课程"。

新体系：微课程教学法

现在，我们从微课程教学法教学模型出发，来阐释微课程教学法是怎样把"四大范畴"贯彻到"微课程"中去的。在微课程教学法教学模型中，"翻转学习"（翻转课堂的另一种称谓）被分解为课前学习与课堂学习两个阶段。在课前学习阶段，微课程教学法创意"任务单"模块与"配套学习资源"模块相互匹配，支持学生从事高质量自主学习。

"任务单＋配套学习资源"的组合，走的是系统设计的路线。系统设计属于学习设计范畴，其着眼点与传统的教案和教学设计不同，不是为教师设计授课脚本，而是为"怎样让学生实现高质量学习"设计的指导方案，目标在于"怎样让学生学得更好"。

学习设计讲求的是：课前，根据课标与教材，厘清学生学习应该达成的目标；根据目标，给出足以达成目标的学习任务；根据任务，给出学习方法建议与配套学习资源，以便确保学生完成"学习知识"的任务。课堂，巩固"学习知识"的成果，进而走向"微项目学习"，最终完成内化知识、拓展综合能力、发展核心素养的使命。

在实践中，微课程教学法发现，传统的教学目标抽象、模糊，不适合用于指导学生自主学习。高质量的自主学习，应该清晰地给出学生学习应该达成的目标，因此，微课程教学法倡导在系统设计中具体精准地提炼"达成目标"。

微课程教学法又发现，传统教学一般布置"习题"让学生自主学习，但是，习题的功能表明，习题属于"after learning"范畴，学习之前给出习题几乎不具有指导学生自主学习的意义。真正具有指导学生学习的功能的只有"问题导向"的学习任务。因此，微课程教学法倡导用问题引导学生开展自主学习。这样，微课程教学法就从重新研究目标开始，走向重新选择教学策略之路，把"脚手架教学"搭建到"翻转学习"任何一个细微的地方。

在实践中，微课程教学法还完成了一项重要发现。学习任务确定之后，学生怎样才能完成？这是教师思考的重要问题。于是，微课程教学法给出学习方法建议，开发配套学习视频或提供其他学习资源，支持学生完成学习任务。就这样，学习资源第一次与学生学习质量挂起钩来，只要能支持学生完成学习任务，就能支持学生达成既定目标。这才是数字资源支持教学之要义，"需求导向"的资源建设路线在我们大脑中清晰地延展出良好的应用前景。

同时，由于"需求导向"的学习资源能够支持学生完成"学习知识"的任务，使微课程教学法得以在课堂学习阶段,把学习重心转移到"内化知识"上来。这为课堂学习方式创新创造了条件。

于是,我们发现,微课程教学法的实验者们正在沿着课程论先驱者开辟的促进学习的路线,从提炼目标,走向选择教学策略,又从教学策略迈向学习资源的组织与开发。不知不觉中,他们已经回答了著名的"泰勒原理"四个问题中的三个:

(1)学校应该寻求达到什么样的教育目标?
(2)如何选择可能有助于达到这些目标的学习经验?
(3)如何为有效的教学组织学习经验?

当然,微课程教学法不是从课程宏观层面回答"泰勒原理"提出的问题,而是在课程的微观组织层面,精致地回答了类似于宏观课程需要回答的四个问题中的三个;不仅从理论层面上回答,而且从实践操作层面上回答。当然,还有一个问题没有回答,那就是:

(4)如何评价学习经验的有效性?

确实,我们需要评价学生学习的质量。当课前自主学习完成之后,我们如何评价学生自主学习的质量?如何了解学习成果中是否存在着"瑞士奶酪式的保证通过原有基础继续建构的间隙",以便帮助学生查漏补缺?

解决这一系列的问题,最好的选择就是在课堂学习一开始就安排"检测自主学习成效"的环节,以此作为对课前自主学习质量的评价。如果发现问题,可以通过小组协作评价,或者通过教师介入、面对面指导,及时得到解决。

于是,就翻转课堂的课前学习而言,微课程教学法的实验圆满地回答了"泰勒原理"的四个问题,也把课程论的思想凝聚到课程微观组织之中。效果还出奇地好。可见,"微课程"的课程性质,决定了翻转课堂本土创新的课堂学习的第一个环节应定位于检测学生自主学习成效。这不是出于模式的考虑,而是凝聚课程理论精华的选择。

"检测"也是遵循学生学习规律的选择。进入课堂学习,学生已经完成了"学习知识"的任务,教师需要考虑新的问题:课前学习的质量如何?我们如何评价翻转课堂的课前学习质量?还是失去管理,放任自流?显然,评价课前自主学习质量的问题摆到了我们面前,"检测"顺理成章地成为第一选择。因此,进入课堂学习,第一个学习环节就是"检测"。

关于检测的形式，在早期实验中，曾经有教师采用上课提问的方式来评价。这种方式，其实不是"检测"，而是抽测，只能慰藉教师因"不知情"而"空洞"的心。

时值智能手机普及，方便了听课教师及时采集可供静止观察的素材。从听课拍摄的图片中，我们观察到：当提问发生时，游离于师生问答之外的学生非常普遍地存在。其班级学习有效性往往不是"学习时间×学习人数"，而是"学习时间×(学习人数－x)"。x为游离于学习之外的学生。我们把"学习时间×(学习人数－x)"现象称为课堂学习中存在"泡沫"。由于智能手机介入听课，提问或者谈话法生成"泡沫"的现象，常常被"捕获"。而在此前，我们一般注意不到这种传统教学方法制造"泡沫"的弊端。

现在看来，提问或谈话法只适合一对一或一对几的个性化指导，不适合集体教学。按照参与式学习的要求，应该是所有的学生投入学习，学习的有效性表现为"学习时间×学习人数"。因此，我们倡导采用人人参与的纸笔检测，放弃提问抽测的方法。

喜欢技术参与检测的教师也可以采用平台检测的方法。这种方法虽然有侵犯学生隐私之嫌疑，也不利于对疑难问题做深入探讨，但在有效性考量方面比抽测强。

确定"检测"的方法之后，需要研究检测的内容。考虑到"检测"的功能是评价课前自主学习的质量，因此，检测的范围与难度应该与课前学习阶段的"任务单＋配套学习视频"相当。不能人为增加难度，也不能人为降低难度。

就形式而言，如果说"任务单"的学习任务必须体现"问题导向"或"问题开路"的策略，那么，"检测"在任务选择方面显得比较灵活，既可以采用习题形式，也可以采用问题形式。因为，此时不仅要考察知识掌握情况，也要考察知识输出与举一反三的能力。

除了评价自主学习成效的功能之外，"检测"还具有让学生继续体验学习成就感的心理学意义。由于微课程教学法倡导翻转课堂在课前学习阶段采取任务驱动、问题导向、方法与视频"双保险"支持的教学策略，学生自主学习的质量一般不会差，所以，自主学习能够为学生带来成就感。现在，"检测"的范围与难度与课前学习的"任务单＋视频"相当，学生接受检测的情况一般也不会差，可以再一次获得学习成就感。因此，对于原来学习基础薄弱的学生来说，尤其具有"鼓舞"的意义，是打消学习恐惧感、帮助树立学习信心、慢慢激发学习兴趣的好方法。

关于"检测"的名称，可以结合学情创意。基于激发学习力的心理驱动，我们在实验中也尝试把检测环节称作"测测我的学习力"，结果发现，无论是在小学、初中还是在高中，学生普遍表现出跃跃欲试的状态。但是，我们仍然不希望千篇一律，而是希望激发智慧，积极创意。要知道，学生最希望看到的是自己老师的独特创意。

回顾与思考

1. 为什么说课堂学习第一个环节"检测"是凝聚课程理论精华的选择？为什么说"检测"是遵循学生学习规律的选择？如何理解在课堂学习一开始安排"检测"环节具有必要性和必然性？

2. 检测与抽测有什么区别？"检测"环节一般采用什么形式？

3. 如何确定"检测"的范围与难度？为什么说"检测"在任务选择方面显得比较灵活？

4. 为什么说"检测"除了有评价自主学习成效的功能，还具有让学生体验学习成就感的心理学意义？

小贴士

理论上，重点理解"检测"是凝聚课程理论精华、遵循学生学习规律的选择（即"检测"的必要性与必然性）。操作上，注意"检测"的范围和难度与"任务单＋视频"相当；可以给习题，也可以给问题。

五、进阶：走向"最近发展区"

"检测"完成之后，课堂学习该何去何从？自然应该"进阶"。

需要指出的是，"四步法"中的"进阶"属狭隘意义上的进阶。真正在"四步法"中达到最高层次进阶的是"微项目学习"，而且，"微项目学习"这个环节偏偏还不叫"进阶"。那么，"四步法"中的"进阶"究竟用意何在？教师应该怎样设计？怎样处理此"进阶"与最高层次进阶的"微项目学习"之间的关系？这些是我们必须直面的问题。

在微课程教学法中，所谓"进阶"，特指习题性的进阶作业。这个环节主要是为中学设置的。因为，初、高中学生除了要完成教材学习之外，还要面临超越教材学习难度的中考、高考。为了不至于在中、高考中落下遗憾，平时务实的"进阶"就成为非常现实的选择。因此，就此意义而言，"进阶"主要是为中学准备的。

小学要不要"进阶"环节？教师可以根据实际情况自行定夺，可以"进阶"，也可以舍去，把其用时一并投入"检测"，使"检测"的时间更加充裕，"检测"质量可以得到比较充分的保证。尤其是在美术、音乐和信息技术等学科的翻转课堂中，"检测"之后，可以直接进入"微项目学习"。当然，在实验中，大多数小学教师仍然选择安排"进阶"环节，作为从"检测"过渡到"微项目学习"的"跳板"。

分析"进阶"的用意之后，我们需要探讨如何设计"进阶"，即如何设计进阶作业。这里，需要引出"最近发展区"的概念。所谓"进阶"，就是要找好"最近发展区"，进入"最近发展区"，实现"最近发展"。

"最近发展区"是苏联著名心理学家维果茨基（Lev Vygotsky）提出来的，指的是儿童实际的发展水平与潜在的发展水平之间的差距。前者由儿童独立解决问题的能力而定，后者则是指在成人的指导下或是与能力较强的同伴合作时，儿童能够解决问题的能力。

维果茨基将学生解决问题的能力分为三种：学生能独立进行的；即使借助他人帮助也不能表现出来的；处于这两个极端之间的借助他人帮助可以表现出来的。很明显，前两类学习能力或是没有体现发展，或是无法实现发展，因此，都不属于"最近发展区"。"最近发展区"要着眼于发展"处于这两个极端之间的借助他人帮助可以表现出来的"能力，非第三类能力莫属。

在初、高中"进阶"中，把当前学习内容与中、高考相关的内容联系起来，组织成为新的学习任务，正好形成"最近发展区"，是"进阶"设计的绝佳选择。此外，如果所学内容并没有与中、高考内容挂钩，"进阶"任务可以选择当前学习内容的横向拓展，以便促使学生学得扎实、学得灵活、学得深入。小学实验者如果引入"进阶"环节，采用当前学习内容的有梯度横向拓展是绝佳选择。

为什么我们两次提及"进阶"是当前所学内容的横向拓展？这是因为，饭要一口一口吃，功底要一步一步筑基，"进阶"的任务不是纵向赶进度，而是让学生巩固所学知识,能够一定程度地举一反三,一定高度地完成"学习知识"的任务,为转向内化知识,乃至拓展综合能力、发展核心素养创造条件。因此,只适合选择所学内容的横向拓展,不宜采用纵向赶进度的"应试"下策。

就"进阶"任务的形式而言,可以灵活多样。任务可以采用习题形式,也可以采用问题形式,还可以采取实验探究的形式。

如果采用习题(广义)形式,那么,新的问题浮出水面:既然两者都是给出习题,为何不把"检测"与"进阶"合二为一?

如前所述,"检测"具有让学生体验学习成就感的心理学意义。如果把"检测"与"进阶"合二为一的话,就会有部分学生无法体验学习成就感。尤其是对原有基础薄弱的学生而言,往往会"收获"学习挫败感,对于帮助他们重拾学习信心、培养学习兴趣无疑是增加了"藩篱"。所以,不建议把"进阶"与"检测"合为一项。

如果采用实验探究形式,可以单独实验,也可以协作探究,还可以把"进阶"与"微项目学习"融为一体统一设计,实现进阶中探究,探究中进阶,适当处展示,都能收到良好的内化知识的效果。

关于"进阶"的名称,可以结合学情创意。比如,用"敢闯难关攀新高"来指代"进阶",其语言诱导功能激发学生心理的正能量,收效良好。

回顾与思考

1. "进阶"环节的含义是什么? 为什么初、高中必有"进阶", 小学可以自行定夺?
2. 在"进阶"任务的设计中, 如何定位"最近发展区"? 为什么"进阶"应该选择当前所学内容的横向拓展?
3. 课堂观察发现有学生遭遇困难, 教师该怎么办? 为什么?

小贴士

设计"进阶"学习任务, 必须善于发现"最近发展区"; 任务可以采用习题的形式; 完成"进阶"为内化知识、拓展综合能力、发展核心素养创造了条件。

六、微项目学习: 撬动课堂学习创新的杠杆

"进阶"完成之后,"学习知识""巩固知识"的学习告一段落,学习需要不失

时机地转入"内化知识"。在微课程教学法中,"内化知识"由于"微项目学习"的创意成为现实,"学什么,会什么"这种以往不敢奢望的学习境界成为真实的,学生知识学得扎实,能力发展得酣畅,体验到成就感,收获了自信心。教师也兴奋异常,看到了用智慧点化学生智慧的前景。可以说,借助"微项目学习",微课程教学法撬动了课堂学习方式创新。

"微项目学习"是微课程教学法汲取项目学习精华所创立的,旨在把内化知识、拓展综合能力、发展核心素养的课改愿望化为现实,使学生有能力应对未来挑战、追求与创造美好生活。

项目学习(Project-Based Learning)的全称是"基于项目的学习",国内外定义都不统一,原因在于主题不同、目标不同、任务不同而采取不同的语言表述。千姿百态的多元色彩,对于我国中小学教师和学生摆脱千篇一律的真理观,尝试用多元的眼光看世界(事物),解放思想,认识实践之于真理形成的意义,是大有裨益的。我们不妨撇开其具体内容与任务所决定的差异,从中抽取合理因素,创意出符合我国中小学教师和学生现状的翻转课堂本土创新的形式来。

项目学习是一个教学系统工程,主要任务是完成某一个主题的探究或创作活动,通常采用协作学习方式,时间往往延续一个月。如果囫囵吞枣"山寨"项目学习,就只能偶尔在教学中点缀一下,不可能扎根成为常态化的促进学生发展的创新之举。

项目学习主题的产生方式有两种:一是由教师确定主题;二是由教师确定探究方向,由学生讨论决定探究主题。项目学习的主题必须来自真实情境,能够激发学生的探究热情。

项目学习的主题确定之后,由学生讨论制订计划,包括时间、地点、活动内容、参与者、负责人等,以及需要做哪些准备、携带哪些物品等,以便活动有条不紊地开展。

项目学习的活动形式一般是协作学习。在协作学习的过程中,学生容易熟悉人与人沟通的技巧,养成平等探讨学术问题和协同创新的习惯,发展语言表达能力。这些技能与素养,对学生未来的发展会起到具有长远意义的积极影响。

项目学习的成果必须予以展示。为此,开展项目学习活动的时候,学生要注意积累摄影、摄像、录音、文字记录等活动资料，供撰写项目学习报告所用。展示可以采取探究报告、作品实物、数字影像资料、海报、纸质资料等方式，全方位地展开，让学生充分发挥才智，体验成就感，激发探究精神。

从国外实施项目学习的情况来看，教师会要求学生在探究报告中至少引用5个参考文献。因此，小学五年级的学生，其探究成果可以做得像一本书那样。可以说，将来参加工作，乃至从事科研的基本功，都与项目学习有着不解之缘。

正因为项目学习对于学生发展所产生的现实意义，经验主义、建构主义都非常推崇项目学习。微课程教学法则从我国中小学教学实际出发，根据翻转课堂"内化知识"的要求，从项目学习中汲取两大精华——协作探究和展示成果，将其改造成为适合我国中小学教学每一个课时都能够开展的"微型项目学习"，从而把内化知识、拓展综合能力、发展核心素养的美好愿景转化为现实。

"微项目学习"是微课程教学法汲取项目学习精华，即协作探究和展示活动，创意而成的。为什么要开展"微项目学习"？这是因为，"微项目学习"把知识与经验结合起来，形成内化知识的实践活动。而且，拓展综合能力和发展核心素养的使命主要是靠"微项目学习"完成的。那么，教师如何组织"微项目学习"活动？我们认为可以从抓好三个环节入手。

(一)主题

协作探究的主题应来自真实情境，这是达到高水平"微项目学习"所必需的。如果协作探究的主题来自真实情境，学生就会全身心投入，产生超常规学习效果。语文、英语、美术、音乐、信息技术等学科，更适合采用协作创作的方式。当然，创作的主题仍然应该来自真实情境。

"微项目学习"的主题来自真实情境，反映了建构主义与行为主义的区别。行为主义认为所有的知识都来源于感官，关注机械的刺激感应式的学习。建构主义认为人不是消极被动地接受外界刺激的，他们可以回避某种刺激，也可以选择某种刺激。真实情境使学生感受到学习的意义，有利于他们在运用知识解决真实问题的过程中取得经验，从而获得对知识的积极的或者消极的评价，还有利于学生从真实发生的事件中发现规律和秩序，使知识彼此连接，组织成为"图式"，即"认知结构"。所以，建构主义关注有意义的学习。

在微课程教学法翻转课堂的实验中，我们可以看到，面对来自真实情境的"微项目学习"，几乎所有的学生都会全身心投入。因此，尽管教师在从事"微项目学习"主题设计的初期往往绞尽脑汁，但从促进学生发展而言，还是非常值得的。因此，我们郑重提醒实验者注意：不到万不得已之时，不要寻求变通，因为变通意味着质量打折扣。

一般来说，教师很少设计来自真实情境的探究主题，他们习惯的是出题，往往把探究误解为出难题。这样就冲淡了学习行为的意义，起不到让学生全身心投入的作用，更谈不上对学生的终身发展有益。我们须知：探究不是做题（包括不是做应用题），而是用所学知识去尝试解决真实问题。做题是有标准答案的，探究则没有。探究可能成功，也可能失败，这些都是允许的。关键在于学生能否解释成功或失败的原因。只要能够找到成败的原因，并且解释原因，那就有利于他们找出所学知识之间的联系，为他们形成有经验支撑的认知结构创造条件，那样的探究，无论成败都是有价值的。

因此，教师在设计"微项目学习"时要自觉防止传统惯性的冲击，谨防用出题替代设计来自真实情境的探究主题，这样就有可能使课堂学习产生超凡脱俗的变革（教学效果）。

创意"微项目学习"的主题的时候，还要注意一个问题，即真实情境必须与对应知识（需要内化的知识）有关。谨防片面追求真实情境，偏离需要内化的知识。偏离了需要内化的知识，也就偏离了学科本来的意义。

（二）协作

"微项目学习"强调学习采用协作形式，在协作中群策群力、激发智慧，在实践中解决问题，内化知识，拓展综合能力，涵养团队意识，发展核心素养。这是由协作与获得信息的关系的性质所决定的。

微课程教学法认为，协作获取信息按其功效可以划分为四个层次。一级层次是分享信息；二级层次是善于从分享的信息中吸收对自己有意义的信息；三级层次是碰撞思想、质疑；四级层次是从碰撞与质疑中激发智慧，形成原来没有的思想、观点、理论、方法等。所谓原来没有的思想、观点、理论、方法，就是创新。这些情况表明：协作学习是培养创新意识、创新习惯、创新能力的好方式。当代社会为何对团队建设情有独钟？其中很重要的原因就是发现协作是产生创新的重要手段，因而有了"协同创新"这个词汇。为了培养能够面向未来、迎接挑战、创造美好生活的一代，"微项目学习"必须采取协作学习方式。

在协作探究或协作创作中，学生能够自然适应人际交往与沟通，发展有条理地表达自己的观点的能力，在实践中取得经验，在碰撞思想中激发灵感，深化认识。有时候，由于灵感的激发，学生还有可能获得认识的超常规发展。因此，协作学习是"内化知识"的绝佳选择。

正因为本身具有的优势，协作学习成为当代团队建设的必要准备，被全球教育界所推崇。微课程教学法则把协作学习作为"微项目学习"的基本组织形式。这使传统教学无法与之媲美，也使微课程教学法越来越受到教师们的欢迎。

(三)展示

"微项目学习"的成果必须予以展示。展示不是"作秀"，而是深度学习。展示包括陈述、质疑、阐释三个部分，旨在培养学生综合和归纳的能力、语言表达的能力、发现问题的能力和解决问题的能力、批判性思维的能力和人际沟通的能力。

刚开始实验微课程教学法的教师，最好在最初的几个课堂学习任务单里填写"展示准备"。比如：如何汇报探究或创作成果，并且列出提纲，或者干脆梳理成思维导图；决定是否使用数字媒体或其他媒体；推荐代表本组参加全班展示的人选；做好倾听、发现问题、提出问题、评价或建议的心理准备等。

完成"微项目学习"设计之后，付诸实施就会发现：只要创意出一个能够引发学生对课堂学习向往的"微项目学习"主题，并且，这个"微项目学习"的主题来自真实情境，又与所学知识紧密关联，那么，到了课堂上，学生的学习力一定会迸发出来，学生的综合能力和核心素养一定会得到发展，课堂一定会生动活泼，精彩纷呈，所有的学生都能体验到学习成就感，从而对当堂学习留恋不舍。一句话，课堂学习方式创新一定会成功。

需要指出的是：有时候，由于种种原因，教师会在创意真实情境上遇到困难。比如，有的教学内容，很难把真实情境搬到课堂里，这时候，教师可以考虑借助仿真等模拟真实手段，让学生在接近真实情境的环境中运用知识解决问题或创作作品。

此外，只有当时间紧迫、实在没有精力创意真实情境乃至模拟真实情境时，教师才可以用让学生协作解决有难度的作业临时替代。不过，这是不得已的变通，只能起到帮助学生巩固知识的作用，无法达到内化知识、拓展综合能力、发展核心素养的高度，实乃下策，也无助于培养学生对学科的热爱。所以，教师们千万不可就此把"微项目学习"变异为"出题"。

特殊的情况是：当把"进阶"与实验探究融为一体统一设计的时候，教师必须遵循进阶中实验探究、实验探究中进阶的原则，设计多个"最近发展区"，循序渐进，梯度提升。此时的成果展示，需要考虑课时的限制。展示是非常好的内化知识、拓展能力的学习方式，但是也有缺陷：耗时。假如时间充裕，教师可以安排展示每一个探究。不过，这种情况并不多见。假如没有足够的时间，一般选择最后一个实验探究的内容作为需要展示的对象；特殊情况下，选择最为重要或难度最大的内容作为展示的对象。一切须以系统最优化为原则。

回顾与思考

1. "微项目学习"与项目学习有什么关系？"微项目学习"由哪两个方面构成？
2. "微项目学习"的主题为什么必须来自真实情境？
3. "微项目学习"为什么要采用协作学习方式？"微项目学习"的成果为什么必须展示？

小贴士

在真实情境上下足功夫，课堂学习方式创新一定精彩。

七、好的"微项目学习"主题，怎样创意出来？

微课程教学法实验五年多来，获得了一个良好的体验。那就是，只要创意出好的"微项目学习"主题，课堂生成一定精彩！内化知识、拓展综合能力、发展核心素养的既定目标一定会实现。不过，中小学教师对设计来自真实情境的"微项目学习"主题，很可能感到陌生。

最大的困难在于发现"真实情境"。这是因为，传统教学环境下的教师只有关注学科知识的习惯，没有关注学科知识如何运用在真实情境中并实现"内化"的习惯。即使是课标要求用数学的眼光看生活、用数学的方法解决数学问题的数学学科，教师都会因为发现不了"生活"而感到困难重重。这种状况极需改变。

改变的出路在于协同创新，养成头脑风暴、同伴互助，乃至跨学科协作的好习惯。因为真实的情境，往往都是跨学科的，否则科学就无法分化、综合、细分、出新了。我们在谈到"微项目学习"采用协作学习方式的时候，曾经强调协作学习对于培养学生创新精神和创新能力的重要性。现在，我们需要把这种同伴互助的"工作坊"（Workshop）学习方式迁移到创意来自真实情境的主题中来。这种协作不仅应该在同学科教师中经常发生，也应该冲破学科限制，形成跨学科协作的良好状态，在头脑风暴中捕获灵感，使教师原有的"满腹经纶"（学科知识）真正成为活水灵动起来，补上传统的教师教育所缺失的一课。

下面的案例，也许能使我们发现，同伴互助、头脑风暴，乃至跨学科协作，在创意"微项目学习"主题方面的魅力。

案例1：我给好书身份证

"我给好书身份证"这个创意很典型。这是苏州工业园区翰林小学梁文洁老师执教苏教版四年级数学综合实践《数字与信息》（内容是编码）的"微项目学习"主题。最初教师设计的探究是应用题，不符合真实情境的要求，于是我们开始讨论如何给出真实情境。

记得曾创意过编学籍号、校服号等真实情境，但是，都被我们否定了。因为这类编号与在家学习的常用编码、特殊编码的形式太接近了，几乎不是"最近发展区"。而且，事实上已经存在，除非是为还没入学的学生准备。显然，这样空洞的"未来真实"不会让学生产生兴趣。学生不感兴趣，就没有学习的积极性，也不容易产生爱好数学的情感。于是，我们继续给自己出难题。

后来，想到了给图书编书号。只要挑选学生喜爱的图书，让他们给图书编书号，一定大受欢迎，内化知识的效果也会非常棒。但是，教师反映自己也不懂。不过，不懂可以学呀！可以去向图书馆的老师请教呀！可是，有老师说："我们图书馆的老师自己也不懂。"讨论陷入了僵局。这时候，有老师提出，某学生家长在独墅湖高教区图书馆工作，还是图书馆专业硕士毕业生。那好，我们可以上门请教。

午餐过后，我们驱车去了图书馆。我至今记得梁文洁老师虔诚地向那位家长请教，时任该校副校长的王水丽老师也在一旁认真谛听。

从图书馆回来，主要问题解决了，也了解到我们所谓"给图书编书号"原来应该称为"用《中图法》给图书编索书号",大家都很兴奋。可是,新的问题又来了:当学生从任务单的"课堂学习形式预告"中看到这个主题的时候,会产生什么情绪?可能会有"一头雾水"的感觉,也可能产生"搞不懂"的感受,还可能因为搞不懂而不屑一顾的。因此,我们还得创意一个能够足以使学生对课堂学习产生向往的主题。

这时候,身为语文教师的王水丽提出了一个令人耳目一新的主题:我给好书身份证。这是一个绝佳的创意。好书,学生喜欢;身份证,好书还能有身份证?是,编码就是给好书一个身份证。这个创意足以激起学生对课堂学习的向往。一个经典的"微项目学习"主题就这样诞生了。教师通过头脑风暴激发了自己的潜能,跨学科协作创意了这个经典的主题。

"我给好书身份证"告诉我们,一个好的创意,往往需要通过头脑风暴、同伴互助才能产生,尤其是从跨学科协作中激发灵感。跨学科协作是符合真实世界本来面目的选择,在"微项目学习"主题的创意中往往起着意想不到的作用。因此,教师应该从心理上主动拆除狭隘学科的藩篱,敢于从跨学科中寻找灵感,这样才能找到"学与教"的崭新天地。

无独有偶,类似的案例,还发生在语文教学《恐龙》的"微项目学习"中。[①]

案例2:写写"黄教授"

《恐龙》是苏教版三年级语文(下)的一篇说明文。苏州工业园区文萃小学语文教师陶亮俚实验微课程教学法翻转课堂的第一次尝试就是教这篇课文。

陶老师最初设计的课堂学习"微项目学习"是创设常州中华恐龙园招募小记者的模拟情境,要求设计恐龙名片,运用说明方法写一写自己喜欢的恐龙,课后再配上图画。然后,小组内交流修改,以"恐龙的种类很多,形态更是千奇百怪"开头,组员轮流分享自己的习作,并做好全班展示准备。

应该说,这是一个不错的设计,在难以创设真实情境的情况下,创设了一个具有诱惑力的模拟情境,也能激发学生描写恐龙的兴趣,解析文本、拓展说明文写作的学科要求也能得以实现。

---

① 《恐龙》"微项目学习"主题产生的案例,参见陶亮俚:《系统设计:翻转课堂本土创新的最佳路径——以微课程教学法视域下的苏教版语文三下〈恐龙〉教学为例》,载《中国信息技术教育》,2018(6)。

问题在于，给学生的创作天地有比较大的局限性。因为主题与课文高度重合，学生在写作时很容易陷入模仿课文的空洞无物、无思想的"山寨"之中，虽然学生能得说明文写作方法的形，但很难产生真正的体验，有可能草草走过场，没有留下说明文写作的方法的印象，即不得其神。因此，我建议陶老师让学生用课文介绍的说明方法写另外一种类似的动物，不过这种动物应该是学生所熟悉的，否则，这个模拟真实就很难实现。

陶老师很有灵性，马上想到了"黄教授"。"黄教授"原是文萃小学校园内一条黄色流浪狗，人称"黄教授"，深受学生喜爱。后来，经自愿认领、学校审核，它被爱心家长领养。时隔半年，多日不见的"黄教授"成了同学们的牵挂。陶老师抓住这个契机，创意了《写写"黄教授"》的"微项目学习"主题，并且与"黄教授"的主人联系，用手机拍摄并制作"黄教授"的影像视频，让学生在课堂上"仔细观察'黄教授'现在的样子，抓住特点，用上说明方法，写一段介绍'黄教授'的话，让全校关心'黄教授'的同学们从文字中就能感觉到像亲见了它一样"。

图 9-7-1　"微项目学习"环节出示的 PPT 画面

学生兴趣浓厚，每一个学生都像富有使命感似的完成一项特殊的任务。当他们满心欢喜地完成创作后，非常期待与同学分享。这时候，组内反复朗读，推荐出全班展示作品，然后，小组成员协作评价，各抒己见，共同修改。接下来的陈述，锻炼了学生的胆量和勇气；质疑，培养了学生的批判性思维；释疑，深化了认知，培养了创新能力和逻辑思维能力。

学生自始至终保持高昂的学习情绪，课堂上不时出现针锋相对、思维碰撞的高潮。教师则成为学生学习的组织者、欣赏者和隐退于学习后台的点化学生智慧的导师。

如果说上述两个案例都是面对面头脑风暴的产物，那么，"跳蚤市场"的案例则是网络头脑风暴催生的。下面是网络交流的记录，说明网络同伴互助可以促进教师在设计"微项目学习"过程中快速成长。

案例3：网络上诞生的"跳蚤市场"

刘玲是河北省邯郸市复兴区前进小学数学教师。2018年，刘玲希望能有机会在第三届"翻转课堂本土创新暨微课程教学法教学观摩会"借班上课。我告诉她：可以，但要先过"三剑客"的关。于是，我们开始了长达近20天的网络互动。

刘玲选的课题是冀教版小学数学四年级下册《小数加法》第一课时。关键性知识是"相同数位对齐、满十进一"。初稿的"协作探究"栏里都是题目。我批注："都是题目，不是探究，探究的主题必须来自真实情境，请重新创意。"

8天以后，第三稿来了（第二稿我没抽出时间看），出现了"微项目学习"的主题：跳蚤书市。这个主题不错，内容有导言、活动时间、活动地点、活动要求、价格统计表格和计算过程（留出空当）等。看过方案之后，我做了批注（见表9-7-1）。

表9-7-1 第三稿原文与批注

序号	原文	批注
1	六一儿童节即将到来，为推广"低碳生活，循环利用"，让学生度过一个有意义的节日，我班建立"跳蚤书市"交易活动，请同学们把家中闲置的课外书拿到书市进行交易。	来不及了，已经进了课堂，回不了家了。
2	计算交易总金额正确的小组被评为"班级计算王"，并颁发荣誉证书。	颁发荣誉证书是个好办法。好办法要用好，不能给班级计算王，应该给每一个完成得好的小组。建议事先为每一个小组准备一份，活动一定要体现团队意识，而不是培养单干户。

续表

序号	原文	批注
我批注的建议	1. 任务提前布置，不要说为了什么，只要带来实物就行。2. 实物不要局限于书，可以扩展到学生喜欢的多种实物。3. 课堂上的"微项目学习"，可以让学生定价，一定要有元、角、分。4. 可以小组循环购买喜欢的实物，列竖式计算购买支付总额。5. 展示定价的思考，购物的过程，有没有方法，计算多少次，每次的结果。6. 质疑或评价。	

一天后，我收到了第四稿。活动主题由"跳蚤书市"改为"跳蚤市场"，提出了详细的活动要求：

(1)每人将自己的待售物品定价格并贴上价格标签(价格要精确到"分")；

(2)以个人为单位进行交易，每人手里有一张支票卡，小组循环式购买，可以根据自己购买物品的价格，填写支票卡代替现金付账；

(3)交易完成后，小组合作，计算出本组的交易总金额，并完成下表(物品价格表和竖式计算表)；

(4)挑选3名验证官检验各组的交易额是否正确；

(5)计算交易总金额正确的小组被评为"超能无敌小队"，并颁发"无敌勋章"；

(6)邀请获奖小组分享"物品定价的思考、购物的过程、计算的方法、计算的次数"。

我们可以看到，这个方案开始进入操作性设计。如果细节考虑到位的话，学生会计算得很认真、很开心，课题肯定出彩，根本不用担心内化知识的事。

但是，这个方案不具备关键性前提。于是，我给出批注："没有实物是没有意思的。千万注意课前'任务单'要加'带物品'的任务，价格可以自己定。您先在本校尝试一次，取得经验，有需要的话继续调整，期待您成功！"其他细节，由于我当时正忙于会务筹备工作，未做详细批注。

一个星期之后，第五稿来了。这一稿的要求细化了，表格也增加了一个。这反映出刘玲是个做事非常认真的教师。我又做了批注(见表9-7-2)。

表 9-7-2　第五稿原文与批注

序号	原文	批注
1	六一儿童节即将到来，为推广"低碳生活，循环利用"，度过一个有意义的节日，我班将开展"跳蚤市场"活动。	六一节早着呢！这句可以删掉。（我批注的这天是 3 月 24 日）
2	小组合作，给待售物品定价格并贴上价格标签，并完成下表（价格要精确到"分"）。	表格马上跟出来，不要拖到后面。这里的表格是统计本组模拟商品的总额的，表格名称可以是商品入库表，您可以事先去文具用品商店看看入库单的样本，回来自己打印，当然，也可以专门买一本。
3	每组有 100 元现金，可挑选喜欢的物品进行购买。交易完成后，小组合作，统计出本组的收入总金额和支出总金额，并完成下表。	(1)100 元可以是代金券或虚拟币。(2)把"可"删了；活动设有"零钱兑换处"。(3)"交易完成后"这里插入"卖出商品统计表和购买商品总额统计表"。接着就附两张表格，认真设计一下，也可以去商场请教后制表。下面的"小组合作……"就可以删掉了。
4	邀请小组分享"合作的方法、购物的过程等"。	建议改成："展示活动成果：(1)小组代表分享定价方法，公布商品入库表的情况；分享买卖情况，公布收支情况。(2)兄弟组代表提出质疑或给予评价。(3)本组代表回答质疑。"
5	积极参加分享的小组被评为"超能无敌小队"，并颁发"无敌勋章"。	干吗要"无敌"呢？又在培养不善于协作的下一代了。建议删除。只要您在最后的评价时，对各个组在活动中的良好表现都给予表扬，指出不足之处，提出改进建议就可以下课了。

两天之后，第六稿又来了。活动要求简化为三条，但操作性越来越强，反映出教师思考问题越来越缜密。我相应给出了三条建议（见表 9-7-3）。

表 9-7-3　第六稿"微项目学习"活动要求的原文与批注

序号	原文	批注
1	小组合作，给待售物品定价并贴上价格标签，并完成"商品入库表"（价格要精确到"分"）。 | 序号	物品名称	入库数量	入库金额	出库金额	出库数量 | |---|---|---|---|---|---| | 1 | | | | | | | 2 | | | | | | | 3 | | | | | | | 4 | | | | | | | 5 | | | | | | | 6 | | | | | |	物品名称后面应该加一栏单价，也就是学生自己定的价格，否则，那个入库金额就没有依据了。跳了环节，可能做不出来。与前面相呼应，出库金额应与出库数量换位。
2	每组有 100 元虚拟币，挑选喜欢的物品进行购买（活动设有"零钱兑换处"）。交易完成后，统计出本组的收入总金额和支出总金额，并完成下表。 	购买的商品	物品名称	数量	价格	 |---|---|---|---| | 1 | | | | | 2 | | | | | 3 | | | | | 4 | | | | | 5 | | | | | 6 | | | | 支出总金额	物品名称后面应该跟一栏单价，然后把现在的价格改为金额。
3	展示活动成果： (1)小组代表分享定价方法，公布"商品入库表"情况； (2)分享买卖情况，公布收支情况。 (3)兄弟组代表提出质疑或给予评价。 (4)本组代表回答质疑。	有了出库的就不用这个售出的物品了吧？否则，工作量大了点。

续表

序号	原文	批注
3	<table><tr><td>售出的物品</td><td>物品名称</td><td>数量</td><td>价格</td></tr><tr><td>1</td><td></td><td></td><td></td></tr><tr><td>2</td><td></td><td></td><td></td></tr><tr><td>3</td><td></td><td></td><td></td></tr><tr><td>4</td><td></td><td></td><td></td></tr><tr><td>5</td><td></td><td></td><td></td></tr><tr><td>6</td><td></td><td></td><td></td></tr><tr><td colspan="2">收入总金额</td><td colspan="2"></td></tr></table>	

最后一稿是刘玲在苏州工业园区胜浦实验小学借班翻转课堂的版本。其中的"活动要求"如下：

一、小组合作，给待售物品定价格，贴上价格标签，并完成"商品明细表"（限时 3 分钟，价格要精确到"分"，如 1.50 元）。

商品明细表			
序号	商品名称	定价	数量
1			
2			
3			
4			
5			
6			

二、每组有 100 元虚拟币，可以挑选喜欢的物品购买（限时 5 分钟，活动设有"零钱兑换处"）。

三、交易完成后，统计出本组的**支出总金额**，并完成下表（限时 3 分钟）。

商品购入表					
序号	商品名称	商家定价	实际交易价	购入数量	支出金额
1					
2					
3					
4					
5					
6					
支出总金额:					

四、展示成果(略)。

这个版本脉络清晰，在保证内化小数加法知识的基础上减少了工作量，使检测、进阶、探究与展示能够在 40 分钟时间内完成。课堂上，学生根据生活经验自定价格和营销策略，完成买卖行为，体验收入与支出的规划的重要性，把小数加法知识与经验结合起来，很好地完成了内化知识、拓展能力的任务。学生们反映："简单、有趣、好玩。"

案例 4：改变条件，准确标注

有一次，我在北京外国语大学苏州湾外国语学校初中部与数学老师讨论数轴"三剑客"的设计。当时我发现教师只会抄题目，不会设计"微项目学习"。

一位姓张的教师告诉我："尤其是负数，（在数轴上）绝对不能标错。"之所以强调负数不能标错，可能是因为正数不容易标错。我问他："'数轴'能不能有真实情境？"他想了想说："可以的，比如说温度计。不过是竖的。"一会儿，他说道："可以把读数横写在数轴上。"这下有戏了！我们接着讨论怎样用好温度计这个媒介。

可是，各小组测得的教室里的温度可能是一样的，这样的探究未免缺乏挑战性。于是，话题转到如何创设产生不同温度的条件上来。大家想到了：给每个小组一盆水，外加一个热水瓶，就可以创造出不同的温度。可是，教室里的温度不会出现零下，没有负数。那可怎么办？当时，有人提出利用食堂的冰箱制作冰块。不过,马上自我否定了。因为食堂事关师生饮食安全,绝对不会让我们在里面做冰块的。

这时候,那位老师说:"没关系,我们宿舍里有冰箱。"这下好办了。我们可以事先制作好冰块,给每个小组提供一份,让学生们利用盆水、热水瓶、冰块来改变条件,自由创意,获得不同的水温。然后,用温度计量一量,把读数记录下来,填到数轴上去,让学生在饶有兴致的操作中内化所学知识,并且在运用知识的过程中体验学习的意义。

这样,一个《改变条件,准确标注》的主题就应运而生了。可见,同伴互助,头脑风暴,是激发灵感、创意来自真实情境的"微项目学习"主题的好方法。当思考遭遇瓶颈的时候,不妨借助头脑风暴的方法,尤其是寻找跨学科同伴互助,就能创造不一般的真实情境的"微项目学习"主题。只要能创意一个好的真实情境,课堂学习一定会精彩纷呈。这已经为微课程教学法实验所证明。

值得一提的是,2019年8月24日,我在苏州工业园区星汇学校见到了张老师。他告诉我:后来在教学中做了尝试,结果学生学习热情高涨,认真操作调整温度,仔细观察记录数据,一丝不苟地标注到数轴上去,往常容易出错的负数标注,这时候几乎就不会出错了,学习质量非常高。

案例5:来自真实情境的"微项目学习"主题(中小学)列表

参加微课程教学法实验的老师们在实践中创造了很多极富创意的"微项目学习"主题(见表9-7-4、表9-7-5),希望能够对有志于参与微课程教学法实验的老师产生借鉴意义。

表9-7-4 来自真实情境的"微项目学习"主题(小学)

教师	课题	微项目学习主题	活动要求	学科
梁文洁	数字与信息	我给好书身份证	各小组用《中图法》给分到的图书编写索书号;展示、质疑、阐释。	数学四年级
周丽	用数对确定位置	智能药房我们设计	(1)小组讨论确定药品位置的方法;(2)完成本组智能药房的设计。	数学四年级

续表

教师	课题	微项目学习主题	活动要求	学科
周丽	简单的周期	寻找生活中的周期	研究下列情境中有无周期排列的规律，如果有的话，把周期排列的规律找出来。(1)生日歌中的歌词；(2)日历表中的日期；(3)十二生肖。	数学四年级
周丽	认识平行四边形	我来设计停车位	根据停车场的实际情况，依据各种类型停车位的标准尺寸，设计停车位。(1)垂直式停车位：长5米，宽2.5米，过道必须6米以上；(2)一字型停车位：长6米，宽2.5米，过道4米以上；(3)平行四边形停车位：斜边长6米，宽2.5米，高5米，倾斜角度45°，过道必须4.5米以上。图纸均略。	数学四年级
刘玲	小数加法	班级"跳蚤市场"	(1)小组合作，给待售物品定价格，并贴上价格标签，并完成"商品明细表"（价格要精确到"分"，如1.50元）。(2)每组有100元虚拟币，可以挑选喜欢的物品购买（限时5分钟，活动设有"零钱兑换处"）。(3)交易完成后，统计出本组的支出总金额，并完成"商品购入表"。(4)展示活动成果：小组选派代表公布支出情况，分享买卖过程；质疑、评价与回答。	数学四年级
谢峰	春联	写春联，送春联	春节要到了，请创编一副春联，把祝福送给亲朋好友。1.想一想：(1)要送给谁？(2)准备写什么？2.组内互读互评；3.组内推选一副春联，写在红纸上向全班展示。	语文四年级
刘洁	江雪	选图题画：画中有诗试创作	根据所提供的梅、兰、竹、菊四幅彩图，任选其一，创作《五绝》。	语文四年级

续表

教师	课题	微项目学习主题	活动要求	学科
赵卉	渔歌子	填词创作：《渔歌子》	欣赏春游时的照片，结合自己的感受，发挥想象，习作填词。	语文六年级
曹玉婷	真想变成大大的荷叶	创作诗歌片段：我想变成……	春天来了，假如你能变，你想变成什么呢？（模仿课文第2、3自然段）先个人创作，然后在小组中选出代表作品，讨论修改。	语文二年级
刘晓曼	荷叶圆圆	学做小诗人	春天来了，风儿暖（nuǎn）了，柳枝（zhī）发芽了，桃花开了，麦（mài）苗绿了，小动物都出来玩耍了。我们也来做小诗人，想一想它们会是小动物们的什么呢，仿照句子练习说话，先自己想一想，再组内说一说，小组合作写一写，展示读一读。	语文一年级
陶亮俚	恐龙	写写"黄教授"	(1)曾经让全校师生为之担心的流浪狗"黄教授"现在长成什么模样了呢？请仔细观察"黄教授"现在的样子，抓住特点，用上说明方法，写一段介绍"黄教授"的话，让全校关心"黄教授"的同学们从你的文字中就能亲见它一样，课后还可以配上图画哦！(2)先个人创作，再组内交流、修改，组员轮流分享自己的习作，并做好全班展示准备。	语文三年级
陶亮俚	荷花	文萃美景我来晒	美丽的文萃处处是景，启蒙园、脚印园弥漫着欢声笑语；一课一生园、一锄一禾园流淌着诗情画意。请选择一处文萃美景，借鉴《荷花》的写作方法，把你课前看到的、想到的写下来，让没有走进文萃的人读着你的文字就感觉身临其境。	语文三年级

续表

教师	课题	微项目学习主题	活动要求	学科
胡修喜	说勤奋	我是说理小达人	按照说理文的写作规律，写一个事例，说明一个道理，来说服案例中的人物。更可以结合自己的生活经历去设想要说服的人，给他（她）写一个事例，说明一个道理。案例： (1)阳阳说喜欢打乒乓球，爸爸给他报了班，不到三天就放弃了；改学游泳，去了两次就不去了；再练书法，练习几次就兴趣全无…… (2)莉莉和馨冉约好星期六10：00在市博物馆碰头，可是莉莉等到12：00也没见馨冉人影。打电话过去才知道馨冉到外婆家去了。 (3)午餐的时候，明明见饭菜不可口，胡乱吃了两口后就把餐盘里的饭菜倒掉了。他平时也常会把只咬了一口的馒头或只喝了一半的牛奶随手扔掉。 (4)足球场上，亮亮带球到对方禁区后没有传给面对空门的朗朗，而是自己射门，结果球被对方门将得到，球队失去了一次绝佳的进球机会。	语文四年级
浦亚琴	Unit 8 We're twins	(1)"洋葱圈"问答；(2)Write and share（写话与分享）	1. Play a game：Onion Rings 游戏规则：(1) Stand inside or outside.（站里圈或外圈）(2) Ask and answer with the pictures.（手持图片问答）(3) Move location.（移动位置） 2. Write and share(写话与分享)	英语五年级
朱轶翡	Open a restaurant	创作《开一家餐馆》的商业计划书	围绕5P完成"商业计划书"，组内朗读，选择一种方式展示。	英语五年级
张友	校本课程英语绘本故事 Is it?	创编自己的绘本故事	(1)观察教师提供的图片，展开联想，用Is it/that…? 来猜测图片上的圆点是什么。 (2)小组合作，根据刚才的联想，创编属于自己的绘本故事。	英语三年级

续表

教师	课题	微项目学习主题	活动要求	学科
徐瀚	食品包装上的信息	食品保质期的奥秘	观察食品包装(真实食品),填写包括食品名称、生产日期、保质期、包装方式、保存方式、配料等在内的表格;分析:食品保质期为什么都不一样?影响食品保质期的因素有哪些?小组代表展示:(1)所选食品、保质期、包装方式、配料、保存方式;(2)食品保质期与什么因素有关。	科学四年级
任红燕	画中画	我为班级图书角创作"画中画"小画册	(1)画一幅有趣的"画中画";(2)把每个人的"画中画"按正面朝上的顺序摆一摆;(3)用准备好的小铁圈把小组的作业穿起来,在第一页写上班级、小组和制作者的名称;(4)作品展示。	美术一年级

表 9-7-5　来自真实情境的"微项目学习"主题(中学)

教师	课题	微项目学习主题	活动要求	学科
邹勤	诫子书	文言创作:我给"子女"写家训	诸葛亮的《诫子书》影响深远,词简意丰,字字珠玑,每句话都蕴含着诸葛亮的人生智慧。从古到今,中国的文人往往将自己的人生智慧以家书、铭文等形式记录下来,以此修身养性,并穿越时空,传承后世。假如你为人父或为人母,你想给"子女"留下怎样的智慧呢?请你用古文为自己的"子女"写一则家训。提示:1.用文言语句来创作家训,可借鉴《诫子书》,或做人方面的名言警句,可原创;2.家训多使用简短的文言语句,主要由单音节词语组成,讲究对仗工整,以达到词简意丰的效果。你可以试一试。3.写完在小组内展示自己创作的家训,解说其含义和创作意图;相互交流自己的创作体会;推荐代表参加全班展示。	语文七年级

续表

教师	课题	微项目学习主题	活动要求	学科
王珏琦	9.5 多项式的因式分解(2)	机器手需要取多少胶？	桌洞里准备了垫圈。观看视频，通过分析每个垫圈所需要的胶量控制机器手注胶。通过取胶活动与展示，发现：因式分解与简化运算的关系；什么时候用平方差公式因式分解会使简化运算的优势更明显？	数学 七年级
张丽倩	Unit 5 Good manners Reading	拓展思维：比较英国和中国的礼仪 Expand thinking（Compare manners in the UK and in China）角色扮演 小组互评	(Group 1 & 2) 1. How do Chinese greet each other? 2. What subjects do Chinese usually talk about? (Group 3 & 4) 1. How do Chinese students behave at school? 2. How do passengers behave on the underground? (Group 5 & 6) 1. How do Chinese children and parents behave at home? 2. How do Chinese treat the old at home? Further thinking：How can we improve our manners? Role play：act out according to different situations	英语 七年级
陈霞 卢小琴	地球和地球仪	橙子变成地球仪	利用提供的橙子、吸管、纸条、双面胶、棉线，把橙子变成地球仪。要求：(1)在橙子变成的地球仪上画出经线，至少8条；(2)在橙子变成的地球仪上画出纬线，至少5条；(3)标识出赤道、南极点和北极点的位置；(4)经线和纬线用不同的颜色标识；(5)发现确定经线和纬线的不同方法；(6)推荐代表在展示活动中陈述方法、过程和成果。	地理 七年级
陆纪燕	土地资源	找问题，想对策——土地利用研究	从耕地、草地和林地中选择一种类型，利用图文资料分析我国土地利用中存在的问题，并根据原因提出合理的对策。	地理 八年级

续表

教师	课题	微项目学习主题	活动要求	学科
马莉莉	工业的区位选择	沙钢发展合理吗？	根据材料，判断"沙钢"属于哪种导向型，并提出沙钢发展建议；从环境的角度，评价"沙钢"布局是否合理，并提出沙钢发展建议。	地理高一
周苑	免疫系统及免疫的类型	预防艾滋病，我们责无旁贷	根据视频资料，结合真实数据统计图，协作探究艾滋病长期潜伏的原因，判断是否感染的方法，T细胞在人体内发挥的功能。	生物高一
周苑 邱晓华 孙宁	降低化学反应活化能的酶	牛奶污渍去光光	情境假设：大多数人都喜欢喝牛奶。但是，假如昨天吃早餐的时候不小心把牛奶泼到了最喜欢的衣服上，选择哪种类型的洗衣粉能够更有效地洗掉衣服上的污渍？选择什么温度的水洗涤比较好？ 提出假设：请说明理由，并设计相关的实验证明，通过实验证明方案的真伪。 实验材料：相同材质且被牛奶污染的布料，加碱性蛋白酶洗衣粉，加脂肪酶洗衣粉，加淀粉酶洗衣粉，加混合酶洗衣粉，热水，温水和冷水等。 实验要求：小组协作，记录过程，用实验数据说明选择某种洗涤方式的原因。 展示要求：展示实验成果，提出质疑，做出阐释。	生物高一

案例6：突破语文"瓶颈"的四个案例

值得一提的是，在翻转课堂的实验中，微课程教学法创造了不少好方法。创意语文课"微项目学习"主题的"瓶颈"，由于遵循"学什么，会什么"的学习规律、采用协作创作的形式而被突破。

第一个突破"瓶颈"的案例是时任苏州工业园区翰林小学副校长的王水丽老师执教苏教版小学语文第五册《第八次》。

《第八次》讲述了一个故事：古代苏格兰王子布鲁斯因抗击侵略军七战七败，几乎丧失信心，因偶见蜘蛛在大风中结网八次，终获成功的场景，重拾信心,四处奔走,动员人民起来抵抗,最终赶跑侵略军,获得了第八次抵抗的成功。

王水丽在课题协作创作阶段,巧用课文留白——只说"动员"却没有动员的文字语言,引导学生通过归纳动员可用的关键词,形成"以情感人""以故事感人""以理服人"和"发出命令"的写作顺序链。① 在这个基础上,让学生创作《动员令》,通过朗诵展示作品。由于"写作顺序链"这个脚手架搭得好,学生演讲"言之有义——中心明确,言之有物——内容具体,言之有序——条理清楚,言之有情——倾注情感",现场氛围热烈,师生深受感染,久久沉浸其中不能自拔。

第二个突破"瓶颈"的案例是苏州工业园区胜浦实验小学谢峰老师执教苏教版小学语文四年级下册第24课《春联》。

传统教学方法不外乎读读、写写、搜集、推荐、说说之类,学了春联也不会写春联,优秀传统文化难以为继。加上这篇课文是虎头蛇尾结构,实在不能列入范文之列。但是,这正好给了教师一个用教材来教而不是教教材的契机。

谢峰通过"任务单"引导学生课前自主学习,完成梳理文本,了解春联的四种类型,理解春联对仗和声律美两个特点,诵读春联,体验春联文化。课堂上,通过检测巩固课前所学,通过"门当户对贴春联",学生体验对仗、声律美在春联中的运用,然后进入《写春联,送春联》的"微项目学习"。"微项目学习"从分析赠送对象入手,借助课前学习收集的吉祥词,当堂创作春联,互评作品,当堂修改,全班展示,其乐融融。直到下课,学生依然意犹未尽,流连忘返。不经意间,课堂悄悄发生改变,谢峰老师激动地称之"如破茧的蝴蝶悄无声息地张开五彩斑斓的翅膀向着阳光飞去……"②

第三个突破"瓶颈"的案例是苏州工业园区文萃小学刘洁老师执教苏教版小学语文四年级上册《江雪》。③ 这是系统采用搭好诗歌教学脚手架的教学尝试。

在梳理文本的基础上,刘洁借助问题、微视频和连线,以及小组内读、

---

① 王水丽:《〈第八次〉第二课时教学及其反思》,载《中国信息技术教育》,2015(2)。
② 谢峰:《破茧化蝶,绽放精彩——〈春联〉教学设计及反思》,载《中国信息技术教育》,2016(8)。
③ 刘洁:《古诗"翻转",建构儿童诗意思维——以〈江雪〉为例探究翻转课堂古诗教学》,载《中国信息技术教育》,2017(6)。

说、比较，在强化意象的同时，搭建了语感、文化积淀两个脚手架。同时，刘洁亲自作诗，激励学生进入创作五绝古体诗的"微项目学习"；提供梅、兰、竹、菊四幅彩图，使之成为激发情感的脚手架，让学生自由创作，或是依托已经被调动起来的画面、回忆来创作古诗。课堂上，学生静心创作，奋笔疾书，偶尔抬首畅想，时而又低头赏图。大约15分钟时间，超过半数以上学生当堂完成《五绝》创作，其他学生中，没有一句都没写的。本书第四章"微课程教学法的教学模型"之"两个主体：展开学与教的另一片天空"中所引五绝诗作就是学生当时所创的。

这些诗作虽然还很稚嫩，韵律平仄略显欠缺，但有浓浓的翰墨书香扑面而来，诗风雅韵跃然纸上。这是四年级学生的第一次尝试，长此以往，谁能保证未来不会从中飘然逸出唐宋古体诗词的传承人来？

第四个突破"瓶颈"的案例是原苏州工业园区翰林小学语文教师赵卉执教苏教版小学语文六年级下册第九课《渔歌子》。

赵卉学习翻转课堂，是从诗词教学开始的。最初她教《村居》，课前用了"任务单"和微视频，课堂上仍然是教师主宰课堂，有翻转课堂的形，没有翻转课堂的神。

后来她执教《如梦令》，令我刮目相看。课前、课堂上，学生都成了学习的主体，教师去"形"入"神"，成了"主导"。而学生对诗文的理解、欣赏，以及朗读的技巧，都到了一个较高的境界。

但我并不满意，又给赵卉一个"学什么，会什么"的任务，要求在搭建好七个脚手架的基础上，让学生会写诗词。假如学生不会以所学来表达思想情感、从事创新，是谈不上真正的文化传承的，而是沦为与物媒"合并同类项"，且不如物媒储量丰富，或者充当观赏者，只能表达表面华丽但外行的评述。在微课程教学法看来，这种教学并不算真正的合格。

这次教学的主题是《渔歌子》。赵卉敢于攻坚克难，在搭建支架上苦下功夫。通过"任务单"和配套学习视频，引导学生在疏通文本的基础上，掌握诗词结构、押韵特点、平仄音运用、意象化思考、诗词文化的语感积累，同时又加了一个"对仗"脚手架，这使诗词更加容易朗朗上口，可以视作诗词创作的高层次的脚手架。

到了课堂上，赵卉用自己的创意为学生创造创作的氛围。第一阶段检测，叫作"默写朗读样样追",完成格律与平仄韵律的巩固。第二阶段进阶,叫作"多元品读'不须归'",强化诗词语感。

第三阶段协作创作,叫作"有声色,顾情形",先让学生将耳熟能详的七言绝句,如《题秋江独钓图》《小儿垂钓》《枫桥夜泊》等,改成《渔歌子》的格式。原来七绝四句话,每句七字。《渔歌子》第一、二、四句皆为七字,仅第三行为六字。让学生把七字改为六字,强化了格律、押韵、意象、文化积淀的脚手架,增加了自创的"诗改词"脚手架。

此外,赵卉适时追加"对仗"的脚手架,这是诗词创作的高级脚手架,只要做到对仗,诗词就会工整有序、朗朗上口。最后,提供激发情感的真实情境——出示春游时的照片,让学生回忆春游时的"形、色、声",完成《渔歌子》填词创作。就这样,学生笔下的诗情画意便汩汩流淌出来。

有意思的是赵卉执教班级情况的数据统计。全班34人中,32人完成填词,其中,2人填了两首,还有2人填出了藏头诗。2人填了两句,没有人一句也没填。而平行班用传统诗词教学后给出"填词"的回家作业,学生完成情况就不理想了。完成填词者为26%,74%没完成填词,没有人填两首,也没有人填出藏头诗。传统教学法与微课程教学法,孰优孰劣,一目了然。

第四阶段展示活动,叫作"渔歌作品乐相随",是学生朗读作品和评价与质疑的活动。展示时,学生入情入境吟诵自己创作的作品,展开评价、质疑,成效直指语文核心素养培育。学生对自己作品的喜爱是由心而发的,他们吟诵着,回味着,一个接着一个,争先恐后地想要展示。甚至有学生在课后,又根据个人的其他经历填出了不一样的《渔歌子》,沉浸在诗词的海洋中不愿归去。[①]

这些作品(见第四章)虽然在格律、韵律、遣词上略显青涩,但是,古往今来诗词大家,不也是从儿时吟诵习作走向经典的吗?赵卉用微课程教学法观照古体诗词教学,让学生浸润于诗情意境之中,寻味于诗词人生,沉醉其间不愿归,用活了新课改关于"用教材教,而不是教教材"。我们不妨把赵卉在课堂学习任务单中给出的学习任务的名称提取出来:

---

① 赵卉:《不须归?不愿归——微课程教学法视域下〈渔歌子〉一课的"翻转"教学》,载《中国信息技术教育》,2017(18)。

默写朗读样样追，多元品读"不须归"。有声色，顾情形，渔歌作品乐相随。

赵卉把自己教学的感悟凝练成一首《渔歌子》，渗透在布置给学生的学习任务中，即用诗意潜移默化地提供语感与积淀这两个脚手架，反映出了教师自己被新教学所感染，也展现了细腻的教学设计的艺术手法。

回顾与思考

1. 读六个案例，对于我们创意好的"微项目学习"主题有何启发？

2. 试分析：为什么过去语文"微项目学习"主题是翻转课堂的一个"瓶颈"，而今优秀的范例却特别多？

小贴士

设计"微项目学习"的意义在于，只要创意出一个好的"微项目学习"活动，课堂学习阶段，不用教师操心，内化知识、拓展综合能力、发展核心素养的场面一定精彩纷呈。所以，纵有"千难万险"，也要解放思想，同伴互助，协同创新，炼出好功夫，修出好灵性。

核心概念

课堂学习任务单（A Task List on Classroom Learning）

第四部分
实践组织：过程、方法与反思

📅 提 要

第四部分包括三章内容。第十章：微课程教学法的实践组织。介绍课前学习和课堂学习的组织。第十一章：微课程教学法的评价方法。介绍渗透在课程微观组织之中的质量评价与微课程教学法实验三个层次的简明扼要可操作的评价标准。第十二章：微课程教学法实验反思。提出教无定法与学有规律的关系问题、教学与技术的关系问题，以及跨界与创新等前瞻思考，抽象出微课程教学法"靶向学习"的显著特征。

结 构

```
实践组织：过程、
方法与反思
├── 微课程教学法的实践组织
│   ├── 组织课前自主学习
│   ├── 组织课堂学习活动
│   ├── 课堂学习的时间安排
│   ├── 课堂学习的心理调控
│   └── 开展实验的契机
├── 微课程教学法的评价方法
│   ├── 评价渗透在课程微观组织中
│   └── 成功实践微课程教学法的三层标准
└── 微课程教学法实验反思
    ├── 教无定法与学有规律
    ├── 教学与技术
    ├── 为教师准备实践的能力
    ├── 跨界、创新与概念炒作
    ├── 超越韩愈
    └── 靶向学习法浮出水面
```

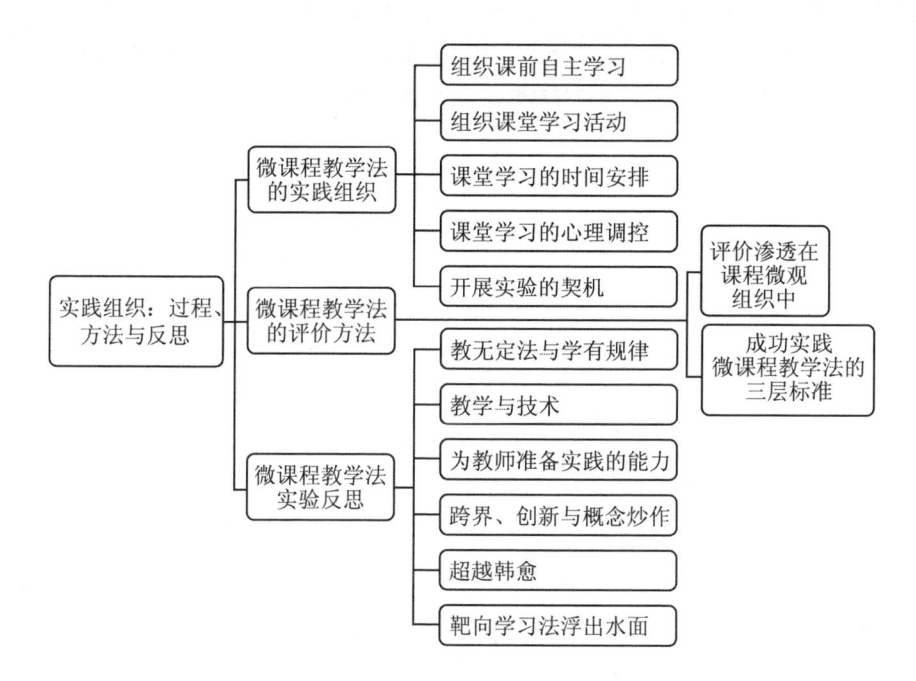

> 现在我们的教育中正在发生的一种变革是重心的转移。这是一种变革，一场革命，一场和哥白尼把天体的中心从地球转到太阳那样的革命。在这种情况下，儿童变成了太阳，教育的各种措施围绕着这个中心旋转，儿童是中心，教育的各种措施围绕着他们而组织起来。
>
> ——约翰·杜威

微课程教学法系统设计本质上是一种学习设计，它的使命是通过教师的智慧点化，促进学生高质量学习的发生。当系统设计完成之后，就要不失时机地付诸实践，以便把学生的潜能激发出来，让他们成功学习，成功体验，快乐成长。

阅读建议

1. 了解如何组织翻转课堂的课前自主学习和课堂学习方式创新的方法，尤其是"微项目学习"主题设计的方法，敢于尝试超凡脱俗的翻转课堂本土创新。

2. 了解成功实践微课程教学法的三层标准，善于选择常态化实验的契机，自觉投身于从演员型教师向点化学生智慧的导演型教师转型的教改洪流。

3. 明辨教无定法与学有规律、教学与技术的关系问题，让教师准备好刻不容缓的三大能力，善于跨界、创新，勇于超越韩愈，彰显"靶向学习"的魅力。

第十章　微课程教学法的实践组织

微课程教学法的实践组织,是一个把系统设计方案付诸教学实践的过程,也是教师指导策略转化为学生学习能力和素养提升的过程。在这个过程中,教师转型不再仅仅停留在"三剑客"设计这一个维度,而是跨向行为转型的实践领域。在这个过程中,学生学习力的爆发将得到印证,课堂将成为师生共同收获成果的场所,学习方式创新也将不再是遥远的神话。

一、组织课前自主学习

组织课前自主学习,指教师通过组织教学的行为,把系统设计成果之"任务单+配套学习视频"提供给学生,作为指导方案与学习资源,伴随学生进入课前自主学习,促进高质量学习发生的过程。教师组织课前自主学习,要做好两件事。

第一,提前下发"任务单"和配套学习视频。教师至少在正式上课的前一天,把"任务单"和配套学习视频提供给学生,让学生能够在家里按照自己的步骤从事个性化学习,该少花时间的少花时间,该多花时间的多花时间,使所有的学生都能以不同的节奏填掉"求知鸿沟",完成"学习知识"的任务。

下发"任务单"和视频的方法可以灵活多样。一般来说,"任务单"适合面对面发放;配套学习资源可以通过网络发放,个别的可以通过优盘拷贝。随着微信的普及,还可以简化为二维码,附在"任务单"上,一并提供。学生通过手机扫码,就能轻松获得。

第二,首次实验微课程教学法的教师,应该在下发"任务单"和配套学习视频时,做一次新学习方式指导。

新学习方式指导至少包括两个方面:一是就"为什么要翻转课堂""怎样翻转课堂"(指微课程教学法课前学习与课堂学习的组织方式)做一个简明扼要的动员,以便学生愿意尝试新的学习方式。二是就如何使用"任务单"及其配套学习视频做一个比较细致的指导。指导应该有利于帮助学生养成三个习惯,形成

两个意识,此外,就其他事项做必要的解释。"三个习惯"如下:

其一,养成先看"达成目标"的习惯。这是因为,达成目标中凝聚着"三要素"(即达成目标的条件、目标行为和目标内容),能够清晰地呈现"学什么""学到什么程度"及"通过什么途径达成目标",对学生从事在家自主学习具有纲举目张的意义。

因此,教师指导首先应该从阅读"达成目标"开始。

其二,养成"根据任务看视频"的习惯。即先看"任务单"的学习任务,再对照学习任务看视频。这样做的好处是,"问题导向"帮助学生抓住任务的焦点,用活"视频支持完成学习任务"这一系统设计的理念,迅速解决问题。因此,看过视频之后,再完成学习任务,困难就迎刃而解了。于是,**凝聚在系统设计中的理念与智慧就能将其功用发挥到极致**。相反,先看视频,再看学习任务,就没有那么好的学习效果,看过视频之后仍完成不好任务的事时常发生。如果有学生对照任务发现不需要看视频,那就可以直接完成任务。

其三,养成"自我评价"的习惯。即完成学习任务之后,对照达成目标评价自己完成任务的质量。这个时候,达成目标就起到了评价的作用。20世纪三四十年代,美国教育家泰勒在"八年研究"中的工作之所以被参加实验的30所中学公认为"最有起色",就是因为泰勒始终坚持"评价必须建立在清晰地陈述目标的基础上",紧紧围绕目标展开教学评价,从而帮助实验学校全面提升了教育质量。① 因此,教师应该力求使学生养成完成任务之后对照达成目标自我评价学习成果的习惯。一旦发现没有很好地达成目标,就要重新审视已经完成的学习任务,以便发现问题,及时解决。

在实际操作中,苏州工业园区文萃小学皋岭老师,是第一个指导学生完成任务之后根据目标评价学习成果的实验者。此后,文萃小学陶亮俚、北外苏州湾外国语学校董劲、原江苏省木渎高级中学吴素芳、苏州市吴中区木渎实验中学周才萍等教师,都在每一条达成目标的后面加一个空括号,方便学生在完成学习任务之后做打钩或打叉的自我评价。这样做既没有增加学生的作业量,又培养了学生的自我评价能力,一举两得。

---

① [美]拉尔夫·泰勒:《课程与教学的基本原理》,13~14页,北京,人民教育出版社,1994。

"两个意识"指有必要培养学生形成填写反馈的意识和准备接受课堂检测的意识。"填写反馈",指完成学习任务之后,若感觉有困惑,或有建议,要及时记录到"任务单"的"困惑与建议"栏目,以便教师调整教学策略,帮助自己及有类似问题的其他学生解决问题。"接受课堂检测",指每一次课堂学习的第一个环节,就是接受检测。学生形成每堂课一开始就要接受检测的意识,能够使学生很认真地对待课前自主学习,并且在自认为有必要时及时巩固所学知识。显然,这样做有利于提升学习质量。检测的范围与难度与"任务单+配套学习视频"等同。

为了帮助学生养成三个习惯,形成两个意识,上述"指导"一般应连续做3~5次,直到学生养成习惯。情况特殊的班级可以酌情增减。

关于"其他事项",经常发生的是解释"任务单""学习方法建议"中的学习方法。尤其是学生第一次接触到的方法,一定要做必要的解释。否则,这些方法可能形同虚设,等同于没"法"。此外,教师需要随时准备回答学生拿到"任务单"或听过教师"指导"之后提出的问题。

回顾与思考

课前学习指导中,教师需要指导学生养成哪三个习惯,树立哪两个意识?

小贴士

如果学生养成了三个习惯,树立了两个意识,学习面貌一定会改观。

二、组织课堂学习活动

组织课堂自主学习,指教师组织检测、进阶和微项目学习活动,把课堂学习任务单的设计方案转化为教学实践(课堂学习)的过程,包括准备工作和"四步法"各环节的组织(含评价的"黏合")工作。

所谓准备工作,指教师需要在上课之前浏览学生完成的"任务单",记录其中存在的问题,以便调整教学策略,但是,没有必要耗费精力做无谓的批改。暂时存在的问题,会在课堂学习与评价的活动中得到解决。刚刚实验微课程教学法翻转课堂的教师往往内心信念并不坚定,经过实践的打磨,这一担心自然释然。

所谓四个环节的组织，就是教师根据课堂学习任务单，组织检测、进阶、协作探究或协作创作，以及展示探究或创作成果的活动。

（一）检测

课堂学习的第一个环节是"检测"。检测是对学生课前自主学习成果的评价，于是，课程评价进入微观课程组织。组织检测，要注意五个方面。

1. 关于检测的内容

检测的范围与难度应与"任务单＋配套学习视频"相当。

2. 关于检测的形式

相比"任务单"学习任务的形式，检测的形式要灵活得多，可以是一般性的习题、应用题，也可以是问题。建议进入实践的教师，在设计课堂学习任务单的时候，把本书第九章与第十章的相关内容结合起来阅读，既有益于设计，也有益于实践组织。

3. 检测不是抽测

教师必须保证每一个学生都是检测的参与者，而不是旁观者，否则，就没有办法做到全面、客观地评价学生课前自主学习成果。因此，检测一般采用作业测试，人人参与。外语学科的语音部分检测，可以通过现代语音设施设备进行，也可以采用生生对测，前提是：人人都是参与者，绝对不允许用提问等抽测方式来取代检测。

4. 检测完成，评价跟上

这是为了及时反馈情况，及时解决问题。如何评价？微课程教学法创造了一个"协作评价"的好方法，即在"检测"环节中嵌入一个叫作"协作评价"的子项。何为协作评价？简言之：对一对，议一议，改一改。所谓"对"，是对一对答案。所谓"议"，是答案不统一时，由小组成员自问一个"能不能统一"的问题。这个问题会引发你一言我一语的议论，比如：你怎么做的？我怎么做的？你为什么这么做？我为什么这么做？从而形成倾向性的意见，然后"改一改"。在这个过程中，分析与判断、发现问题与提出质疑，这些良好的思维习惯就慢慢地渗入学生的心田。

若统一的意见其实是谬误，或者协作评价没有达到意见的统一，教师该怎么办？意见统一是一种常见的现象。微课程教学法的做法是：统一之后，每个小组需要提交一份已经完成的任务单给教师。教师快速浏览，不需要批改。但是，若有问题，教师应该介入该小组进行指导，尽可能采用问题引导的指导方式。如果教师实在不擅长把要说的话转化为问题，则可以按照"什么地方有问题""应该怎么办"的程式予以指导。当然，这是下策。上策还是把想说的转化成问题提出来，引发学生思考。而且，学生很快会发现问题，立刻去解决。这是一种苏格拉底式的诘问法，是激发学生智慧的好办法。

当然，假如协作评价之后的统一意见符合要求，那就意味着全组每一位学生都获得了成功，或者证明学生有能力通过同伴互助解决问题，每一位学生都获得了提升。这样，学习可以进入下一个环节。

第二种情况，即协作评价没有统一意见，这也是常见的现象。一般有两种解决办法。一是有几种类型就交几份任务单给教师，教师酌情指导；二是在课堂里展开差异化学习，即没有问题的小组或小组中没有问题的学生，进入下一环节学习，这时候，教师就可以给予有困难的学生面对面的一对一指导，帮助学生搞清问题之所在，从而完成学习任务。

因此，以往需要两到三天的"作业旅行"，现在只要几分钟就可以搞定。一下子把教师从低端、低效的劳动中解放出来，转而投入到研究课标、教材，研究点化学生智慧的方略，指导学生从事高质量学习的高端、高效的劳动中去。

5. 检测的时候，教师干什么

即学生接受检测、从事"协作评价"的时候，教师在做什么？这个问题很有意思。

检测时，教师不应过分关心具体学生的完成情况，而要注意整个班级的学习状况。比较适宜的行为不是东看西看，走动频繁，而是以类似于监考的行为，静观课堂整体情况，走动时步履轻慢，以不影响学生注意力为前提。

检测（含"协作评价"在内）完成，"巩固知识"的任务就完成了，评价课前自主学习的成效也就完成了。

由于微课程教学法在课前学习阶段采取任务驱动、问题导向、方法与视频

"双保险"支持的教学策略，学生自主学习的质量一般不会差，能够带来成就感。现在，检测的范围和难度与课前学习的"任务单＋视频"相当，学生接受检测的情况一般也不会差，可以再一次获得学习成就感。因此，对于原来学习基础薄弱的学生来说，尤其有助于他们打消学习恐惧感，树立学习信心，激发学习兴趣。这样，就为向"进阶"挑战准备了良好的心理基础。

可见，检测不仅是课程理论精华指导课程微观组织的必然选择，也是遵循学习规律的必然选择，而不是胡乱套用模式的随心所欲。

(二)进阶

课堂学习的第二个环节是"进阶"。进阶是检测的"最近发展区"，专为中学所设。组织进阶，也要注意五个方面。

1. 关于进阶的内容

进阶的内容不是纵向赶进度，而是横向拓展，夯实基础。

2. 关于进阶的形式

进阶的形式由教师根据自己的理解而设，可以灵活多样，很有点"教无定法"的味道。

3. "进阶"的时候，教师干什么

教师的体态、行为依然应该保持"悠然"，静观学生学习整体情况。如果发现学有困惑的学生，教师需要主动介入指导。这与检测时的教师行为是不同的。因为，进入进阶这个"最近发展区"，同伴互助、教师介入指导的意义渐渐增强。此时，很有可能有学生会遇到困难，假如没有同伴帮助或教师指导，很有可能完不成学习任务。翻转课堂之所以产生，就是起源于美国林地公园高中两位化学老师的初衷：学生在作业遇到困难时能够得到教师的指导。因此，进入进阶环节，教师需要不忘初心，牢记"翻转"使命，加强"静观"，善于发现有可能遭遇困扰的学生。一旦发现非常现象，应立即主动介入，询问目标学生是否遇到困难、遇到什么困难，并因势利导给予针对性指导，帮助学有困难的学生完成学习任务，体验成功实现"最近发展"的成就感，进而能够有效地参与到"协作评价"之中。否则，"协作评价"对于完不成进阶的学生而言，不啻"对牛弹琴"，难以产生实质性的效果。

4. 进阶完成，评价跟上

进阶任务完成之后，与在检测中嵌入"协作评价"一样，在进阶环节中也应嵌入协作评价子项。让小组学生在对一对、议一议、改一改的过程中，通过互助合作，脑力激荡，共同有质量地完成进阶学习任务。协作评价的操作方式与检测中的协作评价相同，这里不再赘述。协作评价完成之后，交一份给老师审阅。于是我们发现，平常需要两三天时间的"作业旅行"，又一次只用几分钟就可以搞定。

理想的状态下，进阶环节结束，有关课时内容的"学习知识"的任务就完成了，可以转入令学生对课堂学习充满向往的"微项目学习"，让学生在"微项目学习"中享受内化知识、拓展综合能力、发展核心素养给他们带来的成就感。

有时候，进阶会遇到非理想的状态。这个时候，差异化学习的时机就到来了。

5. 抓住差异化学习的契机

差异化学习是全球关注的教改新动向，微课程教学法也在关注这一动向。在微课程教学法翻转课堂的实验中，我们发现了差异化学习的契机。

2017年11月，我在新疆兵团农二师华山中学指导翻转课堂实践。第一天培训，第二天指导翻转课堂教学。当有一堂课的课堂学习进展到进阶环节快结束的时候，大部分小组完成了进阶学习任务，学生跃跃欲试准备进入"微项目学习"。但是，有一个小组在协作评价中出现了分歧，协作评价无法统一意见。

这本是学习中的正常现象。但是，执教教师盯在这个小组旁边着急得不行。我一看，传统教师上公开课最担心的事情发生了。跳过这个环节吧，学习任务没完成，实验课就失败了。等学生解决问题吧，不知道要等到何时。这位教师心里一定着急得不知怎么办才好了。

这时候，我走上前去，简明扼要地对那位教师说(注：在翻转课堂教学中，找执教教师说话干扰不了学生)："翻转课堂在课前从事个性化学习、差异化学习，国际上现在在研究课堂上也要从事差异化学习，但还没有什么好办法。您的机会来了！现在，除了这个组，其他组都已完成任务。如果让大家等那个小组，课堂里的教学泡沫就太大了。您应该马上让其他组进入下一环节学习，自己直接介入这个小组，指导他们解决问题。这就是差异化学习。要知道，美国林地公园两位老师之所以创意翻转课堂,就是为了让学生在课堂上做作业做不出来的时候可以得到老师的帮助。现在,是您直接介入的时候了!"

我这话差不多是"一语惊醒梦中人"了。执教教师立即调整策略,指挥其他小组的学生先行进入"微项目学习",自己介入协作评价发生分歧的小组进行指导。

这时候,其他组的学生可高兴了,全身心投入协作探究。这个小组的学生也挺棒,差不多也就一分多钟,就把疑难解决了,转而投入"微项目学习"。结果,这堂实验课相当成功。

本来会让实验课砸锅的学习差错,转而成了智慧生成的契机,成了可以抓住差异化学习契机的范例!事后,我对参训老师们说:"今后大家再也不用担心课堂上出现意外了!哪里出现差错,哪里就有差异化学习的契机。我们可以马上调整策略,组织差异化学习。"

想一想,原本开课最怕出现的差错,今后再也不用害怕了。是不是具有心理解放的意义?

(三)微项目学习

"四步法"的第三、第四两个环节为协作探究(或协作创作)和展示探究或创作的成果。这两个环节,是微课程教学法从项目学习中汲取的两大精华,组合构成"微项目学习"。

大多数教师对"微项目学习"可能还闻所未闻。现将"微项目学习"的组织工作从十个方面做一个梳理。

1. 两个环节,构成"微项目学习"

协作探究(或协作创作)和展示活动(陈述、质疑、阐释)即微课程教学法课堂学习"四步法"中的第三、第四步。在"微项目学习"中,协作探究或者协作创作的成果必须展示,这两个环节是密不可分的,不能随意拆分开来。

2. 开展"微项目学习",事先要做充分的准备

这是因为,"微项目学习"要求来自真实情境,那就不是带着课本、粉笔、笔记本进教室就完事的。比如:"我给好书身份证"活动,需要事先准备好每个小组、每个学生用于编索书号的新书,索书号专用标签等;"跳蚤市场"需要的准备"出售"的物品；创作《五绝》需要的情境——彩色画卷；"机器手要取多少胶"的胶、容器，以及在教室里行走的路线等，都需要精心策划。不过，对于精通主题班会策划的中小学教师而言，这应该不是什么难事。"微项目学习"激发了教师的想象力，他们的策划欲望和策划能力超强。每一次，他们都完成得精彩纷呈。

3. 第一次组织"微项目学习"，要先做骨干培训和全员辅导

组长是工作坊(Workshop)的主持人。组长培训应当使组长在从事"微项目学习"之前明确自己至少负有三项使命：(1)保证组员行为或讨论内容符合主题要求，防止无关行为与讨论跑题等情况发生。(2)保证小组成员轻声讨论，即使有争论，声音也以不影响兄弟组交流为前提。常言道：有文化未必有教养。而此时正是修教养的好时机。(3)组织讨论有关展示事项，包括组织梳理本组探究过程、方法、收获、思考，推荐本组参加全班展示的人选，以及其他需要的协调工作。

全员辅导是第一次组织"微项目学习"之前必须安排的，内容至少包含五项。(1)应该对如何开展协作探究或协作创作有一个清晰明了的介绍，使学生了解"微项目学习"学习的意义、程序。(2)要求交流讨论要有风度，做到安静、有序，讨论的声音以不影响旁边小组的讨论为前提。(3)探究或创作的时候，不要动不动就举手找老师，要有自信，养成独立思考和同伴互助的习惯，遇到问题在小组内提出，小组协商解决；如必须要联系教师，由组长负责与教师沟通。(4)展示活动的陈述人要面向大家，不要看着教师，要有独立演讲的勇气；质疑人要目光和善地直视陈述人，不要看着教师，要有独立提问的勇气；倾听的同学要善于发现问题，勇于提出质疑，能够积极、有序、礼貌地参与展示时的讨论。(5)其他需要说明的事项，可根据实际情况予以说明或布置。

需要说明的是，要使"微项目学习"高雅、安静、有序地开展，可能不是一次组长培训和全员辅导就能做到的。类似的辅导可能需要连续多次，直到学生养成良好的习惯为止。即使经过辅导进入"微项目学习"，仍有可能有学生很快"忘乎所以"，这时候，就需要组长或在一旁观察的教师及时提醒。这是"微项目学习"组织不容忽视的事项。

之所以要做好两项培训，是因为"微项目学习"不仅要完成内化知识、拓展能力的使命，还要面向人文素养、未来生活，使孩子成为有教养的、善于沟通的、有气质的堂堂正正的中国人。苏州工业园区星洲小学陈扬帆老师在微课程教学法实验过程中，先行培训小组长和做好项目开展前的辅导之后，"微项目学习"明显安静有序了。

4. 保持风度，高雅悠然，不要随意干扰学生

常常有教师在"微项目学习"开始的时候不知道自己该干什么。看着学生干得热火朝天，禁不住心里痒痒的，总想参与其中。这个时候，教师往往会忘记学习的主体应该是学生，而不应该是教师。平时"表演"惯了，这时又想以自己的思维和行为方式来取代学生的思维与实践体验，这是万万不可取的。

我们常常在现场观察到，教师一会儿插到这个组，一会儿插到那个组，每到一个组就要插话或询问，结果是教师跑到哪个组，哪个组的学习就停止了，学生又变成了观众、倾听者。但是，教师还是按捺不住，又跑到另一个组，继续插话或询问，结果这个组的学习又停止了，学生又变成了观众、倾听者。我们禁不住要问：为什么不能给学生自己学习、探索、经验的空间？难道他们一辈子必须在教师的羽翼下生活？

所以，教师必须自律，善于充当观察者的角色，善于把握出面指导的时机，真正成为学生学习的设计者、指导者、组织者、观察者、帮助者、促进者和欣赏者。

5. 协作探究与协作创作区别对待

在"微项目学习"主题的设计中，有的内容适合探究，有的内容适合创作；无论探究还是创作都要采取协作学习的方式，以便渗透团队文化意识，培养协同创新能力。但是，探究与创作的"协作"操作方式要有区别。协作探究往往在活动一开始就进入"协作"，并且贯穿活动始终。协作创作则必须先基于个人创作，再进行小组交流，协作评价，修改完善；然后，推荐本组代表性作品参与全班展示。这是因为，假如没有个人创作的环节，一开始就从事所谓协作创作的话，完全有可能有学生会游离于创作行为之外，形成学习"泡沫"。到了协作创作结束的时候，这些学生很可能什么收获也没有。因此，基于个人创作，是组织"协作创作"的教师必须遵循的原则。

6. 展示活动中渗透团队文化建设

在展示的各个阶段，如陈述、质疑、阐释中，所有活动均应以团队名义展开，使团队意识、团队文化渗透在每一个学生的行为中，成为习惯。因此，协作学习又是涵养团队意识、建设团队文化的载体。

常态化实验的班级，应该让每个组有个性化的小组名称，独特的视觉识别标志、小组理念（或口号）等。在平常的活动中，统一使用个性化名称或视觉识别。

在常态化实验的实践中，不是所有的小组都有展示的机会，因此，常态化的展示应该是让全班各个小组轮流展示。在同一学科中，第一课时没有轮到展示的小组，在第二课时轮到；第二课时还没有轮到展示的小组，在第三课时轮到。同理，在同一课时中，小组成员中一般只有一人有展示机会，那么，在下一课时中就应该推荐另一位组员代表本组参加全班展示。这样可以使每一个小组、每一位学生都有机会在展示环节中得到提升综合能力和核心素养的锻炼机会。

在初次实验的班级，展示应以小组的自然排序轮流展开。在小组代表的推荐中，可以由组员认为能够代表本组水平的学生作为展示活动陈述人，而不必像常态化展示那样轮流推荐代表。

7. 陈述及其组织

（1）陈述的功能。陈述是学生对探究或创作的过程做理性的梳理，有助于学生提升分析、整理材料的能力，厘清思路，加深对知识的理解，提高综合、归纳的思维能力，丰富对知识应用的感悟。

（2）陈述人产生与教师主持。陈述人是小组推荐参加全班展示的代表。陈述人的产生不是学生举手，由老师挑选。教师要养成发展学生能力的习惯，不要沉溺于什么都要自己决定的自恋，把个人威权建立在破坏团队文化建设的基础上。

在常态化翻转课堂中，展示的操作与第一次尝试的操作有细微的差别。第一次实验"微项目学习"，陈述人是小组推荐出来的。常态化实验开始之后，就会有下一个课时、再下一个课时。在这样的情况下，"推荐"应该以"轮流"为基础，即：上一课时被推荐展示的组员，不再参与下一课时的被推荐；依此类推，最后一次轮到的组员实际上是不需要推荐的。完成一轮推荐之后，第二轮推荐又可以完全自由地开始。这样做可以让所有学生都得到陈述与阐释的锻炼机会。这是展示活动中的教育均衡。

因此，教师只需要宣布轮到展示的组名，不需要挑选谁来展示。无形之中，减少了由于等待而浪费的时间，加快了课堂节奏，又培育了自主意识和团队意识。

(3) 陈述人的言语行为。陈述人首先应该对本组组员的推荐(信任)表示感谢，并有相应的肢体语言，然后进入陈述。陈述结束后，陈述人应该主动征求兄弟组学生的意见(千万不能由教师代劳"征求")。这样做往往能起到启发质疑的作用，使课堂互动顺利开展。只要质疑发生，课堂生成的情况就会很好，所有的学生都会有认识上的提升。此外，此举也有利于学生养成良好的交流习惯。

(4) 陈述的内容。陈述的内容包括本组是如何从事协作探究或协作创作活动的，取得了什么样的成果，有什么样的体会(或成果具有何种意义)。

在陈述"本组如何从事协作探究"时，可以介绍采用了什么方式方法；遇到了什么困难，又是如何破解的，或者没有办法解决，留下遗憾；探究过程中有没有什么发现；最后的成果如何；等等。即使探究失败，也没有关系，但是，要能够解释失败的原因。如果能够解释失败的原因，一样被视为探究成功。

在陈述"本组如何从事协作创作"时，可以把语文、英语的写作作品与美术、音乐、信息技术的作品区分对待。语文、英语作品的陈述，可以介绍如何创作，如何推荐出展示作品，并朗读展示作品。美术、音乐、信息技术等创作作品的陈述，可以介绍如何创作，采用了什么方式方法；遇到了什么困难，又是如何破解的；推荐作品是怎样产生的；作品的价值；作品的自我评价；等等。

陈述都需要展示成果。展示成果需要演示，甚至需要数字化投影，以便使倾听者产生直观感受。教师应当鼓励学生利用数字媒体展示成果，这样做不仅可以提高学生的技术素养，而且可以使学生获得更加丰富的成就感。在展示语文、英语等创作作品时，还需要朗读或吟唱。

陈述完成，进入质疑。

8. 质疑及其组织

（1）质疑的功能。质疑最重要的功能是培养学生发现问题的能力。发现问题的能力是一种批判性思维能力，批判性思维是创新的前提。杜威认为，思维就是疑问。培养质疑能力，有助于发展思维，培养创新意识。此外，质疑能帮助学生涵养平等探讨学术问题的风度。

（2）质疑者的产生。质疑者的产生基于倾听陈述、发现问题、勇于发问，以及无人质疑情况下教师发现质疑者的敏锐等。前者由教师全员辅导创造条件，后者则依赖教师的现场观察。现场观察在陈述时开始，教师不能全神贯注地听陈述，而是需要在倾听时冷眼观察是不是有学生有疑问的神情。当出现无人质疑的情况时，教师可以设法激发或诱导有疑问神情的学生提问。

（3）质疑者与阐释者的言语行为。质疑者首先应该表态感谢陈述方给大家带来的启发，然后就陈述中存在的不足或疑问提出问题。质疑之后，陈述方需要对质疑做出阐释。阐释者首先应对质疑者表示感谢，然后就质疑者提出的问题做出解答。如果陈述方发现质疑抓住了本组陈述反映的缺陷，也会帮助提升陈述方的认识水平。答复的时候，阐释方应该对质疑者提出的有价值的问题或意见表示感谢，也可以表示接受质疑者提出的意见，还可以就如何进一步完善探究成果表态。对此，质疑者应该表态致谢。

9. 展示中师生站位的意义

展示活动中，陈述人应该走上讲台做演讲式陈述。这个举动会使倾听的学生开始关注陈述人的发言。实验表明，陈述人走上讲台与站在原位像回答问题式陈述，引发的学生关注度是完全不同的。所以，陈述人必须上台。

展示活动中，教师应该远离讲台，远离陈述人，使陈述人无法面对教师做陈述，只得面向全体学生。教师最理想的站位是最后一排学生的后面，至于左右则无所谓。这样，学生无法依赖教师，教师也无法时不时直接控制学生，只能一个放开来讲，一个认认真真听。

传统课堂中的互动环节，不是这样的。教师总喜欢离学生很近，两人相对，全然不顾课堂里是不是产生了教学泡沫，其实是不自信的肢体语言：一是生怕听不清学生讲话，万一有什么差错自己不方便应付；二是生怕离远了无法方便地控制学生，让听课者抓住了把柄。两者皆为传统教学陋习之外显。

实验中的趣事在于，教师站后了听得认真了，学生上台了讲得放开了。教师担心的事情没有发生，教师意料不到的场面精彩纷呈。所以，安排陈述人的站位，找好教师的站位，也很重要。

通过陈述、质疑、阐释的展示活动，学生的文明素养，思维的敏捷性，以及语言表达能力，发现问题和解决问题的能力，批判性思维和创新精神、创新能力都会得到开发和培养。有的展示细节甚至会成为学生终生难忘的印记。所以，展示不是"作秀"，我们千万不能小瞧了展示活动促进深度学习的功能。

10. 进阶与实验探究融为一体的特殊情况

这种情况主要发生在理、化、生等科学学科中，这些学科有时候会采取在实验探究中进阶、在进阶中实验探究的形式。这时候的活动主要参照协作探究的要求进行。那么，新的问题浮出水面：是否安排展示？如果要安排，安排在什么时候为好？

必须指出的是，展示成果是内化知识、拓展能力的深度学习，必须安排。但是，展示也有缺点，那就是耗时。因此，不是每一个实验探究都有展示的机会，教师需要设计：展示安排在哪一个内容上？一般来说，应该安排在最后一个实验探究上。如果情况特殊，也可以选择把最重要、难度最大的内容作为展示的对象。如果时间充足，可以谨慎多选展示对象。千万不可面面俱到，结果草草收场。

有关课堂学习的组织，还应该鼓励学生在协作评价、协作探究或协作创作，以及协作展示阶段运用信息技术做好记录、资料存储，把成果展示活动创意得更加精彩。这既能提升学生运用信息技术的能力，又能丰富他们的成就感。

回顾与思考

1. 如何把课堂学习任务单设计中的"四步法"落实成为课堂学习的四个环节或步骤？
2. 学生从事"四步法"活动的时候，教师应该做什么？不应该做什么？
3. 课堂学习过程中，教师如何把握差异化学习的契机？
4. 第一次组织"微项目学习"，为什么要在上课之前先做骨干培训和全员辅导？如何做组长培训和全员辅导？

5. 如何在展示活动中渗透团队文化建设？

6. 试试看，展示活动中，教师站位在学生身旁与站位在教室后面，学生在表现方面有何不同？教师观察到的情况又有何不同？

💡 小贴士

本节内容涉及课堂学习组织，操作程序较多，建议教师用概念图梳理这些操作程序。

三、课堂学习的时间安排

"四步法"的时间安排涉及单位课时用时。比如，有的学校一个课时是 40 分钟，也有的学校是 45 分钟，等等。针对上述情况，微课程教学法给出如下建议（见表 10-3-1）。

表 10-3-1 "四步法"时间安排推荐表

序号	学习步骤	40 分钟/课时	45 分钟/课时	说明
1	检测	15 分钟	15 分钟	中学一般分为两个环节。小学可以只设检测，时间为原来两项时间合一；也可以分配若干时间到"微项目学习"活动，以便"微项目学习"充分展开。
2	进阶			
3	协作探究/创作	10 分钟	10 分钟	不少于 10 分钟。
4	展示活动	10 分钟	15 分钟	45 分钟/课时的学校，延长展示时间。因为 10 分钟展示时间，不足以让所有小组都展示，所以，展示增加 5 分钟。无论是 10 分钟还是 15 分钟，限时均指最少时间；如有超过，需要占用机动时间。
5	教师评价与机动	5 分钟	5 分钟	评价：肯定亮点，指出不足，提出改进建议。机动：若评价用时少于 5 分钟，可事先分配若干时间给其他环节。
6	用时合计	40 分钟	45 分钟	

第一次用微课程教学法从事翻转课堂教学常常会超时。这是为什么？破解这个原因需要深入课堂观察。观察表明，原因往往是教师没有摆脱讲授法的惯性，每当检测、进阶完成之后，教师就会抽调学生站起来回答问题，一问一答，时间就"泡"掉了。

也许，有教师以为耗掉的时间可以拉回来。我会告诉他："错了！时间拉不回来。"因为，传统教学以教师为中心，教师在前面讲多了，可以在后面赶进度：少讲、快讲。不过，后面少讲、快讲并不是福音，仅仅意味着质量打了折扣。

现在，情况完全不同了。"四步法"的每一步都要学生下功夫填掉"求知鸿沟"，这个时间无法要快就快，要慢就慢。所以，教师必须保证将时间用于学习，而不是抓住机会讲授，也不是提问抽测（提问只能抽测，慰藉教师想听到学生怎么做的心）。再说，课堂学习方式创新的流程：检测→协作评价→进阶→协作评价→协作探究（学生有了感悟还会自觉修正前面认识中的错误）→展示→教师评价，意味着学习质量是有保证的。

因此，教师为了自己不放心而在每个环节中追加提问，完全是多此一举，必须大胆放弃。只要教师跨出这半信半疑的一步，接下来往往就是坦然面对，真心放心，进入用智慧点化学生智慧的理想的教育境界。

回顾与思考

教师为什么需要了解"四步法"课堂学习的时间安排？

小贴士

假如您是教师，您又尝试实验微课程教学法，那么，千万不要在时间安排上犯"前松后赶"的错误。因为"四步法"与常规课不同，"后赶"是赶不回来的。

四、课堂学习的心理调控

如果关心学习环节对学生学习心理的影响，那么，您会发现，"四步法"非常符合学习心理调节规律（见表 10-4-1）。

表 10-4-1 "四步法"与学习心理规律关系表

序号	学习步骤		40分钟/课时	45分钟/课时	学习情绪与状态
1	检测	检测	15分钟	15分钟	冷；静
		协作评价			小热；小动
2	进阶	进阶			冷；静
		协作评价			小热；小动
3	协作探究/创作		10分钟	10分钟	冷热交融；动静交融
4	展示活动		10分钟	15分钟	冷热交融；动静交融
5	教师评价与机动		5分钟	5分钟	冷、静为主

从表10-4-1中可见，上课伊始，学生刚经历课间活动，上课接受检测，情绪控制在冷、静状态是合适的。检测完成，组内协作评价，对一对，议一议，改一改，情绪小热一下，状态也稍微活泼一下，正好调整心理情绪。检测之后进入进阶，情绪再次控制在冷、静状态。进阶任务完成，进入协作评价，再次小热、小动。进入协作探究，冷、热交融，学生全身心投入，无所谓调节不调节。探究结束，进入展示，仍然是冷、热交融，学生全身心投入，无所谓调节不调节。最终是教师对协作探究和展示活动做出评价。对学习者而言，情绪偏冷。不过，经历冷、热交融的"微项目学习"，情绪调冷一些，是很合适的选择。

由此看来，整个学习过程中，学生心理轻松，成就感明显，学生、教师普遍感到满意。难怪梁文洁老师问自家参加翻转学习的儿子："翻转课堂之后，班级有没有什么变化？"儿子张口就说："老师不发火了！"这话很有意思。言下之意是，老师过去会发火。那为什么现在不发火了？因为，学生学得有效，教师高兴还来不及，哪来的火要发呢？

原苏州工业园区星港学校小学部语文教师刘晓曼大胆地用微课程教学法在其当时任教的一年级（第二学期）尝试翻转课堂，课前用"任务单"驱动，微视频支持，激发亲子互动；课堂内化知识、创作并展示成果，"翻"出了学生乐于阅读的兴趣。学生家长不无感动地发问："老师，您用了什么魔法，让孩子追着我给他放微视频？"

微课程教学法创造了好的理论、好的方法、好的效果，似乎成了见证实验状况的师生、家长共同满意的信息时代的微观教学论。

回顾与思考

为什么说"四步法"有利于学生调整学习情绪？

小贴士

实践一下，看看是否成功，还是需要继续调整策略、调整角色行为？

五、开展实验的契机

一般来说，实验微课程教学法，任何时候都可以。但是，要想操作起来特别顺手，则有一个最佳时机的选择问题。

这个选择与心理学上的前摄抑制有关。认知心理学认为，遗忘中存在着前摄抑制和倒摄抑制两种抑制现象。先学习的材料对后学习的材料的识记和回忆起干扰作用称为前摄抑制；后学习的材料对先学习的材料的保持和回忆起干扰作用称为倒摄抑制。倒摄抑制受前后两种学习材料的类似程度、难度、时间的安排及识记的巩固程度等种种条件的制约。

一般来说，看电影、看演出或看书，我们总是对开头和结尾的印象最深刻，原因就在于前摄抑制与倒摄抑制的作用。在学校教学中，为了巩固记忆，教师在组织学生学习活动时，会尽量使前后相邻接的学习活动在内容方面不同，这就是中小学一般不会安排同学科两节课连上的原因。此外，文科复习阶段，有意识地在两个内容中间制造出"隔离"前摄抑制与倒摄抑制的"真空地带"，也是一种十分有效的方法。

教育心理学一般把前摄抑制与倒摄抑制当作消极的干扰来尽力排除。不过，任何事物都是矛盾的统一体，我们对于事物的认识也应该辩证地展开，既要看到前摄抑制和倒摄抑制对识记的干扰作用，也要看到前摄抑制和倒摄抑制对识记的强化作用。

前摄抑制和倒摄抑制会影响识记的效果，也会因为识记能影响人的行为而对行为产生影响。因此，我们可以利用前摄抑制与倒摄抑制的强化识记从而强化对行为的影响。有经验的班主任非常注意利用前摄抑制抓好"前摄教育"，把学期总的目标、任务、新举措、新要求在开学第一天的讲话中贯彻下去。这时候，学生经历了一个假期，没有前摄抑制和倒摄抑制的干扰，反而形成积极的前摄抑制，最容易把班主任的工作意见贯彻下去，取得显效。反过来，开学"第一天"的教育往往对学生行为的影响最大。即使有遗忘或旧习惯的"回潮"，只要及时提醒，效果就能延续。这样，新的工作意见就能被持续地贯彻到整个学期中去，产生较为理想的成果。

实验微课程教学法，最为理想的选择，就是从某一学期某一学科的"第一天"学习开始。这样有助于学生养成良好的习惯。须知半途提出新要求不是没有用，而是由于前、倒摄抑制的干扰，功效无法达到极致。

教师可以抽出半节课的时间来介绍翻转课堂的意义、学期目标和操作方法。然后把"任务单"（含配套学习视频的地址或二维码）发下去，做一个如何用好"任务单＋配套学习视频"的辅导。时间充裕的话，可以让学生先尝试着做；时间不多的话，就让学生回家去进行正常的课前自主学习。接下来的翻转课堂就可以进入正常状态了。

假如错过了开学的最佳时间，怎么办？那就继续抓好"第一天效应"，选择每一周本学科的第一次课，作为翻转课堂的开始。效果也会比中途不加选择地开始翻转课堂要好得多。

回顾与思考

1. 如何组织课前自主学习？
2. 如何组织课堂教学"四步法"？
3. 如何提炼来自真实情境的"微项目学习"主题？
4. 如何掌控"四步法"的时间安排？"四步法"在调控学习心理方面有何好处？
5. 如何选择常态化微课程教学法实验的契机？

小贴士

选择好常态化的微课程教学法实验的契机很重要，能够助实验事半功倍哦！

核心概念

组织教学（Teaching Organization）

第十一章 微课程教学法的评价方法

微课程教学法是宏观课程微观组织意义上的教学法。从第五章到第十章，我们从课程微观组织出发，详细阐述了课程设计、开发、实施的理论、原则、策略与方法。本章将从课程评价视角出发，阐述微课程教学法关于学习质量评价与实验层次评价的策略方法。

一、评价渗透在课程微观组织中

微课程教学法的学习评价渗透在课程微观组织中。

在微课程教学法中，自主学习任务单的达成目标既是引导学习的方向，又是学习结果的评价。方法也十分简便：一是完成学习任务之后，学生可以在"困惑与建议"栏填上相对应的内容，实际上，就是在对自己的学习成果进行评价。二是在达成目标的每一个具体要求的右侧添加一个空括号，要求学生在每一条达成目标的右侧添加符号，如"√""×"或者"☺""☹""☺"等（见表11-1-1）。

表 11-1-1 达成目标成为学习评价指标示意

一、学习指南
1. 课题名称：苏教版小学数学四年级下册《简单的周期》
2. 达成目标：（学习任务完成后，根据目标达成状况在目标右侧的括号里画上☺☹☺等进行自我评价）
(1) 通过观察分析生活中的周期现象，理解周期现象的含义，并能将物品按周期分组； （ ）
(2) 能运用图形、文字等简洁的符号，表示周期现象； （ ）
(3) 能运用计算方法，求得周期中的组数及是否有余数的情况。 （ ）

我们还可以通过另外两个途径完成课前学习质量评价：一是课前收集、浏览学生在家完成的"任务单"；二是通过课堂伊始就启动的检测来完成评价。

现在我们要问：对于课堂学习的成效如何评价？请仔细观察图11-1-1"学习成效评价示意图"，我们从左往右，从上到下，用一问一答的方式做出解读。

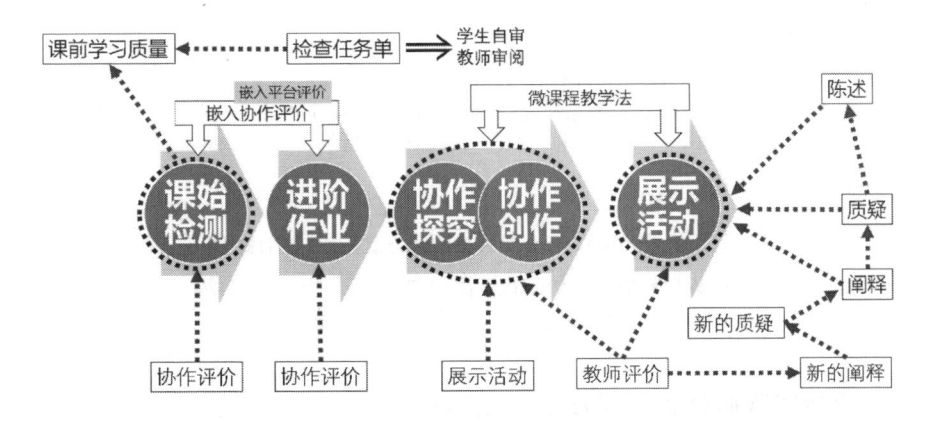

图 11-1-1　学习成效评价示意图

（1）检测的质量如何评价？通过协作评价来评价。即通过对一对、议一议、改一改来完成。

（2）进阶作业质量如何评价？也是通过协作评价来评价的。与检测中嵌入对一对、议一议、改一改一样，完成协作评价。

（3）协作探究与协作创作的学习质量如何评价？通过展示活动（陈述、质疑和阐释）来评价。

（4）展示活动的质量如何评价？展示活动包括陈述、质疑、阐释。这就涉及对这三个子项如何评价的问题。

（5）陈述的质量如何评价？陈述的质量由质疑来评价。

（6）质疑的质量如何评价？质疑的质量由阐释来评价。

（7）阐释的质量如何评价？阐释的质量由新的质疑来评价。

（8）新的质疑的质量如何评价？由新的阐释来评价。如此循环往复，最后，还有教师对协作探究（创作）和展示活动（包含新的阐释在内）做整体评价。

整体评价要肯定每一个小组的亮点，使所有的学生体验到学习成就感；要发现活动过程中存在的不足之处；提出进一步探究的思路与建议。如此，构成微课程教学法关于微观课程组织的设计、开发、实施、评价的完整体系，成为信息时代翻转课堂本土创新的微观教学论。只有在这样的理论、方法的指导下，教学质量才可能在知识、能力、素养、成绩诸方面都得到较为可靠的保证。

回顾与思考

"四步法"各个阶段的学习质量是怎样通过评价得到保证的？

小贴士

1. 理解图 11-1-1，最好与阅读第十章课堂学习方式的组织结合起来，会比较容易；
2. 实验之后，理解学习成效评价示意图比较容易。

二、成功实践微课程教学法的三层标准

微课程教学法在促进学生自主学习能力发展，促进知识内化、学习力爆发、综合能力和核心素养发展方面取得了长足进展，在实践的过程中，形成了成功实践微课程教学法的三层标准。

第一层：初获成功的微课程教学法实验

其基本特征为：**能力发展，成绩不降**。凡学生自主学习能力提升，课堂检测情况良好，知识得到内化，综合能力和核心素养得到提升，学业成绩没有下降的，可以视为实验成功。

长期以来，不少人想当然地认为：综合能力发展，学习成绩就会下降。殊不知，素质教育与学习成绩本来就不是你死我活的关系，相反，是互相促进的关系。关键在于人怎么理解，怎么处理。优秀的班主任都深知"没有素质教育保障，成绩便会下降"之道理。

微课程教学法借助信息化发展的技术成果，在教学研究方面取得了突破：借助具体精准提炼达成目标提升教师业务素养，使之摆脱浑浑噩噩教学的状态，转而清清楚楚点化学生智慧；通过"问题导向"的学习任务，使每一位学生都会自主学习，能够举一反三；通过视频与方法指导的"双保险"，使每一位学生都能完成学习任务，从而达成目标；通过课堂检测巩固认知成果，激发成就感，树立学习信心；通过进阶进入知识学习的横向拓展，使之学得扎实；通过"微项目学习"使之"学什么，会什么"，进入"顺应"，创造出一系列教学奇迹。

一般来说，只要考前强化复习，成绩都不会差，实验能够成功。不过，令

人可喜的是，学生的学习力爆发出来了，综合能力和核心素养得到了提升，为他们迎接挑战、追求美好生活创造了条件。这些是可以受用终身的。因此，即便成绩保持原有水平，实验也成功了。

需要提请教育界人士注意的是：假如提炼不出学生学习应该达成的目标，不善于设计"问题导向"的学习任务，以及无法提供视频给予支持，那就另当别论了。

第二层：值得期待的微课程教学法实验

其基本特征为：**能力发展，成绩提升**。凡学生自主学习能力提升，课堂检测情况良好，知识得到内化，综合能力和核心素养得到提升，学业成绩得到提升的，可以视为实验达到理想的层次。

在微课程教学法实验初期，我们曾关注学习成绩，发现只要考前抓好复习，成绩都会得到提升。

1. 俞叶老师的数据

苏州新草桥中学高中化学教师俞叶从 2013 年开始用"任务单＋配套视频"组合法翻转课堂，2017 年被评为苏州市区化学学科带头人。表 11-2-1 为 2013—2014 学年第一学期高一化学期末成绩与期中成绩的对照表。

表 11-2-1　苏州新草桥中学高一年级 2013—2014 学年化学期中期末成绩分析[①]

类别	期中			期末			
	班级	平均分	年级名次	是否翻转课堂	班级	平均分	年级名次
实验班	高一(1)	73.31	2	翻转课堂班	高一(1)	49.71	2
实验班	高一(2)	75.32	1	翻转课堂班	高一(2)	51.56	1
普通班	高一(3)	62.11	6	常规教学班	高一(3)	31.47	9
普通班	高一(4)	64.66	4	常规教学班	高一(4)	38.11	6
普通班	高一(5)	57.92	9	常规教学班	高一(5)	32.05	8
普通班	高一(6)	63.30	5	常规教学班	高一(6)	32.46	7

---

① 数据由苏州新草桥中学俞叶老师提供，详细介绍见《中国信息技术教育》，2014(7)。

续表

	期中			期末			
类别	班级	平均分	年级名次	是否翻转课堂	班级	平均分	年级名次
普通班	高一(7)	61.63	8	翻转课堂班	高一(7)	39.59	5
普通班	高一(8)	65.70	3	常规教学班	高一(8)	42.54	3
普通班	高一(9)	61.89	7	常规教学班	高一(9)	39.95	4
年级平均分	65.17			年级平均分	39.77		
备注	开学至期中考试，尚未翻转课堂。			修习翻转课堂的同时，开始翻转课堂实验。			

表 11-2-1 为化学学科成绩对照表，俞老师任教三个班级。其中，高一(1)和高一(2)为实验班，期中考试成绩就处于年级前两位，翻转课堂以后，期末考试成绩保持领先，说明翻转课堂不会给学习成绩带来不好的影响。

但是，高一(7)不一样了。高一(7)为 7 个普通班之一，期中考试成绩位居全年级第八、倒数第二的位置。翻转课堂以后进步非常明显，一下子到了全年级第五的位置，为普通班之第三。

此外，据俞叶老师说明，从难度系数看，高一(1)和高一(2)的期中和期末考试分别是 0.652 和 0.398，"翻转"前这两个班的平均均分差是 9.145 分，翻转课堂实验后，这两个班的平均均分差是 10.865 分，这是个明显的进步。如果将试卷的难度系数算上的话，进步指数达到 43.69%。这是十分可喜的现象，说明"翻转课堂"拉大了实验班与普通班的差距，因此，出现高一(1)和高一(2)的平均均分差显著提升的情况。如果没有高一(7)的进步，高一(1)和高一(2)与普通班的差距将会更大。

2. 董劲老师的数据

原苏州工业园区星港学校语文教师董劲自 2014 年开始翻转课堂，班级成绩很快提升，现受聘北京外国语大学附属苏州湾外国语学校初中部副校长，至今翻转课堂初心不改。下面的成绩一览表是董老师实验之初收集的对比资料，记录了学年度"翻转"与没"翻转"的差别(见表 11-2-2)。

表 11-2-2　苏州工业园区星港学校七年级 2013—2014 学年语文分类成绩[1]

序号	学期	班级	翻转课堂	总平均	语基础均	语作文均	语文均分	基础优秀	基础及格	作文优秀	作文及格	优秀率	及格率
1	第一学期期中	七(1)	否	249.38	43.11	30.04	73.16	0.00%	95.56%	13.33%	0.9778	0.00%	**100.00%**
		七(2)	否	247.4	41.62	29.47	71.09	**8.51%**	87.23%	2.13%	**0.9787**	0.00%	89.36%
		七(3)	否	248.17	41.43	30.04	71.48	0.00%	93.48%	6.52%	0.9565	0.00%	97.83%
		七(4)	否	**251.67**	**43.28**	**30.52**	**73.8**	4.35%	**95.65%**	**15.22%**	0.9565	**6.52%**	93.48%
2	第一学期期末	七(1)	否	**260.09**	**50.8**	**30.6**	**81.4**	**46.67%**	**100.00%**	2.22%	**100.00%**	**17.78%**	**100.00%**
		七(2)	否	256.4	47.96	30.26	78.21	31.91%	97.87%	**6.38%**	**100.00%**	4.26%	**100.00%**
		七(3)	否	254.63	48.78	30.2	78.98	41.30%	**100.00%**	2.17%	**100.00%**	8.70%	**100.00%**
		七(4)	否	255.22	48.59	30.48	79.07	43.48%	97.83%	4.35%	**100.00%**	15.22%	**100.00%**
3	第二学期期初调研	七(1)	否	247.49	**43.42**	29.13	**72.56**	4.44%	**91.11%**	**4.44%**	**100.00%**	0.00%	**100.00%**
		七(2)	否	**249.04**	40.96	27.91	68.87	4.26%	82.98%	4.26%	97.87%	0.00%	93.62%
		七(3)	否	244.07	39.91	28.46	68.37	**2.17%**	84.78%	2.17%	95.65%	**2.17%**	91.30%
		七(4)	否	246.70	42.28	28.33	70.61	2.17%	89.13%	2.17%	**100.00%**	0.00%	93.48%
4	第二学期期中	七(1)	否	247.90	47.91	**31.64**	**79.56**	24.44%	**100.00%**	33.33%	**100.00%**	15.56%	**100.00%**
		七(2)	否	251.21	44.94	30.51	75.45	12.77%	89.36%	21.28%	**100.00%**	6.38%	95.74%
		七(3)	否	250.58	46.24	32.30	78.54	19.57%	97.83%	**36.96%**	**100.00%**	15.22%	**100.00%**
		七(4)	翻转	**253.21**	**48.13**	31.39	79.52	**32.61%**	**100.00%**	34.78%	**100.00%**	**28.26%**	**100.00%**
5	第二学期期末	七(1)	否	242.56	43.33	**32**	75.33	2.22%	93.33%	24.44%	97.78%	4.44%	**100.00%**
		七(2)	否	243.29	41.85	31.77	73.62	2.13%	89.36%	25.53%	**100.00%**	2.13%	**100.00%**
		七(3)	否	241.97	42.5	31.78	74.28	0.00%	89.13%	17.39%	**100.00%**	2.17%	**100.00%**
		七(4)	翻转	**246.49**	**45.46**	31.57	**77.02**	**10.87%**	**97.83%**	**26.09%**	**100.00%**	**15.22%**	**100.00%**

　　这张表格很有意思。从成绩上看，在七年级第一学期期中考试中，七(1)和七(4)两个班级形成第一梯队，其中，七(4)班的数据领先于七(1)班。到了这个学期期末，发生了分化。七(1)班脱颖而出，绝大部分数据领先，独领第一梯队风骚。七(4)班沦为第二梯队中的一员，在三个班级中也是优势全失，没有一个数据加粗(加粗的数据为领先或并列领先)，综合数据最为乐观的评价也只能与其他两个班级成胶着状态。

---

[1] 数据由原苏州工业园区星港学校语文教师董劲提供。

第二学期期初调研的情况巩固了这种状况，七(4)班的颓势似乎已经无可挽回。也就是在这个学期初，由于时任校长洪越邀请，我去星港学校传播微课程教学法。于是，董老师邂逅微课程教学法，从此一发不可收拾。我们注意观察第二学期成绩数据的变化。

第二学期，董老师开始用"任务单＋配套视频"的组合法指导学生学习。期中考试数据显示，七(4)班开始收复失地，成绩重与七(1)班并驾齐驱，且略微领先于七(1)班。董劲开局见效。期末，七(4)班拉开分数差距，脱颖而出，除一项数据七(1)班位列第一之外，其他所有数据七(4)班均位列第一或并列第一。这再一次证明，微课程教学法不仅有利于促进学生综合能力与核心素养发展，而且可以顺便提升成绩。

3. 唐建华老师的数据

苏州市阳山实验初级中学青年物理教师唐建华从2013年开始用"任务单＋配套视频"组合法翻转课堂，很快显现出优势。2018年，唐建华被评为苏州高新区物理学科带头人。

表 11-2-3　苏州市阳山实验初级中学 2013—2014 学年第二学期初二物理成绩分析[①]

班级类别	教学形式	考试人数	优秀人数	优秀率(%)	及格人数	及格率(%)	低分人数	低分率(%)	平均分
普通班	讲学稿	41	7	17.07	26	63.41	1	2.44	67.24
普通班	翻转课堂	41	**9**	**21.95**	35	**85.37**	0	0.00	74.07
快班	讲学稿	44	14	31.82	44	**100**	0	0.00	80.38
快班	翻转课堂	45	**19**	**42.22**	44	97.78	0	0.00	80.66

表 11-2-3 的数据有这样的背景：唐老师采用翻转课堂从事教学，另一位教师采用讲学稿从事教学。原来，唐老师任教班级的成绩一直低于那位教师任教的班级。自从研修微课程教学法之后，唐老师坚持"任务单＋视频"的组合学习法，任教班级的成绩一步步提升，最终稳稳地超过了那位同事。这再一次证明，微课程教学法不需要关注学习成绩，只要贯彻好系统设计方法，坚持"问题导向"，视频支持，课堂协作探究，考前抓好复习，就会顺便提升学习成绩。

[①] 数据由苏州市阳山实验初级中学唐建华老师提供。

4. 马莉莉老师的数据

江苏省木渎高级中学地理教师马莉莉于 2014 年接触微课程教学法。作为成熟教师，她依然潜心研究微课程教学法，努力实践，积极思考，勤于笔耕，如今成果丰硕，2016 年被评为苏州市高中地理学科带头人，2017 年获评苏州市吴中区知名教师称号。

表 11-2-4　江苏省木渎高级中学 2014 年地理成绩分类①

序号	班级	客观题平均分	主观题平均分	地理平均分
1	普通班(翻转课堂实验班)	59.93	21.42	**81.35**
2	普通班(翻转课堂实验班)	**59.62**	21.10	**80.72**
3	普通班(翻转课堂实验班)	**60.33**	**20.40**	80.73
4	普通班(翻转课堂实验班)	59.74	**21.44**	81.18
5	普通班(常规教学班)	58.91	20.91	79.82
6	普通班(常规教学班)	59.67	**20.93**	80.60
7	普通班(常规教学班)	59.82	20.89	**80.71**
8	普通班(常规教学班)	**57.86**	**18.54**	**76.40**
9	培东班(常规教学班)	61.23	21.52	82.75
10	培东班(常规教学班)	61.33	22.64	83.97
11	培东班(翻转课堂实验班)	62.95	22.71	85.66
12	培东班(翻转课堂实验班)	62.34	23.11	85.45

表 11-2-4 中的 4 个普通班(翻转课堂实验班)和 2 个培东班(翻转课堂实验班)为马老师任课班级。其他 4 个普通班和 2 个培东班为其他教师所任课。马老师任教的翻转课堂实验班的作业量比常规教学班的少，但是，数据表明：无论普通班，还是培东班，马老师任教的翻转课堂实验班的成绩都超过了其他教师任教的班级。

上述教师的数据都是自然发生的，没有专门去追逐，都是微课程教学法实验的自然结果。这再一次证明，微课程教学法需要着眼于学生未来发展，为此，采用"任务单"驱动，具体精准提炼达成目标，从而吃透教材；设计"问题

---

① 数据由江苏省木渎高级中学马莉莉老师提供。

导向"的学习任务，让所有的学生都会自主学习；开发配套视频与给予学习方法指导，让所有的学生都能完成学习任务，达成学习目标。到了课堂上，通过检测完成知识巩固，通过"进阶"实现横向拓展，夯实基础；通过"微项目学习"内化知识、拓展综合能力、发展核心素养；课堂上，满满的是学生学习力的爆发。在这样的学习状态下，只要考前强化复习，参加实验的老师们就顺便收获了学习成绩的提升。

参加实验的小学教师一般不关注成绩的统计，如果在期末考试阶段关注一下学生的学习成绩，达到绩效良好的实验标准应该是没有悬念的。

第三层：成效超常的微课程教学法实验

其基本特征为：**能力发展，成绩超常规跃升**。如果说上述"能力发展，成绩提升"层次的四个案例反映了正常的微课程教学法实验状态，那么，周苑、俞叶等老师的实验则创造了超常规的奇迹。

1. 周苑的故事

周苑是为数不多的跟我学习微课程教学法的外地弟子。

2015年12月，全国中小学信息技术创新与实践活动（NOC）组委会在上海浦东上师大附中举行第十四届NOC赛项培训，我在会上做了题为《微课程评优：如何取得好成绩》的辅导，就微课程教学法的理论基础、教学模型、系统设计方法等做了介绍。会后，周苑找到我，希望学习微课程教学法。我说：可以，从"三剑客"设计开始。就这样，我认识了周苑其人，我们开始了网络上的远程交流。

记得周苑的第一稿"任务单"给出了几个不错的"问题导向"的学习任务，显示出不错的潜质，但是，即便学生把学习任务全部完成，仍然不能完全达成目标。我当时提了意见，让她修改。修改表明，讲授法（包括网络留言）不是个好方法，只有经过互动的思想交流，才有可能形成真正的理解。

周苑第二稿的"任务单"又回到传统教师最拿手的本领——出题。我指出了问题，但她不太理解。好在她性格直爽坦率，与我激烈争论起来。这样，方便暴露问题的症结。我开始（也不得不）从分析习题与问题在功能上的差别来说服她放弃出题，转向"问题导向"。这里的所谓习题，指的是狭义上的习题，即不包含问题在内的习题。

我耐心地与她探讨习题的功能,这对周苑这样的老教师而言,没有什么困难。详细的一来一回的讨论记不清了,要点却记得很清楚,因为这是我第一次与人分享对习题与问题的区别的见解。

关于习题的功能:从学生视域出发,习题具有让学生学习之后练练手、巩固知识的功能;从教师视域出发,习题具有帮助教师检测学生掌握知识的情况,以便查漏补缺,调整教学策略的功能。此外,习题对于任何考试的考前复习、恢复记忆、掌握解题技巧都是有帮助的。但是,这些功能都具有一个特点,即在学习之后发生,属于 after learning 范畴。因此,在学生学习之前布置习题是没有真正的指导意义的。

关于问题的功能:首先,"问题"也可以被看作习题的一种,因此,"问题"也具有习题的上述三种功能。问题在于,"问题"还具有一般意义的习题所不具备的另外两个功能:第一,问题具有自主学习的可操作性,可以让所有的学生都会自主学习。因为问题明确地聚焦解决什么问题,那么,解决这个问题需要哪些前提?如果我们通过搭建学习脚手架策略把这些前提提供给学生,那么,所有的学生都能完成自主学习任务。第二,问题具有举一反三的意义。这是因为,问题可以反映概念、原理(或定律)和方法。一旦学生在"脚手架"帮助下解决了问题,那就意味着学生搞清了概念,理解了原理(或定律),掌握了方法。这个时候,学生就获得了举一反三的能力。

多少个来回的讨论之后,搞清了习题与问题在功能上的差别,对于在给指导学生自主学习的学习任务时,不准给出习题,必须给出问题的意义,周苑终于一通百通。

接下来,就是对教师把知识和方法转化为问题的能力的考验。周苑过了这个关,而且,由于反复讨论,周苑对于给问题还是给习题的认识,远比一般教师来得深刻。2016年7月的NOC决赛期间,我专程到NOC赛场去听她的陈述与答辩,发现她的陈述,就像是我在演讲。结果,她荣获大赛的最高奖项——"恩欧希教育信息化发明创新奖"。

周苑是个认准了方向就要践行的教师。2016年9月,周苑开始把微课程教学法付诸实践,所教年级、学科为高三生物。这是一个从踌躇满志,到跌落深渊,再到柳暗花明的激动人心的体验。

10月24日，我收到周苑的消息，得知实验并不顺利。

周苑告诉我，本是信心满满，想等十月月考之后汇报战绩，没想到和其他班对照，优势没有之前大。还有些学生来找她，要求回归传统教学，甚至提出，探究容易让他们想偏，想得太多了反而不能切中答案等，使她"几乎开始怀疑自己，难过得掉眼泪。于是在大雨中跑了10公里（周苑是户外运动爱好者）去宣泄！"

"这些学生一直以为我没有处理错题和难题。其实，我已经把它们转化成了问题上课探究。但是，因为没有讲原题，他们就是不放心！"周苑委屈地叙述。

不过，周苑不会轻言放弃，她做了匿名的问卷调研。出乎意料的是，80%的学生已经适应这种方式，甚至还给老师鼓劲儿："要相信自己，不要因为少数同学而动摇。"

于是，周苑开始做出调整。比如：检测后提供标准答案；控制探究方向，避免"跑偏"；每单元安排一次习题课，直接答疑讲题。同时，每次布置任务单，都对设计意图做详解（周苑至今保留着使用竞赛版"任务单"的习惯，竞赛版的右侧多出一栏"设计意图"）。这样，"目前拥有了一个井然有序、充满节奏感和求知欲、拼搏向上的课堂。后面也许就顺利了"。"'任务单'几乎耗尽全部精力，期待成绩、成绩、成绩……"周苑最后这样写道。

显然，周苑遭遇了前所未有的困难。您可以想象雨中竞步的画面，很有影视的镜头感。此时，周苑需要的是科学与鼓励。我应该给她回复："鼓励＋指导"。两天后，我给了她长长的回复：

周老师好！看到您的肺腑之言，本当立即回复，因忙着去上海办点事，回来后就是紧张的听课，迟复为歉，见谅！知道您实践得很艰辛，好在学生的转变支持了您的实验，这就是非常大的收获。我想，微课程教学法翻转课堂，不仅改变着教师的教学行为与教学理念，而且也改变了学生的行为与观念。从您的实践来看，学生的认识发生了很大的变化，这事可喜可贺！这是大前提。

此外，细细分析您的感言，有几个方面需要注意：

一、一开始学生对探究的不理解并不一定正确。因为，这位同学只看到了成绩，看不到当代社会对青年人应对未来的挑战（的要求）。这是需要引导的，而不是默认他们的非理性认识。

二、针对学生的"不放心",可以在不影响教学进度的情况下,在考前复习时,强化应对考试的指导。相信平时打实了基础,突击的效果会非常好。

三、关于您的调控措施,我们一条条分析。

1.(关于)检测之后对标准答案。建议不要放松协作评价能力的培养,这能强化认识收获,提升评价水平,思维上的收获是很大的。所以,您可以给标准答案,但要在协作评价之后在适当的时间、空间给出。

2.(关于)控制探究。探究需要控制主题(的方向),不要跑偏,这是非常好的措施。但是,千万不要影响思维发展的开放性。只要您处理好发展思维与应对考试之间的关系,思维多元发展不应该影响成绩。

3."习题课答疑讲题"是个好方法,持之以恒,必有成效。

4.公开"任务单"设计意图详解,是您的一个创新,会帮助学生完成社会化,有利于他们正确对待新的学习方式,从而促进学习绩效提升。

四、看到您"黎明前的黑暗"似的体验,相信在您的上下求索的努力下,会有成效显现,会有新的"太阳"升起。

五、关于"成绩、成绩、成绩"。要有长远的眼光,为了分数而学习,相信全国优秀的教师们都已经努力到无以复加的程度,已经没有新的提升空间,很难有实质性的进展。再说,成绩追求下塑造出来的人是畸形的人,不是正常的人。而微课程教学法倡导的新学习方式,会真正发展学生思维和实践能力,再加上您在应试方面做出的合适的整合,反而有可能"曲线救国",能在成绩努力到头的情况下,收获应对未来社会挑战的能力的发展,这才是真正的对学生负责,也就超越了单纯成绩上去而人的发展畸形的现状。这是把长远利益与微观利益结合起来的好方法,这是真正的成效,真正的收获。

相信您能够完成凤凰涅槃,浴火重生!等待您期末的好消息!不过,期中考试很快就到了,别忘了抓好复习哦!

一个月后,周苑发来了轻松愉快的消息:"这次成绩很好!是这届学生有史以来平均分差距最大的一次。比最差的班级高出将近20分。我想,会越来越好!谢谢恩师!"

原来,这次考试,微课程教学法实验班的成绩超过各个平行班均达到15分以上,最大差距达19.46分。我当时问她:"您是不是教的'好班'?"她回答:"是。"我又问:"'好班'成绩本来就应该比其他班高,原来的差距大约是多少?"

周苑回答："五六分。"那么，现在的差距至少多出了 10 分以上。要知道，常态教学中，平均分超两三分都是很不容易的事，可现在是 15 分以上，接近 20 分。这是不是超常规成功的微课程教学法实验？

就这样，周苑浴火重生，坚定不移地行走下去。历次考试平均分均能高出平行班 10~15 分甚至更多。谈到这段探索期的经历，周苑曾动情地说："那是一段最令我感动和兴奋的时光。苦，并顿悟着，快乐着，收获着！"①

2. 俞叶的故事

俞叶是苏州新草桥中学化学教师，从 2013 年秋参加我主持的《翻转课堂与微课程资源开发》在线课程研修开始，自觉走上翻转课堂之路。

当年开设课程的时候，"任务单＋配套教学视频"的组合学习法已经成型，课堂教学方式创新也开始探索，但是，还没有最后成型。俞叶可以说是最早与我一起探索翻转课堂本土创新的教师之一。成熟后的微课程教学法中，有他们实践的智慧灵光；同时，也是他们最早将其付诸实践，使"微课程教学法"在实践中经受考验并不断发展。

回想当年，俞叶的作业一开始就引起了我的注意。她不抄我讲课的原话，也不像有的学员那样去粘贴那些文不对题的长篇大论。她只用不多的文字，阐述自己的理解，而且一一到位。课程尚未结束，她设计好"任务单"，录制起教学视频，开始翻转课堂。

俞叶尝试翻转课堂有些戏剧性。第一次将"任务单"和微视频传上网之后，只有不到三分之一的学生观看。她不急不躁，通过"家校路路通"把信息发到家长那儿。同时，俞叶找学生谈心，介绍学习方式的变化，表明今后课堂上不会有老师来讲课了，要求学生养成运用"任务单"和配套学习视频完成自主学习任务的习惯。第二天，所有的学生都观看了视频，完成了"任务单"给出的学习任务。

这样做能否持久？实践给出了令人信服的回答。新的学习方式让学生在"任务单"的引领下，在配套学习视频的支持下，进行晚间自主学习或在家自主学习；课堂上动手、动口从事课堂实验、协作探究、成果展示。学生兴奋地

---

① 来自周苑 2018 年 7 月在包头 NOC 交流会上的演讲。

说:"老师,化学课还能这样上啊!"从此,自主学习再也不需要"家校路路通"帮忙,学生上网看视频、完成"任务单"上的学习任务,翻转课堂进入了良性发展。

值得一提的是,有的教师看到不到三分之一的学生看视频,也许会说"翻转课堂不符合国情",轻飘飘一句话就可以打退堂鼓,然后与机遇擦肩而过。俞叶不是这样,她在学习中动脑筋,在动脑中化解难题,希望自然就向她招手。

俞叶在实验的路上也遇到过困难,遭遇的最大瓶颈就是"任务单"的设计。微课程教学法实验有一个不成文的规定:"任务单"设计不合格是不能付诸教学实践的。假如学习任务不是"问题导向"的,即被视为不合格。俞叶第一次翻转课堂的课题是《钠的化合物》,当时她在学习任务中安排了填空题,被我否了。我在审阅时要求改成"问题"。

俞叶感觉高中化学有的内容容易给问题,有的内容不容易,因此很苦恼。她是从小在苏州长大的江南女子,不好意思与我争论,便悄悄问学生:"你们看视频的时候,觉得是填空好呢,还是回答问题好?"好几位学生告诉她:填空完成起来方便,只要按一个暂停键,把答案填进去就可以了,可是容易忘记。问答题完成起来比较难,但是,一旦回答出来,就特别容易记住。学生还给俞叶提出建议,希望问题不要太长,最好能把一个一个知识点分散,问题的表述要科学严谨、清晰明了,等等。

很明显,问题的效果要好于习题。于是,俞叶开始潜心研究问题,最终形成了完整的必修一、必修二及其选修课程的"任务单"和配套学习视频。功夫不负苦心人,俞叶在问题设计方面颇有心得,她给出的问题十分精准,清晰明了,便于学生理解,为解决问题创造了条件。从《化学平衡》中的问题可见激发学生发现欲望之端倪:

(1)可逆反应的含义是什么?可逆反应具有哪些特点?

(2)什么是可逆反应的限度?什么是化学平衡状态?

(3)化学平衡状态有哪些特征?

(4)判断反应是否达到平衡状态的依据有哪些?

她是我寻找的实验翻转课堂对象的首选。实验之后的第一次考试中,优势就呈现出来了,翻转课堂不仅发展了学生综合素养,而且在成绩上不让"传统"，一炮打响！我们从表 11-2-1 中可以看到俞叶的初步成功（2013—2014 学年第一学期）。

俞叶善于思考，不仅尝试"四步法"，主动探索复习课、习题课和试卷分析课的翻转课堂，还把"四步法"原则迁移到多种课型之中，形成了复习课"四步""三步"并举，习题课和试卷分析课专用"两步法"的独创。

俞叶善于学习，已经通过中国大学 MOOC 平台修学了多门课程，常常被授予优秀学员。她广泛涉猎各个知识领域，这使她能够站在较高层次，以开阔的视野反观实践中的教学创新。

俞叶的技术素养很好，技术选择多样，讲究系统最优化；界面简洁美观，还带点小女生的味道，很受学生欢迎。当听说老师要在第三届翻转课堂本土创新暨微课程教学法教学观摩会上作演讲，家长们也大力协作，帮助拍摄子女在家观看视频学习的镜头，提供给老师作为素材向来自全国的教师展示。不少学生用手机录制视频，谈翻转课堂的体会。

常态化的努力换来丰硕的回报。下面是三年后的两张表格，呈现出从绩效良好的实验向超常规的实验跃迁的趋势。我们先看第一张表格（见表 11-2-5）。

表 11-2-5　苏州新草桥中学 2016—2017 学年第一学期高一化学期中考试成绩

班级	班级类型	参考人数	合格人数	合格率（%）	优秀人数	优秀率（%）	平均分	名次	备注
高一(1)	重点中学联办班	48	35	72.92	7	14.58	69.42	3	常规教学
高一(2)	重点中学联办班	48	41	85.42	15	31.25	75.04	1	常规教学
高一(3)	**实验班**	**47**	**42**	**89.36**	**7**	**14.89**	**72.04**	**2**	**翻转课堂教学**
高一(4)	实验班	48	34	70.83	3	6.25	66.69	6	常规教学
高一(5)	实验班	48	24	50.00	0	0.00	60.67	8	常规教学

续表

班级	班级类型	参考人数	合格人数	合格率（％）	优秀人数	优秀率（％）	平均分	名次	备注
高一(6)	普通班	47	39	82.98	5	10.64	69.26	4	翻转课堂教学
高一(7)	普通班	47	37	78.72	3	6.38	67.72	5	常规教学
高一(8)	普通班	46	31	67.39	5	10.87	61.91	7	常规教学
年级综合		379	283	74.67	45	11.87	67.88		

表11-2-5数据解读：

(1)基本情况。新草桥中学高一年级有8个班级，按照中考成绩分为三类：重点中学联办班(2个)、实验班(3个)和普通班(3个)。俞叶任教的两个班中，高一(3)班为实验班，高一(6)班为普通班，分属第二、第三类班级。

(2)班级表现。半个学期的翻转课堂后，两个班级进步明显。高一(3)班期中考试平均成绩为72.04，列全年级第二名。与平行班比较，高出高一(4)班5.35分，高出高一(5)班11.37分，还超过高一(1)这个重点中学联办班。合格人数(42)和合格率(89.36％)均超过两个重点中学联办班。优秀人数低于高一(2)班，与高一(1)班持平。上述数据说明俞叶任教的高一(3)班在化学学习成绩方面进入了第一类班级的水平，进入绩效超常的微课程教学法实验水平。高一(6)班为普通班，中考成绩属于第三类班级。期中考试成绩也进步明显。平均成绩为69.26，列全年级第四名，仅次于重点中学联办班和翻转课堂的实验班。与平行班比较，高出高一(7)班1.54分，高出高一(8)班7.35分。综合数据在第二、第三两类班级中仅次于同样翻转课堂的实验班，高于其他两个实验班和普通班，居于绩效良好到绩效超常的微课程教学法实验中间地带。

(3)合格人数与合格率表现。高一(3)班合格人数42人，列全年级第一；高一(6)班合格人数39人，列全年级第三。高一(3)班合格率89.36％，高一(6)班合格率82.98％，占了全年级三个合格率超过80％的班级中的两个。两个班分别超过年级平均合格率 8.31 个和 14.68 个百分点，充分反映出微课程教学法的"填沟理论"及其指导下的翻转课堂本土创新在保证学习质量和促进学习力提升方面具有非常明显的优势，能力发展的同时不会导致成绩的下降。

(4) 优秀人数与优秀率表现。高一(3)班优秀人数 7 人，与高一(1)班并列全年级第二；高一(6)班优秀人数 5 人，与高一(8)班并列全年级第四。其中，高一(3)班优秀率高于年级平均优秀率。虽然数据并不骄人，但都属于前列，说明微课程教学法具有促进学生走向优秀的潜能。

(5) 平均分表现。高一(3)班平均成绩 72.04 分，高一(6)班 69.26 分，分别超过年级平均分(67.88 分)4.16 分和 1.38 分，居年级第二、第四位。

我们再来看第二张表格(见表 11-2-6)。

表 11-2-6　苏州新草桥中学 2016—2017 学年第一学期高一化学期末考试成绩

班级	班级类型	参考人数	合格人数	合格率(%)	优秀人数	优秀率(%)	平均分	名次	备注
高一(1)	重点中学联办班	48	28	58.33	3	6.25	63.40	3	常规教学
高一(2)	重点中学联办班	48	34	70.83	4	8.33	66.81	2	常规教学
高一(3)	实验班	**47**	**33**	**73.33**	**3**	**6.38**	**66.84**	**1**	翻转课堂教学
高一(4)	实验班	48	21	44.68	0	0.00	57.32	5	常规教学
高一(5)	实验班	48	12	25.00	0	0.00	49.42	8	常规教学
高一(6)	普通班	**47**	**29**	**61.70**	**3**	**6.38**	**63.36**	**4**	翻转课堂教学
高一(7)	普通班	47	13	27.66	0	0.00	53.13	6	常规教学
高一(8)	普通班	46	12	26.09	0	0.00	51.93	7	常规教学
年级综合		379	183	48.40	13	3.46	59.01		

/第四部分 实践组织：过程、方法与反思/

表 11-2-6 数据解读：

(1)基本情况。经过一个学期的翻转课堂实践，俞叶执教的班级进步明显。高一(3)班平均分超过两个重点中学联办班，位居年级第一；高一(6)继续保持年级第四，且在合格人数、合格率、优秀率三个数据上超过高一(1)班(第一类班级)，优秀人数与高一(1)班持平，仅在平均分上低于高一(1)班 0.04 分。出现了两个重点中学联办班和两个翻转课堂教学班旗鼓相当组成第一阵营，其他第二、第三类班级组成第二阵营的状况。而两个翻转课堂教学班，原来一个属于第二类班级，一个属于第三类班级，进步十分明显。

(2)平行班合格率比较。高一(3)班合格率为 73.33%，比高一(4)班(44.68%)高出 28.65 个百分点，比高一(5)班(25.00%)高出 48.33 个百分点。高一(6)班合格率为 61.70%，比高一(7)班高出 34.04 个百分点，高出高一(8)班 35.61 个百分点。已经远远超出平行班。即使与第一类班级相比，高一(3)班超过两个一类班级，高一(6)班超过第一类班级高一(1)班。尽管试卷难度比较高，但是，翻转课堂班级表现不俗。

(3)优秀人数与优秀率比较。高一(3)班和高一(6)班优秀人数均为 3 人，比高一(2)班(4 人)少 1 人，与高一(1)班持平。其他班级优秀人数为 0。由于翻转课堂实验班级人数均为 47 人，少于第一类班级，因此，两个翻转课堂教学班级优秀率位列年级第二、第三，在与一类班级的比较中，已经没有明显的差别。

(4)平均分比较。期末考试化学年级平均分为 59.01 分，说明试卷难度偏大。在这种情况下，高一(3)班平均分为 66.84 分，排年级第一，超年级平均分 7.83 分。与平行班相较，比高一(4)班高出 9.52 分，比高一(5)班高出 17.42 分。高一(6)班平均分 63.36，排年级第四，超年级平均分 4.35 分。与平行班相较，比高一(7)班高出 10.23 分，比高一(8)班高出 11.43 分，比平均分最低的高一(5)班高出 13.94 分。两个班级的表现全部进入绩效超常状态。

这两个案例告诉我们，微课程教学法的理论与方法不仅适合成绩意义上的"好班"，也适合成绩意义上的"中等班"与"差班"。

分析两位教师的实验，有一个共性——三个坚持，即：坚持以"问题导向"的学习任务指导学生自主学习；坚持以配套视频支持学生完成学习任务；坚持来自真实情境的协作探究，激发学习兴趣，内化知识，拓展综合能力，提升核心素养。结果，她们的教学开始变得很轻松。教师的作业批改量少了，课堂语言少了，学生的认知程度高了，教师逐渐成为点化学生智慧的导师。这不就是课程改革梦寐以求的目标吗？

这样的教学法，不仅有利于学生未来发展，也有利于满足学生和家长的眼前需求，是一种有前途的教学法。无论第一层、第二层、第三层，都是成功的。

回顾与思考

实验中提炼出来的成功微课程教学法实验的三层标准对我们有何启示？

小贴士

只要修炼到能够具体精准地提炼达成目标、能够把要让学生掌握的知识转化为问题，学生的学习成绩就不会差；只要课堂学习坚持"微项目学习"活动，学生在综合能力拓展和核心素养提升方面的发展就会实现。

核心概念

微课程评价（Mic-Curriculum Evaluation）

第十二章　微课程教学法实验反思

微课程教学法付诸实践，产生了良好的效果，为我们展现出翻转课堂本土创新的良好前景，也给我们带来新的思考和挑战。

本章试图从实验发现的教学范畴及其相互关系，以及来自教师教育方面的挑战入手，展开探索性分析，努力回答翻转课堂实践中遇到的新问题，廓清认识，逢山开路，遇水架桥，走向社会主义新时代教育的美好明天。

> **阅读建议**
>
> 1. 理解翻转课堂本土创新中教无定法与学有规律之间的关系，坚定遵循"学有规律"的方向，激发教师智慧，促进学习力发展的教学信念。
> 2. 洞察教学主体与教育技术之间、信息技术"革命性因素"与工具性之间的关系，善于用学习方式驾驭教育技术，为师生发展服务。
> 3. 理解破解教师转型至关重要的三个"刻不容缓"呼唤师范教育协同创新的意义；明辨跨界创新与概念炒作的界限；发现系统设计方法与靶向学习法之间的内在联系，洞见教育与人工智能联姻的前景。

一、教无定法与学有规律

教师大多十分熟悉"教学有法，教无定法"的道理，但是，对于"学有规律"的研究则明显不足。教师可以熟知循序渐进，从知识、习题的层面去寻找"最近发展区"，却鲜有研究学习应该遵循从学习知识到内化知识的规律展开，更不去研究如何促进从高质量学习知识向内化知识、拓展能力、形成认知结构的转化。高分低能就是这样的教学现状的必然结局。

传统心理学认为人总有刺激感应性，教师"教"了，就对学生产生了刺激。"教"得好，学习效果就应该好；"教"得不好，学习效果就差一点。刺激与感应，刺激成了主要矛盾，感应成了次要矛盾。因此，教学工作的重心放在如何"教"，而不是如何学。这是强调"教学有法，教无定法"的心理学基础。

其实，"教无定法"并非无益，至少比"教无方法"高明得多。问题在于，"教无定法"是不是以"学有规律"为前提。如果"教无定法"脱离学习规律，这样的"法"，对于"感应""迁移"与"建构"没有真实的意义。如果基于"学有规律"，那么，就该遵循"从学习知识到内化知识"的学习规律，超越简单的刺激感应，上升至提供指导性刺激的层次，激励学生去发现刺激标的(指完成学习任务所需要的刺激物)，主动形成感应。如此践行，"教无定法"就转化成为"指导有方"。

因此，到了与"教无定法"告别的时候了。这是因为，"教无定法"并非单纯受行为主义心理学的影响，还受到传统教育观的强大影响。

中国教育史上关于教育的理解是从"教"开始的。何谓教？《说文解字》释之：上所施下所效也。所以，后有韩愈"师者，所以传道受（通'授'）业解惑也"之说。优秀的教师"教学有法，教无定法"，核心是"教"。很少有人潜心研究"学"。但是，这些"教"的观念已经在当今世界教育实践发展的过程中落伍，有关"师者"使命的观念也已经跟不上世界教育发展的趋势了。

建构主义开启了学习理论研究的新时代，认为"学习是解决个体认知冲突的自我调控过程，在工具与符号的中介下个体自我建构新意义，继而通过合作的社会活动、对话与讨论来进一步协商新建构的意义，从而形成更为高级的认知结构"[1]。

微课程教学法从翻转课堂汲取营养，并进行本土化改造，既关注刺激，更关注感应、迁移与建构。刺激得好，为创造理想的学习成效创造了条件，但是，并不意味着学习成效一定理想。感应得好，才标志着"学习知识"真正的质量。如果达到"迁移"并"建构"，就不仅完成"学习知识"的使命，而且完成"内化知识"的使命。在这个过程中，实现拓展综合能力、发展核心素养的愿景。这是微课程教学法的质量观。

在课前学习中，微课程教学法倡导以"任务单"驱动、具体精准提炼达成目标、"问题导向"设计学习任务、方法与配套学习视频共同支持学生完成学习任务为"导法"，引导学生从事探索性、发现式学习，既与建构主义学习理论相承，又汲取泰勒课程原理精华，让教师把关注"教"转向关注学生"学"。

在课堂学习中，微课程教学法倡导将巩固知识作为连接"学习知识"与"内

---

[1] 钟启泉：《课程与教学论》，313页，上海，华东师范大学出版社，2008。

化知识"的桥梁，以"微项目学习"促进学生运用所学知识解决真实问题（迁移），理解知识的意义，形成新的认知结构（建构），既继承经验主义精华，又传承建构主义要义，教师的关注点仍然聚焦于学生"学"。

于是，"学有规律"与"教无定法"的冲突形成了。比如，有教师把"四步法"仅仅看作模式，不了解是遵循规律之必然。合理的态度是，既然有冲突，就有必要化解。化解的原则就是以"学有规律"为前提，把对"教无定法"的追求转化成为对"学习之法"的研究，基于"学有规律"探索学习规律，善于创新学习之法，促进"学有规律"有序展开。这就是从"教无定法"转向"指导有方"。

所谓以"学有规律"为前提，就是在翻转课堂实验中，任何指导学习的方法都要遵循从学习知识到内化知识的学习规律，在课前学习阶段，任何方法的设计必须服从"学习知识"的需要，不允许把课堂检测、进阶、"微项目学习"等属于巩固知识或内化知识的策略搬到课前学习之中。在课堂学习阶段，存在着检测、进阶、协作探究（或创作）和展示活动四个步骤或三个步骤，在"四步法"（或"三步法"）的每一步中，都允许并鼓励创新方法；但是，不允许任何方法干扰"四步法"（或"三步法"）的程序。在这一前提下，"教学有法，教无定法"应该转化成为"学习有法，指导有方"。

前提确定之后，就可以纲举目张，充分发挥教师个性特长合理创意"学习之法"，杜绝以"教无定法"为名，行倒退回传统教学之实。

所谓从"教无定法"转向"指导有方"，一指以遵循从"学习知识"到"内化知识"的学习规律为原则，从事系统设计与组织学习。这是大前提。通过系统设计与组织学习，促进学生课前从事高质量自主学习，课堂高质量巩固知识与体验知识的意义，形成新的认知结构，即建构主义倡导的有意义建构。

二指系统设计与组织学习要不拘一格，创意创新。比如，为了帮助学生完成"学习知识"的使命，教师可以研究与创意知识之间（含概念、原理/定律、方法等）的最佳逻辑关系，设计最具体精准直指要害的问题，也可以创意视频的形式、内容、层次、排序，还可以研究与创意有助于完成任务的方法。这样，就从"教无定法"成功转型为"指导有方"了。

再如，为了帮助学生完成"内化知识"的使命，创意来自真实情境的能够引发学生全身心投入的"微项目学习"活动，提炼能够引发学生对课堂学习向往的"微项目学习"主题，创意检测的形式、进阶的形式、是否采用进阶与探究融为一体的方式，以及如何选择"进阶"中探究、探究中"进阶"的内容或情境，都需要教师激发自身智慧，从事创意创新，做到"指导有方"。尤其是展示课堂探究或创作成果的活动，更加需要不拘一格，畅想创意，大胆创新，才能产生令学生乃至师生终生难忘的良好效果。

因此，新的教学观要求，把"教无定法"转化为"指导有方"，一切从学生的"学"出发，而不是从教师的"教"出发，实现"演员型"教师向"导演型"教师转型。

可见，"学有规律"与"教无定法"并不是势不两立的。只有看不清"学有规律"应有相应的渐进程序做保证，并且依旧希望在课堂上展示"演员"风采的教师，才会把遵循"学有规律"的渐进程序误读为"模式"。

在微课程教学法实验过程中，我们既要坚定信念，在促进学生发展的"大框架（宗旨）"内"仁者乐山"，又要"智者乐水"，善于激发自身智慧，创新设计方法、开发方法和学习组织方法，保证微课程教学法实验沿着健康的道路发展。

唯有如此，才能有效化解"学有规律"与"教无定法"的矛盾。"山""水"相映，动静相宜，"智""仁"相融，大道可成。

二、教学与技术

教学与技术是如影随形的搭档。过去的教学与纸媒技术紧密结合，现在的教学越来越倾向于与数字媒体联姻，未来的教学，也许，更多地会有人工智能的影子。不过，就强调教学与技术的关系而言，还是21世纪的事。

2000年，全国中小学信息技术教育工作会议在北京召开，引发了如火如荼的信息技术与课程整合的热潮。当时的教育技术专家清醒地意识到：怎样才算实现了信息技术与课程的整合？就像人类与氧气的关系一样，人类一刻也离不开氧气，但是，没有人会关心自己是不是吸到了氧气。所谓整合，也就是教师一刻也离不开信息技术，但是，从来没有教师关注自己有没有运用信息技术。

这是一种朴素的现象描述，但是，道出了信息技术与课程整合的真谛。不过，当时的理解仍然是有缺陷的，还仅仅把信息技术与课程整合寄托在教师的

"教"上面，无法反映怎样才能使信息技术对教育变革产生"革命性"影响。直到翻转课堂传入我国，一线的教育工作者开始把信息技术与学生的学习关联起来，拉开了促进教育变革的大幕，"整合"才真正成为深度融合。

微课程教学法，作为翻转课堂的本土创新，实际上具有信息时代微观教学论的意义。在课前学习与课堂学习中，我们都会遇到把信息技术与学科学习相融合的问题。融合得好，有助于激发学习力，拓展综合能力，发展核心素养，提升学习绩效；融合得不好，不利于激发学习力，拓展综合能力，发展核心素养，提升学习绩效。

由此可见，是否实现信息技术与学科学习的深度融合，决定着能否提升学习绩效、促进教育变革。那么，怎样才能实现信息技术与学科学习的深度融合呢？首要的是：合乎逻辑地把握好主体与技术的关系。

(一)主体与技术

主体与技术的关系问题，是信息技术能否与学科教育教学深度融合所要解决的首要问题。这个问题不搞清楚，就找不着信息技术促进教育变革的"革命性因素"表现在哪里，从而使这种"革命性因素"成为虚无。尽管可以空喊"引领"，却始终"引"而不"领"，此乃信息技术介入教学以来的深刻教训。

在教学领域中，主体与技术的关系表现为教学主体与教学技术的关系。这个关系是一个教学中的认识论问题，涉及主体与客体这两个概念。

所谓主体，是有生命的、有大脑能思维的、能创造和使用工具，并在一定社会关系中存在的人，是有目的地主动从事实践和认识活动，从而能动地表现自己的社会性的人。[1] 主体的本质力量在于主体从事对象性活动的能力，如体力、脑力、群体力量、运用工具和语言以及需要等。反映在学校教学活动中，主体表现为教师、学生、管理者等相关人员，其中最主要的是教师和学生。

所谓客体，指对主体的对象性活动具有现实意义、被纳入主体对象性活动的结构并同主体发生关系的事物。客体受主体本质力量的复杂性、主体对象性活动的多样性的影响，会随着主体对象化活动的深入与发展而产生变化。反映在教学活动中，客体主要表现为教学要素中除教学主体之外的其他教学要素，

---

[1] 万斌、盛晓明、叶壬虎、杨晓梅：《哲学原理》，77页，杭州，浙江大学出版社，1987。

如教学目标、教学方法、教学资源、教学技术、教学环境、教学反馈等。

进入 21 世纪，我国教学主体的素养构成由于信息时代的到来发生了变化，其他教学要素的存在方式也在改变。可以说，每一个教学要素都被深深地打上了信息技术的烙印。

考察教学主体，我们发现，世纪之交以来，信息与通信技术的掌握已经成为全球公认的面向未来的核心素养之一，由此丰富了教学主体的素养构成，也为未来创造美好生活提供了蓬勃的动力。

考察教学目标，我们发现，如今的目标由教师输入电脑，由 Office 等办公软件协助存储。微课程教学法实验，实现了从设计教学目标到设计达成目标的战略与战术意义的转移，达成目标及其载体"任务单"可以通过电脑外设设备输出，也可以通过平台传送，或者干脆通过二维码发送给学生或家长。

考察教学资源、教学环境和教学技术，我们发现，这三个教学要素已经与信息技术你中有我，我中有你，难分难解。

教学资源已经从纸媒统治转向以数字资源为主的存在方式，成为教学资源的主流。由知名主持人参与录制的"中小学语文示范诵读库"音频教材受到学生、家长和教师的欢迎，展示了数字资源多元化的良好前景。

教学环境涉及的设施设备越来越多地融入了信息化因素，校门口的射频技术，重要场地的门禁设施，各类数字化专用教室，不断迭代升级的多媒体教室，以及餐厅结账、公共室场管理、学校活动展示、校园电视系统等，处处都透露出信息技术的气息，连 LED 大屏幕也越来越多地在学校会场中出现。

教学技术则干脆以信息技术为最主要的表征。这使教育技术差不多成了教育领域中的信息技术的代名词。

上述三种教学要素互相交织，令我们不禁要问：教学要素是否快要进入一个综合与分化的重组时期了？

考察教学方法和学习方法，我们发现，信息技术已经无孔不入地渗透其中。多媒体讲课已经成为常态，网络检索法搜索资源最为便利，观察法和比较法因利用实验视频比较条件变化之后产生的不同结果而被打上信息技术的烙印，标注法因为利用音视频听范读、做标注而与信息技术结缘，小学生在家写生字甚至用上了视频学习法。信息技术的渗透，呈现出学习方法大创意的时代特征。

考察教学反馈，我们发现，信息技术的潜能甚至引起资本的兴趣。借助计算科学的优势，传统教学统计变革成为数字化教学统计。课堂作业的正确率可以即时显示，以便教师调整教学策略（尽管至今尚未观察到教学中因数据呈现而调整教学策略的案例）；采集师生教学行为，由软件归类为其教学方式定性以供教研；对成绩的智能化判断，甚至不惜侵犯学生隐私，在课堂上公布答案正确或错误的学生姓名。至于错误的原因何在，以及如何把学生从错误认识的泥淖中"搭救"出来等关键性教学需求，却因资本还没有看到利润的增长点而无人问津。

上述种种现象说明，无论是正面还是负面，信息技术已经对教学教育产生了不小的影响。为什么教育信息化还会被认为是落后于其他行业的信息化呢？

问题在于，融合得是否理想是与人的理念及与此相关的活动组织方式直接相关的。人如何处理技术与教学的关系，其结果就会朝着哪个方向发展。对于学习与人的发展，以及教育变革而言，就会起到支持或者干扰的作用。因此，我们有必要认清教学主体与教学技术的关系问题。

教学主体与教学技术都是教学要素，但是，它们的地位与作用是截然不同的。两者的关系受制于主体与技术的关系。

主体与技术的关系本来是很清晰的。主体发明技术，使用技术，来实现本来不可能实现的目的；主体决定着技术的存在与否，也决定着对技术的价值判断。技术是为主体服务的，离开了主体的需求，技术就不会产生，也没有必要产生。为主体或为主体的活动服务，是技术的目的和归宿。

辨析主体与客体的关系问题，使我们发现，教学技术能否成为教育变革的"革命性因素"是有条件的。

(二)信息技术成为教育变革的"革命性因素"，是由其工具性决定的

在教学主体与教学技术的关系中，教学主体是技术的使用者，以便更好地实现对教育的变革，这就使技术有了变革教育的"革命性因素"的可能性。教学技术是教学主体实现教育变革的工具，离开了教育变革，教学技术就丧失其"革命性因素"，甚至可能滑向"阻碍教育变革"的泥淖。因此，盲目以为技术是教育变革的"革命性因素"是不现实的。除了使人沉湎于盲目的"引领"之中不能自拔之外，并没有真实的意义。

技术能否成为教育变革的"革命性因素",取决于其工具性。只有工具性具有变革教育的价值取向,技术才有希望成为教育变革的"革命性因素";如果工具性具有支持传统教育的价值取向,技术就会成为应试教育的"帮凶"。也就是说,技术的工具性决定技术是否具有教育变革的"革命性因素"。信息技术要扮演教育变革的"革命性因素"的角色,其前提就是其工具性是否与"革命性"相统一。

长期以来,往往有教育技术工作者不愿正视主体与客体的关系,从而不愿正视主体与技术的关系,也不愿正视技术不一定具有变革教育的属性的事实。这导致教育信息化始终落后于其他行业的信息化。

在教育技术界还流传着一个似是而非的命题:技术变革教育。这个命题很振奋人心,但是,其逻辑是错误的,是一个错误的逻辑判断。

事实上,技术不被人用于有目的的活动是没有意义的,离开了被主体使用,技术就不知道要变革什么,以及怎样变革。搞清这些问题的是人,不是技术。驱使技术去变革或不变革的,也是人这个主体。离开了主体的目的及其支配下的行动,技术就无所谓变革与不变革。

合乎逻辑的判断是:要变革教育的人运用技术变革教育。省略了"要变革教育的人"这个主语部分,又省略了"运用"这个谓语,仅仅提取出一个"技术变革教育"的宾语部分,是无法构成真实的判断的。

因此,假如承认"技术变革教育"在语法上没有问题,那么,我们不得不承认,"技术变革教育"在逻辑上是错误的,有违地球上自有人类以来所发生变迁的事实。因为,技术离开了人的目的与行动,是不会产生任何价值的。要变革或者保守的是人。要变革教育的人或者要维护应试教育的人运用技术,决定了技术是变革教育还是维护应试教育的价值取向。

错误的逻辑推导出来的结论一定是荒谬的,会误导人们的实践与思考,这使教育信息化尽管荟萃大咖,应接不暇的"创新"概念满天飞,但是,其实践成果却无法与其他行业信息化媲美。这不能不引起人们的深思。

(三)教育信息化为什么落后于其他行业的信息化

分析其他行业的信息化,可以帮助我们发现教育信息化落后的原因,从而帮助我们发现解决问题的良方。

考察金融、医疗、交通、旅游、航空与商业、服务业等行业的信息化，我们不难发现，行业信息化都是为行业业务开展服务的，难见技术指挥行业业务的现象。

就金融业而言，通过"网上银行"系统，人们可以在柜员机上完成存取业务，可以在网络上完成转账业务、了解理财信息，通过信用卡实现先购买后付款，通过手机完成小额支付、转账。凡此种种，几乎可以把现金驱逐出商业与服务业的大部分应用场景。

由于金融信息化，过去入职人士都要经历的领工资已经成为历史。人们再也不用到财务室排队签名领现金，也不用领了现金核对确认。当然，也不用为了汇款、存款跑到邮局、银行去。组织的财务往来也通过"网上银行"展开，准确、高效，省去了财会人员来来回回跑银行的麻烦。

金融信息化的发展，拓展了人们从事金融活动的时空，简化了金融活动的程序，提高了金融活动的效率，极大地方便了人们的工作、学习与生活。

就医疗业而言，信息化给病人和医务人员带来极大便利。病人到医院就诊凭社保卡在终端完成挂号，径直到就诊科室。这时候，你会发现，自己的姓名已经出现在电子显示屏上，而且有就诊室房号和等候的排序，你只需靠在医院提供的座椅上等待屏幕的"呼唤"，非常有序和人性化。

医生开药不再用纸质处方笺，而是直接在电脑上操作，省去了纸笔，节约了木材。医生的电脑上，药房各类药物的信息一应俱全，点鼠标就可完成药品选择，再也不会出现医生开了药方，病人排队缴费时被告知无此药品，又返回来改换处方，再返回去排队的麻烦事，方便了病人，也方便了医生。

看完病，只要凭社保卡付款，到药房看到自己的姓名出现在屏幕上，就可以取药，十分方便。差不多实现了挂号、就医、付款、取药一条龙。

如果要做化验或检查也非常方便，用社保卡完成缴费后去做化验或检查，医务人员扫码收取样本，化验结束，病人扫码打印自取报告单。

在公共交通方面，人们凭公共交通卡可坐公交、地铁；在车站候车，可以看到车发出没有，到了哪里，还有几站到达。

在铁路交通方面，人们可以凭身份证通过电脑、手机购票，也可以到车站利用终端现场购票。进站的时候，用车票或二代身份证过检票闸机，十分方便。2019年春运开始，铁路客运采用身份证刷脸进站，而不是"人工＋设备"

验证。旅客把身份证往闸机上一放，屏幕上出现识别框，框住人脸，识别就完成了。

在航空方面，人们可以通过手机、电脑完成订票，可以在手机上提前值机，也可以在机场自助终端刷身份证，选座位，打印登机牌，再进入安检。

就旅游业而言，人们可以上一些旅游类网站，选择并购买旅游产品，也可以通过网络预订机票、车票、酒店。

就商业服务业而言，由于电子商务的兴起，从电子、电器产品到服装、鞋帽、书籍、生活日用品，乃至粮食、肉、蛋、蔬菜、水果，都可以在网上购买，由快递送货上门。近年来，还出现人工智能高科技介入的无人餐厅和无人超市，以及超市增开的自助结算，方便顾客，减轻人工结算压力。可见，信息技术改变了业态，但技术服务行业、服务顾客的性质丝毫没变。

我们之所以大篇幅地描述其他行业的信息化现象，是为了透过行业信息化行为，发现其成功的基本特征或共同规律。那就是：所有的信息化都是为行业需要服务的。为行业服务，也就是为行业服务对象服务和为行业从业人员服务。

之所以能做到这一点，还在于：使用者不需要经过特殊培训就能上手，就像教育工作者常用、善用的 Office 那样。只有在程序比较特殊的银行开户等业务中，才有工作人员对操作有困难人士提供指导。

在上述行业中，信息技术一概紧紧围绕行业业务展开，提高效率，提高质量，方便工作，方便服务对象。人人可以利用网络信息技术轻松开展业务，人人可以通过信息化提供的便利享受生活。这样的信息化是受公众喜爱的。归根结底，摆正了主体与客体的关系，让信息技术为主体服务。这是成功的共同规律。

现在，我们来分析：教育信息化为什么会落后于其他行业的信息化？其要害又在哪里？

关键在于：没有认清信息化背景下主体与客体之间的关系，没有发现信息化对于教育变革的革命性因素应该与信息技术的工具性统一起来。

平心而论，教育信息化并不是处处落后于其他行业的。至少就教育管理信息化而言，教育行业恐怕并不落后于其他行业。原因在于，教育管理信息化的服务对象是教育管理，管理信息系统为教育管理设计，走的是客体为主体服务的路线，即信息技术为教育管理服务。没有哪个信息科技专业人员敢冒风险去擅自指挥"教育管理"。

真正使教育信息化落后于其他行业的是教学信息化。最关键的原因涉及教育哲学，至少包括两个方面。

首先，没有处理好主体与客体之间的关系，是教学信息化落后于其他行业信息化的最根本原因。

从教学领域看问题，主体与客体的关系问题表现为教学要素中的教学主体与其他要素之间的关系。如果从信息化视域看问题，又表现为教学主体与教育技术的关系。

如果不是站在本位的立场看问题，所有人都不难看出：教育技术与其他教学要素都是为教学主体服务的。翻转课堂传入我国之前的信息技术主要是为支持教师的"教"服务，翻转课堂传入我国之后，信息技术为学生自主学习和综合能力发展服务，开启了教学信息化的新时代。

可见，信息技术是否具有"革命性"作用是与学习方式变革相联系的，与是否应用信息技术没有必然的联系。换言之，信息技术的革命性作用，只有通过为课程改革服务，为学生发展服务，为教师变革教学方式服务才能实现。这是由信息技术的工具性所决定的。脱离了课改的方向，不能支持学生发展，不支持教师从讲授向点化学生智慧的指导转型，谈何信息技术的"革命性"？

信息技术的革命性与其工具性是统一的。当工具性支持课程改革的时候，信息技术就能对教育变革带来革命性影响；当工具性支持传统教学的时候，信息技术就成为应试教育的"帮凶"，毫无"革命性"可言。

但是，信息化进程中的"革命性"与工具性相统一的问题，往往没有被激进人士所理解。他们往往称把信息化看作工具者为"保守"，满足于空谈信息技术是导致教育变革的"革命性因素"，批评中小学教师应用信息技术从事教学的能力不足，却拿不出提升教师应用水平的高招。

他们抱怨政府部门对教育信息化认识不足，却看不到沿海与中心城市的教育信息化装备已经不在发达国家之下，也忘了时任教育部部长陈至立在2000年全国中小学信息技术教育工作会议上的报告中专门强调的"要从实际出发，因地制宜，多模式地运用信息技术，提高教学质量"的推进策略。

他们埋怨教育资源匮乏，看不到数字资源已经海量存在于云端，教师所缺乏的不是资源，而是从"云端"伸手拿来进而"加工""组装"乃至直接开发，形成适合自己教学需要的教学资源的能力与方法。

至于信息技术是支持学生发展还是支持"题海战"，是支持课程改革还是支持传统教学，是支持教师把工作做得更好还是支持教师增加工作负担、无暇顾及主业，他们则从来不加思考。很有点"只要其形，不要其神"的味道。

对于信息技术具体地要"革"什么样的"命"，为什么要"革"这个"命"，怎样"革"这个"命"，即信息技术为哪一个对象服务，如何为这个对象服务，他们也顾不上思考。

殊不知，只要分析或回答这三个问题，就不难发现，信息技术无论发展得如何强大，比如说，发展到人工智能（AI）高度发展的水平，都只是主体创造的、服务于人的某种需要的工具，不是支持人们推进课程改革，就是支持巩固应试教育，或者支持为用技术而用技术。

总而言之，信息技术为不同的人实现不同的愿望服务。但是，只有能够推进课程改革，能够促进学生发展，使之有能力迎接未来挑战和追求美好生活，能够促进教师由传统向现代转型的技术实践，才能被赋予教育信息化"革命性因素"的属性。

如此看来，所谓"革命性因素"，正是信息技术工具性的表现之一。离开了工具性，信息技术就找不到应用的方向，也就不可能产生"革命性"作用。换言之，如果要让信息化成为教育变革的革命性因素，必须处理好主体与客体的关系，让工具为主体服务，而不是让主体为工具服务，沦为技术的奴隶。

其次，教学信息化之所以落后于其他行业的信息化，还与技术推广频次超快和培训内容的意义狭窄有关。这种做法与无视事物是绝对运动与相对静止的统一有关。

说实话，如今教师参加学习信息技术的培训活动的热情已经远不像十多年前那样高涨。无休止的信息技术培训已经使大多数教师心生厌烦，这使他们无暇应接繁重的日常教学、常规学校活动、意外事件处理和教学研究等主业。尤其是，这些无休止的技术培训并没有换来教育变革的"革命性"成果。

但是，培训者们已经忘记教育信息化兴起时的冷静：什么样的教学才算信息技术与课程的深度融合？只有像氧气之于生命体那样重要又通常不为生命体所察觉的技术与教学的整合，才是信息技术与课程的深度融合。

如今，恐怕已经没有中小学教师在教学工作中不使用信息技术了，有价值的技术也不可能不经过艰苦的实验就能"每天都是新的"地产生。但是，培训者仍然热衷于高频次推广新技术：推广一种信息技术，很快就扔掉一种；再推广一种，很快再扔掉一种。如此炒作技术，失去了技术发挥作用所需要的相对稳定性，就注定了大多数的技术推广在教学中都难有善终。

为什么会出现无视事物相对静止的现象？根源在于无视主体与客体的关系，培训的内容往往局限于学习技术或技术介绍，不问青红皂白、一股脑儿地要教师应用、应用、再应用，鲜有驾驭技术促进教育变革的组织方式方面的培训，这怎么可能使信息技术具有促发革命性的教育变革的力量呢？这种情况可以在技术工作者中找到类比。

中小学信息技术教师都会用 Photoshop 软件，却鲜有会用 Photoshop 为摄影作品做后期处理的。因为他们虽然掌握了软件操作的技术，但是，不知道怎样用软件做摄影作品的后期处理。 这种情况与只让中小学教师学技术、不让中小学教师学组织技术的方法，即只有让中小学教师学技术的培训、没有让教师学怎样用技术从事教学的培训所造成的后果如出一辙。

这一现象值得负责培训的教育技术工作者关注。教育技术工作者不仅应该成为技术精湛的高手，更应该成为精通教学的能手，唯此才有从事技术与学科深度融合的本钱，否则是没有力量引领信息化教学的方向的。此外，教育技术工作者还需要克服仅仅善于信息技术系统的学科思考，而不善于复杂的人工社会系统的学科思考的缺陷，杜绝凭技术想象决策的主管随意性，否则，"引领"也不会走向成功。

总之，教育信息化的成功不是由"用技术"所决定的，而是取决于"怎样用技术"。因此，用教学方式组合教学要素（包括技术在内）远比一味强调"应用"重要得多。

值得指出的是，"革命性因素"属于意义的范畴，意义总是对于主体及主体的对象性活动才有。离开了客体为主体服务的根本点，就谈不上"因素"的"革命性"还是"破坏性"。只有把信息技术的工具性与革命性统一起来看问题，纲举目张地促进技术为主体和主业服务，而不是用信息技术来指挥主体和主业，信息技术才有可能成为教育变革的革命性力量。

其他行业的信息化已经为我们做出了表率，那就是信息技术为行业需要服务，没有用信息技术指挥行业业务的现象。技术促进主业，这才保证了这些行业信息化的成功。

试想，如果金融、医疗、交通、旅游、航空、商业、服务业等都像基础教育推广信息技术那样，频繁推广最新软件、硬件，三天两头更新迭代，那银行、医院、公交地铁、铁路航空、超市、电子商务网站等岂不是三天两头要陷于瘫痪？老百姓岂不是要怨声载道？这应该足以让我们留一丝丝的清醒吧？

技术推广的速度超过任何一家高科技公司开发产品的速度，应该是基础教育信息化最糟糕的推进策略。把教师当作专门学习信息技术的对象，让他们荒废主业，一定会导演出教育信息化的悲剧。少折腾学校，教育信息化才能获得健康发展。没有一点"定力"，是无法引领信息化修得正果的。

微课程教学法的实验者需要始终保持清醒的头脑，明辨主体与客体的哲学关系，牢牢把握运动与静止相统一的规律，把"革命性"与工具性统一起来，将实验纳入课程改革的轨道，走服务基层的路线，实验才会渐入佳境。千万不能兴冲冲入了微课程教学法的门，又走偏方向进入只顾技术、荒废主业的"牛角尖"，那将是微课程教学法的悲剧，也是信息技术与课程融合一直以来的痛。

微课程教学法的实验者需要清醒地认识"我们用技术是为了干什么"这一根本性问题，直面以下事实：信息技术能否对教学起革命性变革的作用，并不是取决于是否运用信息技术从事教学，而是取决于用何种教学方式组织教学要素（含信息技术）。有教育变革愿望的教师用新的教学方式组织教学要素，结果支持教育变革；坚守传统教育阵地的教师在旧的教学方式框架内使用信息技术，结果支持传统教育。

由此得出两个结论：其一，"革命"不会因技术而自然发生，只会因要变革的人用技术实施变革才有可能发生。至少，在翻转课堂之前，我们没有发现信息技术对十多年信息化教学产生革命性影响。

其二，教师组合课程微观组织领域的教学方式，决定信息技术是否具有革命性因素。组合教学要素需要遵循系统最优化原则，各要素之间的地位和作用常常会发生此消彼长的变化，每一课时都是如此，不是做强某一个要素就能实现最优化。组合要素的时候，遵循课程改革的要求，关注学生迎接未来挑战必备的核心素养，信息技术才能成为变革教育的革命性力量。不是空谈"革命性因素"就能成为"引领"教育现代化的力量的。

微课程教学法创意了全新的教学方式（学习方式）。在课前学习中，采用"云计算"支持到户的信息传输方式，把"任务单"与配套学习视频组合起来，以问题引路，以视频和方法这对"双保险"支持学生完成学习任务，踏踏实实支持高质量自主学习发生。这样，学生到课堂里就可以从事内化知识、拓展综合能力和发展核心素养的生动活泼的学习活动。不经意间，微课程教学法把学生与家长的当前所愿与学生未来发展结合起来，启动了对传统教学的变革。

在这个过程中，教师设计指导学生自主学习的方案，借助了信息技术；教师开发支持学生完成自主学习任务的配套学习视频，借助了信息技术；学生在家自主学习，借助了信息技术。总而言之，通过网络，我们把信息技术对教学的变革输送到了学生家里，使"填沟理论"揭示的让学生通过花费不同的时间达到差不多的认知程度成为现实。而且，每一个课时的教与学，都离不开信息技术。但是，如果不是专门回答问题，没有谁会牵强地去关注：今天，我是否使用了信息技术？走到这一步，才称得上信息技术与学科教学的整合之道。空喊"应用"、不关心如何应用，是不可能达到这个层次的。

到了课堂上，微课程教学法坚持"系统优化不越位"的策略，倡导用智慧驾驭技术，以内化知识、拓展综合能力、发展核心素养为宗旨，优选合适的技术支持方式，服务课堂学习，不以技术干扰课堂深度学习。

在从事"微项目学习"的时候，教师要鼓励学生利用终端设备做好记录，例如，记下关键性的发现、遇到的困难与化解的方法、重要的步骤、重要的结论、受到的启发，等等，鼓励学生利用终端设备搜索探究中需要的资源，促进"微项目学习"顺利开展。

到了展示阶段，微课程教学法倡导借助媒体技术，发挥"呈现"功能，支持直观学习，增强陈述效果，让学生像教师一样当众演讲，增强自信心。未来，他们将有能力、有信心面对陌生的受众，有条理地、清晰地表达自己的主张。

微课程教学法认为，在课堂学习中，绝对不能为了"用信息技术"而把学生捆在平台上，肆无忌惮地大规模"培养"戴眼镜的年轻人；也不能抛开近在咫尺的协作学习，装模作样地搞"云端""互动"；更不能打着大数据的幌子，在课堂上公开学生隐私，挫伤"学困生"脆弱的成就感，弱化团队文化意识的培养。

总而言之，信息技术为提升学习绩效服务，为学生的终身发展服务，也为教师智慧点化学生服务，不以技术指挥教学，不干"为用技术而用技术"的傻事。

在课程微观组织的过程中，教师没有必要片面追求新技术，也没有必要追求最复杂的专业级技术。要知道，最好的技术未必是最新的技术，也未必是最专业的技术，而是最适合既定学习方式的技术和最为操作者所熟悉的技术。最适合的技术来自用教学方式组织教学要素的策略（智慧），信息技术之所以能成为教育变革的革命性因素，靠的就是以新的教学方式组合教学要素。

滥用新技术不会带来革命性的教育变革。教育信息化之所以落后于其他行业的信息化，其原因不是因为教育信息化没有使用新技术、新媒体，也不是因为教育信息化使用新技术数量太少。事实上，教育信息化往往在装备上拥有仅次于通信部门的城域网，在教师培训方面具有向学校推介技术的最密集频次，而且，不像刷脸进站那样不需要任何培训。

众所周知，Office是一款非常强大、非常好用的办公软件。之所以强大、好用，在于技术人员周密的人性化设计与开发，全心全意为用户服务。如果技术人员设计随随便便，开发马马虎虎，使用者就不可能运用得舒适流畅爽快。

18年前，我们已经意识到互联网和多媒体技术开始成为拓展人类能力的创造性工具。如今，方兴未艾的人工智能正在蓄势待发进军教学领域，我们期待人工智能介入支持学生学习的领域，不是简单地再现知识，而是通过创造模拟真实的场景，让学生运用所学知识解决真实或模拟真实问题，从事深度学习；也期待人工智能的研发者致力于让教师工作更轻松、更有效、更富有创造性。不如此，有什么存在的必要呢？相信师生会乐于拥抱人工智能，它会让主体更加强大。

（四）"引领"要靠服务实现

由于把信息技术提到了教育变革的"革命性因素"的高度，教育技术工作者希望能够引领教育现代化。

基层学校不是专业的教育技术部门，学校信息化需要专业技术工作者的引领，以及适合教学的新技术、新媒体，帮助教师掌握在实践中用好技术的策略与方法。这样的"引领"，不是仅有"引领"的愿望就能实现的。

技术是通过改造环境以实现特定目标的特定方法。美国学者伊曼努尔·梅赛尼将技术定义为以达到实际目标为目的的知识体系，其中包括操作手段和工具。没有目的，技术就不成其为技术了。同样地，没有实践性和工具性，技术也就失去了存在的必要与意义。

但是，技术毕竟需要学习才能掌握。教师不是专业技术工作者，他们期盼教育技术工作者开发或推荐符合教学需要、操作简便的教学软件硬件，而不是仅仅推介只有通用技术特征、没有经过教学实验验证的软件硬件。

我本人曾经担任苏州市电化教育馆馆长十年。在馆长生涯中，我最深切的体会是：引领教育现代化，是靠服务来实现的，而不是靠主观臆想的"引领"。

比如，我们最早成功地把电子白板推荐给教师。电子白板具有绿色、简单、美观（假如教师审美观念不错的话）的特点，而不是所谓"互动"，在传统教学场景下，可以使教学更加生动。只要教师发现电子白板的优势，一定会乐于使用电子白板。于是，我们在"服务"上下功夫，先是与公司合作搞"做中学"培训，让教师学会使用。培训结束后，我们组织了连续三个月的月赛。我们相信，连续的月赛能帮助教师掌握白板设计与操作的技术，使之发现白板促进教学、有益健康的功用。到那时候，教师就会自觉使用白板，不需要任何人去要求或监督。

三个月下来，不少教师使用娴熟，谙熟电子白板的优势，成为电子白板爱好者。正是培训及跟进的赛事，成就了一大批能运用电子白板从事教学的教师，我们也发现了高手，把他们培养成自己的培训师。电子白板销售的窘境随之被打破，不仅合作的公司受益，其他品牌的公司也随之受益。教师和学生则在没有粉尘污染的"绿色教室"中教与学。后来，学校领导与我们谈起电子白板在教学中的作用时，动情地说我们电教馆引领得好。其实，离开了服务，就谈不上引领。

翻转课堂传入我国后，我们发现，信息技术可以用于支持学生学习，真正引发对传统教育的变革。而且，翻转课堂进入课堂，小小的白板就真的够用了，没有必要发展大屏幕电子白板，浪费宝贵的地球资源。

在推介电子白板的过程中，我们闭口不谈电子白板的"互动"功能，因为那是美妙的概念炒作。我曾经请教某位教育技术专家：电子白板的互动是怎样的"互动"？专家回答：在白板上出题，学生可以上去写（指写字、解题、回答问题）。我不禁哑然失笑：那我们一直使用的黑板岂不是应该冠名为"互动黑板"了？

概念炒作是思维混乱或浑水摸鱼的反映,坑害了很多人。用新词汇蛊惑人心,让思维混乱,怎么可能引领信息化走上正道?

十多年来,我们坚持向教师推介新技术,推介新的学习方式,参与教师使用技术的教学实验,从中发现对促进教学有意义的技术,摒弃没有推广意义的技术,坚持喜新不厌旧。这样的实践,赢得了一线学校的尊重,我们的"引领"作用也通过服务确立起来。

(五)对教育技术工作者的建议

作为一个教育技术应用研究工作者——这是我当时对自己作为电化教育馆馆长的定位——我耳濡目染、亲身经历教育技术工作者在信息化大潮初起时承担起"信息化启蒙"的历史使命。在强大的传统观念与大多数没有感悟到信息化的传统型教育工作者的阻击下,他们克服重重困难,坚定不移地传播新技术、新观念、新教学方式,给中小学教师带来清新的教学风气。没有当年的坚守,就没有信息化大潮汹涌澎湃的今天。

今天,信息化已经渗透到每一名教育工作者的思想与行为之中,学校教育信息化的主要任务不再是研究要不要用信息技术,而是如何应用信息技术促进教育方式变革。例如:如何用课程改革倡导的教学方式组合教学要素?如何用技术支持学生发展?如何用技术支持演员型教师向导演型教师转型?这一系列有关课程改革的重大问题出现在我们面前,如果我们仍然停留于无休止地推广并不成熟的众多新技术,无论喊多少遍"应用",也没有力量引领教育信息化,更不要说引领教育现代化了。

因此,我诚恳地对我的同道——教育技术工作者和教育技术应用研究者、推进者提出三项建议。

1. 厘清教育技术学究竟是姓"教"还是姓"技"

受我在教育技术界的友人的邀请,我曾多次与教育技术学专业的本科生对话。我发现,学生普遍为教育技术学到底是姓"教"还是姓"技"的问题所困惑。

这种状况至少表明了两种可能:一是他们的老师也搞不清教育技术学到底是姓"教"还是姓"技";二是他们的老师故意搞不清教育技术学到底是姓"教"还是姓"技"。如果是前者,那么,通过研究、调整是可能解决的;如果是后者,那么，会导致这个专业难以治愈的硬伤。

从语文角度考察，教育技术学应该是研究技术运用于教育教学的学问，当然，可以兼有研究开发某种用于教育的技术产品的功能。作为把技术应用于教育的研究者，不能仅仅是一个技术工作者。如果把教育技术工作者等同于技术工作者，那么，就没有教育技术工作者存在的必要。如果教育技术工作者心甘情愿做教育教学的外行，那是引领不了教育信息化的。

这样看来，教育技术学应该姓"教"，而不是姓"技"。

2. 通过严谨的实验来实现引领教育信息化

将研究技术运用于教育教学的工作者，应该潜心研究教育教学，了解教育发展趋势，通晓课程改革要求，了解中小学教育教学特点，善于根据变革时代的要求创意组合教学要素（包括教育技术）的新教学方式或学习方式；并且能够沉下心来，通过严谨的科学实验，发现支持课程改革、便利师生教与学的新工具，摒弃T台路线的技术推广方式。如此，才有可能帮助中小学教师用智慧驾驭技术，使技术更好地为教育教学服务，从而促进变革教育的发生，实现引领教育信息化的历史使命。

3. 谙熟教学方式组合教学要素之道

教育技术工作者应该谙熟教学方式变革教育教学之道，如此才能承担指导用教学方式组合教学要素的重任，确保技术成为"革命性因素"，促进学习方式转型，促进学生拓展综合能力、发展核心素养，顺便提升学习成绩，让教育变革真正地发生。如果满足于推广技术的"二传手"，是不可能促进信息化教学修得正果的。

三、为教师准备实践的能力

微课程教学法踏着翻转课堂先驱者的足迹，发现了揭示学习是否有效的"填沟理论"，又在课程改革和世界教育大趋势的感召下，脚踏实地地走上翻转课堂本土创新的实验，协助教师创造了一系列"学什么，会什么"的奇迹，也发现了教师教育需要提升的空间。

(一)提升提炼达成目标的能力刻不容缓

设计"任务单"的经历表明，不少教师读过教材不知道学生通过学习要达到什么样的认知程度，这是一个可怕的现状。试想，一个"以其昏昏"的从教者，怎么能够"使人昭昭"？除了钟情于灌输、把学生推入题海战，他们培养出来的代代学子，可有能力回答"钱学森之问"？

提炼达成目标需要语文功底的积淀，也需要批判性思维习惯的养成。小学、初中、高中的学生可以在微课程教学法实践中一点一滴积累，更重要的是，高校应该实施课程改革，摒弃不管学生是听讲、思考，还是睡觉、玩手机的讲授式教学，多设计培养批判性思维的辩论主题，多组织学生开展工作坊（workshop）式的小组讨论、课堂讨论，让学生在头脑风暴中习惯批判性思维，增强从碰撞思想中激发智慧的能力。如此，方能使积淀的阅读理解能力转化成为分析思考的活水，这对当代大学生的学习与发展来说，一定善莫大焉。

如果高校师范专业不进行课程改革，要想让中小学教师都能够胜任课程改革实践的重任是困难的。虽然微课程教学法实验已经从分析达成目标三要素入手，成功地为现职教师补上缺失的一课，但是，亡羊补牢，已经造成损失。教材教法的课程不应该成为虚设，提升未来教师提炼学习目标的能力，师范专业应该责无旁贷。

(二)培养把知识转化为问题的能力刻不容缓

设计"任务单"的经历表明，不少教师在设计学生自主学习的任务时，往往只会给出习题，不善于给出问题。其实质在于，教师只会抄习题检测学生，不会把概念、原理（含定律）和方法转化为问题从而引导学生学习。

现职教师不善于给问题，应该与从小学、中学到大学，学生都缺乏探究的经历，不善于发现或理解知识点背后的原因有关，反映的是传统教育缺乏促进学生内化知识、培养学生举一反三能力的举措。虽然微课程教学法已经从分析习题和问题的功能入手，揭示了给习题还是给问题对于指导学生学习的意义是多么的不同，但是，理念与能力是两回事。虽然，微课程教学法在补缺失的一课，可是，那是"马后炮"，其作用远不如师范教育未雨绸缪、防患于未然来得重要。从源头上打好基础才是更为重要之策。

如果教师善于设计"问题导向"的学习任务，他们工作起来就会轻松许多，学生就能得益于教师指导有方而人人都会自主学习，加上视频的支持，就会达到人人都能从事高质量自主学习的境界。课堂上，学生就有了内化知识的时间与能力，加上"四步法"的催生，"学什么，会什么"就成为具有中国特色的建构主义学习的生动写照。

（三）培养创意"微项目学习"的能力刻不容缓

策划"微项目学习"活动是很多教师的软肋。比如，数学课程标准要求用数学的眼光看生活，用数学的方法解决生活中的问题，但是，一些数学教师除了抄袭应用题之外，根本就不会用数学的眼光看生活，因而也难以用数学的方法解决问题。假如没有人把生活中的现象提炼成为数学模型，他们所学将与生活实践毫无干系。由于"微项目学习"活动的策划既要基于学科所学，又要基于真实或仿真的情境，因此有利于学生内化知识，形成认知结构。

如果说，在提升教师提炼达成目标和设计"问题导向"的学习任务的能力方面，我们可以对现行教师教育提出希冀，期待变革促进教师发展，那么，培养教师创意"微项目学习"活动，就必须依靠教师自身努力，修炼理论联系实际并从实际中发现学习意义的能力。因为在学科与生活联系方面，很多高校教师与中小学教师一样，都存在"先天"不足——都是从过分强调学科本位的教学体系中培养出来的。

但是，我们可以从先哲那里汲取思想营养的精华，有意识地去关注生活，真正走向"终身都在备课"。这看起来会吓着我们。但是，在这个修炼的过程中，教师的智慧会被激活，观察会灵敏，思维会活跃，创意也就迸发出来。微课程教学法一直在培训中享受这一成果。然后，教师走进教室就可以从容潇洒，欣赏学生学习力爆发，欣赏学生在交往中成熟，欣赏学生从"无知"到发现事物之间的联系、收获探究（创作）成果的过程。与此同时，教师也实现了对自己的设计方案与设计能力的自我欣赏。

教师汲取思想史上的营养也许是激活思维的有效方法之一。我们在第九章中介绍过，"微项目学习"汲取项目学习精华。项目学习是经验主义和建构主义倡导的学习方式，其哲学渊源可以追溯到笛卡尔的"怀疑一切"，洛克的"白板说"和卢梭的"自然主义"，其实践起源可以追溯到裴斯泰洛齐的实物教学法和福禄培尔的恩物教学法。但是，真正为项目学习完成理论奠基和组织形式建构的，当属美国实用主义哲学家、经验主义教育的倡导者约翰·杜威和他的学生、美国进步主义教育家克伯屈。

杜威所著《民主主义与教育》是被英美学者誉为与柏拉图的《理想国》和卢梭的《爱弥儿》并列的教育巨著。在这部著作中，杜威对西方教育史上柏拉图、亚里士多德以来几乎所有英、法、德等国的著名哲学家、教育家，如洛克、卢梭、裴斯泰洛齐、赫尔巴特、福禄培尔、斯宾塞等教育思想进行了批判性讨论，同时吸取现代哲学、社会学、生物学、心理学的成就，提出了一系列令人耳目一新的真知灼见，形成完整的实用主义教育思想体系，对美国教育和世界教育产生深刻而长远的影响。

读一读杜威教育箴言，应该能够激励我们破釜沉舟，唤醒沉睡的智慧，创意出精彩纷呈的"微项目学习"主题来。

杜威对教师通过"暗示性的提问"或者别的教育方法从学生那里"'引出'教师所希望的回答"提出尖锐的批评，认为在这种情况下，"学生一般没有他自己的主动性"，导致他们"养成依赖别人提供线索的习惯"，因此，其结果甚至"比直截了当地告诉儿童造成的危害更大"。[①] 但这种"引出"现象是传统型"优秀"教师最擅长的。微课程教学法的实验者应该对此习惯性行为保持高度的警觉。

微课程教学法已经在课前自主学习和课堂检测、"进阶"两个环节摒弃了这种以教师为中心的、会在课堂上制造"泡沫"的方法，那么，在内化知识的最后环节，我们无论如何也该继续前进，帮助学生完成内化知识的使命。

杜威批评了"形式训练理论"。认为其基本谬误是"二元论"，即"把人的活动和能力与所用的材料分离开来"。[②] 在杜威看来，"如果要求学生用双眼注意字形而不顾字义，做到能拼能读，这种训练不过是孤立的感觉器官和肌肉的训练"。如果教师"习惯于要求有表情的朗读，以便显示读物的意义"，但是，"采用不注意字义的方法学会感觉和动作的阅读方法，能辨识字形，读出字音……以后要能理解地阅读就困难了。他的发音器官受到孤立的和机械的训练，不能

---

① [美]约翰·杜威：《民主主义与教育》，66页，北京，人民教育出版社，1990。
② [美]约翰·杜威：《民主主义与教育》，74页，北京，人民教育出版社，1990。

把意义随意加上去"。① 因此,"离开练习所用的材料(笔者注:指基于真实情境的学习活动所用的材料),一般的心理的和身体的能力的训练全是废话"②,因为它把心智发展与感官、材料割裂开来。

杜威指出:"教育的任务在于使儿童从反复演过去和重蹈覆辙中解放出来,而不是引导他们去重演以往的事情。"③教师要善于"发现和儿童目前的能力有联系的事物和活动。这种材料能使儿童乐于从事,并使活动始终如一地、连续地坚持下去,这种材料的作用就是它的兴趣。"这为我们指明了创意"微项目学习"活动的方向。

确实,每当进入微项目学习环节,课堂里所有的学生都会全身心投入。无论他们的姿态如何,比如坐着的、站着的、趴着的以及其他等,他们都是以最舒服的姿态在从事学习。教师们发现,以往的"差生"没有了,教师可以静下心来关注各个小组的活动,欣赏学生热爱学习的内在动力……重新审视过去对于学生学习力的认识。

杜威认为:"教学的问题,乃是寻找材料使一个人从事特殊的活动的问题。这种活动有一个重要的目的,或对他有兴趣;同时,这种活动不把事物当作操练的器械,而当作达到目的的条件。"④杜威这段论述,等于提示我们:"微项目学习"活动的设计,首先,要考虑学科内化知识的意义;其次,要创意能激发学生兴趣的项目;最后,活动的材料或工具不是用于训练操作的,而是用作达到目的要选择的条件的。

杜威好像预料到我们要这样做似的,进而"献策":"要发现一些典型的活动,不管是游戏还是有用的作业,每个人都关心这种活动,他们认识到活动的结果和他们利害攸关,感到这种活动不经思考、不运用判断去选择观察和回忆的材料,就无法完成。"⑤这样就涉及心智问题。

杜威反对把心智置于有待认识的事物和事实之上,认为"经验中的心智,是根据对未来可能的结果的预测而应付目前刺激的能力,目的在于控制将会发

---

① [美]约翰·杜威:《民主主义与教育》,156页,北京,人民教育出版社,1990。
② [美]约翰·杜威:《民主主义与教育》,74页,北京,人民教育出版社,1990。
③ [美]约翰·杜威:《民主主义与教育》,83页,北京,人民教育出版社,1990。
④ [美]约翰·杜威:《民主主义与教育》,146页,北京,人民教育出版社,1990。
⑤ [美]约翰·杜威:《民主主义与教育》,146页,北京,人民教育出版社,1990。

生的结果"①。为此，杜威以用打字机写作为例，做了详细分析。

杜威举例，对于打字能手来说，"已经养成的习惯能照顾身体方面的活动"，可以使思想自由地考虑题目。但是，对于打字不熟练，或者虽然打字熟练，但打字机"运转不灵"的人来说，就要运用智慧："你不希望胡乱在打字机上按键，随便发生什么结果；你希望把词打成一定的次序，使它们有意义。你注意键子，注意你所打的内容，注意你手的运动，注意打字机上的色带或打字机的装置。你的注意力并不是毫不在乎地和杂乱地分配在任何一个细节上，而是集中在与有效地从事你的职业有关的事情上。你目光向前，你注意当前的许多事实，因为它们是你做事取得成功的因素。你必须发现你能力有多大，掌握了哪些事件，有什么困难和障碍。**这种预见和对所预见的情况所进行的全面的调查就构成心智。**"②

杜威认为，"智慧所学习的任何事物都是在进行有主动的兴趣的活动方面发挥作用的事物"，"如果我们单纯向学生提示要学习的课业，这种学习的行动就是矫揉造作的，没有效果的。如果学生能认识到他所研究的数字知识在完成他所从事的活动中的地位，他的学习就是有效的。把学习的对象和课题与推动一个有目的的活动联系起来，乃是教育上真正的兴趣理论的最重要的定论。"③

这个"定论"对于我们创意"微项目学习"活动可以说是画龙点睛。山东省青岛第一中学生物教师周苑之所以在发展学生能力的同时创造了学习成绩的奇迹，也许与她坚持使用"任务单"竞赛版有关系。竞赛版的右侧有一栏"设计意图"，使用竞赛版相当于把每一个栏目的意图都告诉了学生，让学生从意图中去发现意义，激发兴趣、激发动力。尤其是课堂上的"微项目学习"与目标相结合，有利于发展心智，学习成效就不一样了。

相信按照杜威的这个"定论"行事，微课程教学法的实验者们一定能创意出无穷无尽的好项目来。一旦教师"主导"进入新境界，课堂上一定学有收获，精彩纷呈。

现在我们来看杜威如何看待经验。

---

① [美]约翰·杜威：《民主主义与教育》，144页，北京，人民教育出版社，1990。
② [美]约翰·杜威：《民主主义与教育》，144～145页，北京，人民教育出版社，1990。
③ [美]约翰·杜威：《民主主义与教育》，148页，北京，人民教育出版社，1990。

杜威认为，经验是包含两个因素的混合体，这两个因素就是主动与被动。就主动方面而言，经验就是尝试。在被动的方面，经验就是承受结果。作为尝试的经验包含变化，但是，除非变化是有意识地和变化所产生的一系列结果联系起来，否则并无意义。"当一个活动继续深入到承受的结果，当行动所造成的变化回过来反映在我们自身所发生的变化中时，这样的变动就具有意义，我们就学到了一点东西。"①杜威举例说，一个孩子仅仅把手指伸进火焰，这还不是经验。只有当这个行动和他遭受的疼痛联系起来的时候，才是经验。

杜威指出："'从经验中学习'，就是在我们对事物有所作为和我们所享的快乐或所受的痛苦这一结果之间，建立前前后后的联结。在这种情况下，行动就变成尝试，变成一次寻找世界真相的实验；而承受的结果就变成教训——发现事物之间的联结。"而"估量一个经验的价值的标准在于能否认识经验所引起的种种关系或连续性"。②

因此，杜威指出，把所谓心智或意识和活动的身体器官隔离开来这种身心二元论所产生的不良后果罄竹难书。杜威认为学生把身体和心智一起带到学校，身体是精力的源泉，必须有所作为。但是，传统教学认为身体与精神活动没有关系，学生应该"专心"做功课，身体活动被认为是干扰"专心"做功课的。学校奖励呆板一律的姿势和运动，助长机械地刺激学生的理智兴趣的态度。结果，身体活动成为"学生调皮淘气的根源"，教师常常必须花大部分时间抑制学生的身体活动，这也成了学校纪律问题的主要根源。

我们不妨来读一读杜威犀利的分析：

对教师和学生所造成的神经紧张和疲劳，乃是身体活动和理解意义分离的不正常情境的必然结果。他们时而冷漠无情，时而激情暴躁。学生的身体受忽视，由于缺乏有组织的、有成效的活动渠道，突然爆发出无意义的狂暴行为，而不自知其所以然；或者陷入同样无意义的装傻相干蠢事。这两种情况都和儿童的正常游戏截然不同。身体好动的儿童变得烦躁不安，不守规矩；比较安静，所谓虚心谨慎的儿童，把他们的精力用在消极的压制他们本能和主动倾向的工作上，而不用在积极的建设性的计划和实行计划的工作上。所以，它们不

---

① [美]约翰·杜威：《民主主义与教育》，153页，北京，人民教育出版社，1990。
② [美]约翰·杜威：《民主主义与教育》，154页，北京，人民教育出版社，1990。

是教育儿童负责有意义地、雅致地使用他们的体力，而是教育他们克尽不发泄体力的义务。可以郑重地说：希腊教育所以取得卓越成就，其主要原因在于希腊教育从来没有被企图把身心分开的错误理念引入歧途。[①]

有过观摩微课程教学法课堂教学经历的老师常常会发现，只要进入"微项目学习"，无论是协作探究还是创作，学生都全身心投入。也许是孩子们意识到协作探究的意义，也许是活动本身激发了他们的兴趣，也许是活动发展了他们的心智，所有人都能在"微项目学习"中收获成就感。因此，教室里没有传统课意义上的"差生"，教师也不需要关心纪律问题。难怪苏州工业园区翰林小学梁文洁老师问自家孩子："翻转课堂之后，课堂上有什么变化？"小孩不假思索地答道："老师不发火了！"

杜威非常重视经验与理论的关系，认为只有在经验中，理论才具有充满活力和可以证实的意义。他说："一种经验，一种非常微薄的经验，能够产生和包含任何分量的理论（或理智的内容），但是，离开经验的理论，甚至不能肯定被理解为理论。"[②]他认为这样的理论只是一种"书面的公式"，一些"流行话"，不可能"建立理论"。在这个意义上，"一盎司经验""胜过一吨理论"。

杜威认为，分析经验，可以把原因和结果、活动和结果结合起来，扩充洞察力，使我们对将来的预见更加准确、全面。一旦发现活动和结果之间的详细关联，"试验性的经验所包含的思维就显露出来"。"思维就是有意识地努力去发现我们所做的事和所造成的结果之间的特定的联结，使两者连接起来"。[③]

杜威指出，"思想、观念不可能以观念的形式从一个人传给另一个人"[④]，只有当"亲身考虑问题的种种条件，寻求解决问题的方法，才算真正在思维"[⑤]。"要激发学生的思维，而不是单纯学一些文字，学校任何科目的教学法应该尽可能不是学院式的"[⑥]。要懂得经验或经验的情境的意义，必须想到校外出现的事情，想到日常生活中使人感兴趣的活动，给学生一些事情去做。由

---

① ［美］约翰·杜威：《民主主义与教育》，155页，北京，人民教育出版社，1990。
② ［美］约翰·杜威：《民主主义与教育》，158页，北京，人民教育出版社，1990。
③ ［美］约翰·杜威：《民主主义与教育》，159页，北京，人民教育出版社，1990。
④ ［美］约翰·杜威：《民主主义与教育》，174页，北京，人民教育出版社，1990。
⑤ ［美］约翰·杜威：《民主主义与教育》，175页，北京，人民教育出版社，1990。
⑥ ［美］约翰·杜威：《民主主义与教育》，169页，北京，人民教育出版社，1990。

于做事要求进行思维或者有意识地注意事物的联系,所以,学生能在做事中"自然地学到了东西"①。

杜威进一步认为,情境应该具有引起思维的性质,"应该提出一件既非常规的、又非任意的事去做"②。杜威发现,凡是儿童忙着做事情,并且讨论做事过程中所发生的问题的地方,即使教学的方式比较一般,儿童的问题也是自动提出的,问题的数量是很多的,他们提出的解决问题的方法是先进的、多种多样的,而且是有独创性的。

杜威认为,"从做中学"也就是"从活动中学"、从经验中学,使知识的获得与生活过程中的活动联系起来。由于儿童能从那些真正有教育意义和有兴趣的活动中进行学习,因此有助于儿童的生长和发展。

笔者之所以不厌其烦地大篇幅撷取散见于《民主主义与教育》各章节中的思想火花,是因为发现,杜威通过对传统教育的批判,已经从经验主义视角出发,揭示了真实情境与经验、思维的关系,把"做中学"的意义清晰地表达了出来,为项目学习的产生准备了理论养料。他的学生克伯屈正是在这个基础上提出了项目学习的概念。

1918年9月,克伯屈在哥伦比亚大学《师范学院学报》第19期上发表《项目(设计)③教学法:在教育过程中有目的活动的应用》一文。克伯屈说:"我采用'设计'这个术语,就是专为表明有目的的行动,并且特别注重'目的'这个名词。"④

克伯屈把项目教学分为四个阶段⑤:

(1)决定目的,即根据学生自己的兴趣和需要提出学习目的或要解决的问题。目的一般由学生自己确定,教师可以指导学生进行选择,但不加强制。

(2)拟订计划,即制订达到目的的行动计划,包括材料问题、工作任务分

---

① [美]约翰·杜威:《民主主义与教育》,169页,北京,人民教育出版社,1990。
② [美]约翰·杜威:《民主主义与教育》,169页,北京,人民教育出版社,1990。
③ project这个单词,过去一般译作"设计",现在译作"项目"。
④ 转引自[美]Sally Berman:《多元智能与项目学习——活动设计指导》,译者序第1页,北京,中国轻工业出版社,2004。
⑤ 转引自[美]Sally Berman:《多元智能与项目学习——活动设计指导》,译者序第1页,北京,中国轻工业出版社,2004。

配、实施步骤等。拟订计划由学生承担，教师只对学生的计划实施情况进行指导。

（3）实施计划，即学生运用给定的材料，通过实际的"活动"来完成计划。

（4）评定结果，即教师提出评定的标准和方法，由学生自己进行评定，如是否按照原计划进行，预定的目标是否实现，学生从项目中学到了什么等。如有差错，教师则予以指导。

可见，项目学习是建立在学生兴趣与需要的基础上的，以有目的的活动作为教学过程的依据，对于打破学科体系、实施跨单元、跨学科的学习具有重要作用。项目学习在20世纪二三十年代的美国初等学校和中学的低年级得到广泛的应用。

微课程教学法则根据时代特点和全球教育发展趋势，从成熟的项目学习中提取协作探究和展示活动两大精华，创意了特殊组合的"微项目学习"，在实践中取得良好效果，受到学生和教师的普遍欢迎。

尽管创意来自真实情境的"微项目学习"活动有一定难度，但是，实验表明，这并不是一道迈不过去的坎。只要有变革的决心，潜心研究跨学科整合，尤其是善于同伴互助的话，就能创意出很好的"微项目学习"主题。

微课程教学法实验表明，只要能够设计出来自真实情境的"微项目学习"活动，学生就能很好地完成内化知识、拓展综合能力、发展核心素养的使命。同时，学习绩效也出现了提升的趋势。而且，学生喜欢这种学习方式，也许是应了杜威所谓学生发现了学习的意义之验，以及可以通过教师提供材料，自己动手使之成为达成目标的条件使然吧！

教师也喜欢这种方式，因为，教师发现了"微项目学习"促进学生能力发展的不可思议的魔力，并且深深为学生全身心投入学习的状态所感动，而且，只要抓好考前复习，学习成绩居然还掉不下来。

这是一片值得闯荡的天地。马克思曾说：在科学的道路上没有平坦的大路可走，只有在那崎岖小路的攀登上不畏劳苦的人，才有希望到达光辉顶点。修炼自己，张扬个性，迸发智慧，教师就能进入超凡脱俗的点化学生智慧的"教师主导新境界"。

/第四部分　实践组织：过程、方法与反思/

💡 **回顾与思考**

1. 如何处理教无定法与学有规律的关系？
2. 您认为：应该是教育技术为教学主体服务，还是教学主体为教育技术服务？
3. 杜威的经验主义课程观对您创意"微项目学习"有何启示？

💡 **小贴士**

如果您发现杜威经验主义课程观对于创意"微课程教学法"具有意义，您就向如何创意"微项目学习"活动走近了一步；如果没有发现，那么，您可以尝试通过同伴互助、头脑风暴，从跨学科整合的视角去激发创意灵感。

四、跨界、创新与概念炒作

人类从来不乏跨界。

早在17世纪，法国人笛卡尔站在自然哲学的高度，实现几何学与代数学跨界，创立了解析几何学。他对哲学、数学、天文学、物理学、化学和生理学等领域进行深入研究，构建了特色鲜明的认识论①体系，成为欧洲最有影响力的哲学家之一。

18—20世纪，物理学与化学跨界，以1877年德国化学家奥斯特瓦尔德和荷兰化学家范托夫创刊《物理化学杂志》为标志，创立物理化学（Physical Chemistry）；以1933年美国创刊《化学物理杂志》为标志，创立化学物理（Chemical physics）。

新中国自己培养的大学生、中国中医研究院终身研究员屠呦呦，从1969年开始，研制抗疟疾药物。她从东晋葛洪《肘后备急方》中得到启示，改用沸点比乙醇低的乙醚冷浸法处理青蒿。历经190次失败，最终成功提取到青蒿素。据英国权威医学刊物《柳叶刀》统计，青蒿素复方药物对恶性疟疾的治愈率达到97%，屠呦呦也因此获得瑞典皇家科学院颁发的2015年诺贝尔生理学或医学

---

① 1637年，笛卡尔用法文写成三篇论文——《屈光学》《气象学》和《几何学》，并为此写了一篇序言——《科学中正确运用理性和追求真理的方法论》，哲学史上简称为《方法论》(Discours de la méthode)。

奖。她在获奖演讲中坦言：学科交叉为研究发现成功提供了准备，通过抗疟药青蒿素的研究经历，深感中西医药各有所长，二者有机结合，优势互补，当具有更大的开发潜力和良好的发展前景。2018年12月18日，在庆祝改革开放40周年大会上，屠呦呦作为改革开放杰出贡献人员，被中共中央、国务院授予"改革先锋"称号。

当代跨界，几乎成为趋势。

IT与移动通信技术跨界，引发风靡全球的智能手机潮；与商业活动跨界，造就网络商业奇迹——阿里巴巴；与家居产业跨界，萌生智慧家居。而新一轮"互联网＋"的兴起，正在引发一场把传统产业与服务业卷入其中的互联网革命。

我们这些教育人，正在创造一个基于单位课时的新教学体系。这一创造源自东西方跨文化智慧的力量——跨界的力量。我们需要用跨界的思维认识世界，也包括认识教育，去发现常人难以想象的真理。同样地，只有怀揣跨界的智慧，我们才能发现，实践微课程教学法，其实常常需要跨界思维。

从哲学视域看问题，跨界是现象与本质的统一。丰富多彩的跨界现象背后的真实意义是联系、洞见、想象力与改变原有行为方式的创新实践。

联系是事物之间以及事物内部诸要素之间相互影响、相互制约、相互作用的关系，具有多样性的特质。

客观事物本身所固有的简单联系，如生物界的遗传与变异，只要具备基本的刺激感应性就能被发现。

客观事物本身所固有的复杂联系，需要借助科学的方法与条件才能得以揭示。如纳米科技这样的前沿学科，是借助扫描隧道显微镜的发明建立起来的，这使人类有能力直接以原子和分子来构造具有特定功能的产品。

所有联系中最复杂、最神奇的，当属只有借助主体智慧才能发现的联系。这种联系，与大数据通过寻找相关关系预测未来的核心思想一致。

维克托·迈尔-舍恩伯格（Viktor Mayer-Schönberger）和肯尼思·库克耶（Kenneth Cukier）在他们合著的《大数据时代》中说："数据的真实价值就像漂

浮在海洋中的冰山，第一眼只能看到冰山一角，而绝大部分则隐藏在表面之下。"①这冰山下绝大部分的真实价值有赖于主体智慧介入才能被发掘出来。

跨界就是在丰富多样的联系中，借助主体智慧才能洞见的力量，使原本没有联系的事物能够巧妙地相互联系、融合为一，成为新事物。于是，创新成为应有之义。

洞见是明察的意思，原指能透视不易察晓的事物。但是，我们发现跨界现象与大数据实际上揭示了有关"洞见"的更有意义的属性，那就是：洞见事物或事物之间本身并不具有，但是，通过主体智慧介入能够创造出来的联系。

萨尔曼·可汗的实验很有说服力。他开发的平台，屏幕上每一行是一个学生的学习数据，每一列是一个概念，绿色表示学生已经掌握，蓝色表示他们正在学，红色表示他们有困难了。教师发现红色之后，就会主动介入，帮助遇到困惑的学生。

我们注意到，学生完成作业的情况与红、蓝、绿三种色块本无内在联系，只是由于可汗超群的想象，才创造出两者关联对于提升学习绩效的意义。

于是，我们发现，联系与洞见往往需要想象力，才能"于无声处听惊雷"。

想象力是一种认识能力。台湾学者尤煌杰把想象力分为再现的想象力（Representative imagination）、创造的想象力（Creative imagination）和构成的想象力（Constructive imagination）。②

再现的想象力是人的感官的以往经验再次出现在我们的心灵中。例如，我们可以因为曾经到过八达岭，而在有需要的时候，把雄伟的万里长城的形象再现在意识中。

创造的想象力是一种艺术的创作活动。创作者可以把来自不同时空背景、不同对象的知觉印象，人为地重组为一个全新的形象。中华民族的图腾——龙，就是人为重组的集鹿角、马脸、虎牙、蛇身、鱼鳞、鹰爪等动物特征于一身的前所未有的形象。

构成的想象力与艺术创作充满天马行空般的任意性不同，包含着一种解决

---

① ［英］维克托·迈尔-舍恩伯格、肯尼思·库克耶：《大数据时代》，134页，杭州，浙江人民出版社，2013。

② 转引自邬昆如：《哲学概论》，88页，北京，中国人民大学出版社，2005。

问题的逻辑性，往往表现为科学的假设，经常出现在科学研究的新发现中。

当古希腊天文学家、数学家阿里斯塔克斯（Aristarchus）第一个发现地球是围绕太阳运行的时候，并没有直接观察到地球在环绕太阳运行，而是根据观察经验，想象地球每天自西向东转一周，又在一年中绕太阳公转一周，从而解释太阳东升西落和一年四季的自然景象。

这一想象是由构成的想象力完成的。但是，这个想象内容，经过哥白尼、伽利略等一代又一代科学家的努力才逐步得到证实，当然，他们也修正了"日心说"把太阳看作宇宙中心的不足。这大概就是胡适先生所言"大胆假设，小心求证"的原因。

构成的想象力是创造力实现的必要条件，也是个人和社会存在与发展的精神支柱。联系与洞见需要的想象力，正是这样一种构成的想象力。诚如巴甫洛夫所言，化学家"在为了彻底了解分子的活动而进行分析和综合时，一定要想象到眼睛看不到的结构"[①]。

实践是想象力转化为现实的桥梁。从联系、洞见、想象，再到现实，跨界的现实力量是实践。实践提出需求，成为认识的源泉，认识发展的动力，认识的最终归宿。实践的发生，固然与理论的假设有关，但是，理论的假设是否合理，则有待于实践的检验。因此，不是用理论来套裁实践，而是在实践中验证理论与发展理论。

值得一提的是，实践往往需要改变行为方式。现代心理学研究已经证明，行为方式的改变，能够改变人们的认识。因此，不仅理念转变会引起行为改变，而且，行为改变会最终转变人的理念。翻转课堂实验就是一个明证：只有改变教学行为，新的教学理念才能真正确立起来；如果不改变教学行为，翻转课堂就不会成功，最终，人们会从原来愿意接受的新理念退回到传统的旧理念中去。

微课程教学法就是在实践中借助跨界，不断破解问题，创造概念，发现联系，组成图式，最终形成比较完整的体系结构，所有的概念、原理、方法好像一下子融通组合为一个新体系——信息时代的微观教学论。又在一线教师的实验中证得内化知识、拓展综合能力、发展核心素养的实效，新理念才真正得以

---

① 转引自伍棠棣、李伯黍、吴福元：《心理学》，87页，北京，人民教育出版社，1980。

确立。此后，微课程教学法受到全国教师的欢迎，已经传播到除西藏自治区之外的所有省、自治区、直辖市。2018 年，《微课程教学法》被列入中国大学 MOOC 教育教学类课程，开课两期，选课人数达 8596 人。

学习微课程教学法，需要有创新、跨界的精神。我们为什么提出这个问题？

在"微课程教学法"QQ 群里，常有教师发问：有没有某某学科的好一点的"任务单"借鉴？他们的主观愿望是好的，但是，他们对微课程教学法的理解还停留在满足于表面现象的层次，以为"山寨"就能学会，反映出实际上还没入门。

如果只知表面现象，不知背后的设计原因（原理或方法），就不会有可持续创新、独立设计合格的"任务单"的能力。当然，如果没有读过《新体系：微课程教学法》，也没有修过中国大学 MOOC 上的《微课程教学法》课程，停留在用传统思维惯性来解读微课程教学法，产生这样的念头是毫不奇怪的。

但我选择不给他（她）。这是因为，假如我有，给的便是"鱼"。"鱼"被饕餮一空，也就不复存在。很明显，这种做法没有后劲。再说，沽名钓誉，鼓励"山寨"，非我所愿。即便给了，也是助长了"山寨"习性，少了批判性思维理性，不利于该教师日后融会贯通，创新发展。而我喜欢给"渔"，常常回答："您设计一个不就有了？我可以给您提建议，合力打造一个优秀的。"

一旦教师愿意设计，我便乐于帮助。河北省邯郸市复兴区前进小学数学教师刘玲，"任务单"易稿 7 次，"微项目学习"从只会布置习题到打开思路，跨界创意。结果，来苏州借班"翻转"，一炮打响，激动不已。

我想，这个时候，她才真正领悟，教师的主导作用是多么的重要。这个时候，她对微课程教学法的系统设计方法，或许有了真正的领悟，今后可以把这种方法迁移到其他课时的设计中去，而且，无须花费第一次尝试时的那么多时间。这个时候，她才能够发现，微课程教学法居然能够运筹帷幄，只要设计成功，课堂一定精彩。这对习惯于传统教学的教师来说，是不可思议的。这个时候，实践者便步入"教师主导新境界"，开始从演员型教师向着导演型教师转型。

其中奥秘，无法"山寨"，只能知其然，又知其所以然，才能洞悉。满足于"山寨"的教师是无法达到这样的境界的。回看我们数十位实验者创造的优秀范例，没有一个是"山寨"的，都是独立思考、打开脑洞、创新设计的产物。既然教师有创新的潜能，何必扼杀？

鉴于微课程教学法这个体系付诸实践产生的激发学习力、拓展综合能力和发展核心素养方面的显效，我们更愿意把这种课程改革的好方法、信息时代的微观教学论，介绍给更多的教师，让他们受益，从而让他们的学生受益、家长受益。总之一句话，只有付诸实施，创新才有意义。

跨界是一事物与它事物的交叉。每一次跨界，都是一次创新。这就是跨界改变知识体系、改变社会生产和社会生活的力量。跨界的本质是整合、融合。将自身资源的某一特性与其他表面上不相干的资源进行搭配，往往可放大资源各自的价值，甚至可以融合成一个完整的独立的新事物。微课程教学法就是在跨界融合中应运而生，又在策划"微项目学习"中跨学科、跨系统整合，从而实现促进内化知识、拓展综合能力、发展核心素养的。

2015年3月5日，李克强总理在十二届全国人大三次会议上所做的《政府工作报告》中首次提出"互联网＋"行动计划，从此，拉开基于互联网的行业跨界大幕。

"互联网＋"将给教育发展带来怎样的机遇与挑战呢？微课程教学法将怎样回应面临的机遇与挑战？本章最后一节"靶向学习法浮出水面"将探讨这一主题。

从对联系、洞见、想象、实践的分析中，我们发现：一事物与它事物是否具有跨界的意义，是主体与客体相互作用的结果。然而，连接主客体的跨界能否实现创新，则有赖于能够洞见跨界的真实意义的主体智慧。

中山大学王竹立教授所著《你没听过的创新思维课》开篇有一段师生对话[1]，很值得我们回味：

师：两位同学，我想提一个问题，什么是创新思维？

生1：（挠头）创新思维……就是要与众不同。

生2：就是要新颖。

师：与众不同、新颖，都是一个意思，不错！我举一个例子，如果我们在一辆公交车的顶上也装四个轮子，这个新颖吗？是创新吗？

---

[1] 王竹立：《你没听过的创新思维课》，2页，北京，电子工业出版社，2017。

生 2：这个新颖倒是新颖，但不是创新。

师：为什么？

生 2：在车顶装四个轮子有什么用呢？反而会有害处。

师：那创新还有别的要求吗？

生 1：创新还要有价值。

师：对，非常好！新颖加上有价值，就构成了一个创新作品的两个要素。

这段对话有助于我们盘活自己的主体智慧。如何盘活？当我们设计"三剑客"遇到困难的时候，要善于跳出问题看问题，以及跳出学科看问题。比如创意"微项目学习"，往往需要跨学科思考。

苏州工业园区文萃小学数学教师马晓露在一年级(下)《认识1元及1元以下人民币》的系统设计中，遇到了创设真实情境的困难。但是，一旦跳出数学学科，跨界到商业，困难立即迎刃而解，创意出"欢乐购物节"，让学生在购买中真正理解元、角、分的意义，会灵活换算，既学了知识，又开发了生活本领。

江苏省木渎高级中学地理教师马莉莉在《热力环流》设计时创意了"切洋葱，不流泪"活动，这是地理与日常生活的跨界，掌握了热力环流原理，切洋葱就不会流泪，没有掌握就会流泪。学生学得兴致盎然，知识掌握得十分牢固。

这两个案例，都具有新颖与价值这两个特点。新颖是在于跨界，价值是发现了真实情境与知识的联系，因此，他们在教学中都取得了好的效果。假如只有新颖，但是与所学知识无关，那么，就不能起到内化知识的作用，不能视为成功。可见，王竹立老师与学生有关"新颖"与"价值"的问答，对于我们创意"微项目学习"主题是很有帮助的。

在翻转课堂的传播中，乃至信息化教学进程中，不乏联系产生的新概念。究其实质，我们往往发现有真的新概念，也有陈旧的"新概念"。这类陈旧的"新概念"就是概念炒作的别称。

所谓概念炒作，是具有"标新"心理，又没有洞见跨界的真实意义，从而构造的纯属主观臆想的词语，这些词语既不符合逻辑，又不符合实际，在信息化进程中产生的作用没有积极意义。比如，有教育界人士把翻转课堂解释为"先学后教"，引起一线教师质疑："翻转课堂是不是'挂羊头卖狗肉'的新一轮概念炒作？"

这是因为，假如翻转课堂是"先学后教"，"先学"是课前学习知识，"后教"对于学生而言，就是在课堂上继续学习知识，至于内化知识的时间，就没有了保证。既然"翻转课堂"就是传统的"先学后教"，那么，"翻转课堂"就没有"翻"什么"转"，没有创什么新，这样的"翻转课堂"纯属概念炒作。

还有一种"小翻转"，实际上是"先学后教"的另一种表现：上课一开始先由学生自己学习知识，然后，老师讲学生学习起来有困难的内容，对于学生来说，是继续学习知识，当然，内化知识也没有了时间的保证。所以，"小翻转"也是在炒概念。

上述概念都是在给最初的培养自主学习的方法——"先学后教"——贴标签，因而，引发了善于批判性思考的教师的质疑，是毫不奇怪的。

由此可见，创新不是概念炒作。创新需要真正洞见常人没有发现的事物与事物之间的联系。没有洞见事物之间的联系，又要标新立异，只会误入概念炒作的歧途。殊不知，概念炒作反映了逻辑的混乱，逻辑的混乱标志着思维的混乱，混乱的思维容易造成混乱的实践。如此看来，炒概念实在不是上策。

信息碎片化时代，贵在系统思维。只有在系统思维框架下的碎片化思考，才有真实的价值。脱离了系统思考的碎片化思考，难以洞见隐藏在事物背后的真实意义，反而把人引向浮躁——耐不住性子、臆想——求不到真理的歧路上去。

因此，实验微课程教学法须讲究逻辑思考，把认识建立在真实的基础上。我们可以总结、提炼新的教学概念，可以去发现概念与概念之间的联系，但是，不能炒作连自己都没搞清楚意义的概念。法贵专一、耐得住寂寞，踏踏实实，探求教学规律，成就学生发展，成就教师发展，成就课改发展，是微课程教学法一如既往的发展之路。

回顾与思考

1. 跨界、联系、洞见、想象力、实践之间存在着什么样的关系？
2. 假如"先学后教"是翻转课堂，翻转课堂还是不是创新的教学概念？为什么？

小贴士

概念炒作是具有标新心理又没有发现事物之间新的联系的主观臆想。

五、 超越韩愈

韩愈为唐宋八大家之首,唐代古文运动的领袖,开文坛一代新风,影响至深至远。对于教师而言,为教师定位的《师说》尤为脍炙人口。

韩愈认为,"师者,所以传道受业解惑也"。古之"受"与"授"通,因此,教师通常自诩传道、授业、解惑,少了批判性思维的理性。

如今改革开放,我们面临一个经济全球化时代,机遇与挑战并存,开放与保守同在,和平与战争并存,发展与衰退同在,要想跟上时代的步伐,就要善于创新。于是,我们开始思考:原道从何而来?

我们不难发现:原道为古之先祖先圣所发现,即先祖先圣悟道所得。那我们就要进一步发问:既然先祖先圣能够悟道,我辈为何变异为不能悟道,只能传道授业解惑?一旦有惑,真能解乎?

如果教师的使命真的仅仅是"传道授业解惑",那么,悟道的潜能将会退化,从而与悟道相去甚远。久而久之,原道是否会丧失发展活力?

我们不能不正视这样的现实,有相当一部分教师不经过专门培训已经没有能力提炼学生学习要达成的目标(微课程系统设计称为"达成目标"),也不会设计"问题导向"的学习任务,如果没有外力刺激,连把学科知识与真实情境联系起来的思维活力都很难找到。这给他们参与微课程教学法实验带来困难。实际上,这部分教师提炼教学目标都是有困难的。究其原因,恐怕与抄袭、粘贴教学目标不无关系。值得注意的是,抄袭、粘贴是只"传"不"悟"的行为,会造成思维的退化。

在现实生活中,不少大中小学教师热衷于"山寨",不思悟道,似乎自己只需"学习,学习,再学习",当个"二传手",便能到达学问的顶点。不能不说,这是悟道潜能退化的表现,如此谈何认识发展?丧失认识发展,谈何超越与创新?

如果我们更进一步追问:老祖宗尚且能于洪荒时代悟道,我们有何理由丢弃悟道的潜能与智慧,借助"传道授业解惑"苟延残喘?

也许有人以为,如此质疑,是否有点耸人听闻?殊不知,假如我们只传先人之道,不悟今日自然、社会、自我、人工智能的认识之道,我们的思想就会

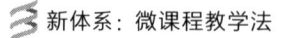

僵化，我们的智慧就会泯灭。实验微课程教学法提炼不了达成目标，设计不出"问题导向"的学习任务，就是明证。

不少教师在撰文时必提某大家如何说，唯独丧失的是自己的独立思考与见解。殊不知，借用大家名言，只能表示自己同意大家名人所言，不能作为证明立论真伪的标准。少一些迷信，多一些理性，才是认识发展之道。

我们在实验中发现，当我们与教师讨论提炼达成目标时，通过头脑风暴，通过冷静思考，或者通过我们的启发，教师能够提炼出达成目标。我们也发现，当我们与他们一起探讨如何把要让学生掌握的内容转化为问题时给出范例之后，他们会逐渐适应设计"问题导向"的学习任务。我们还发现，原本以为没有办法给出真实情境的"微项目学习"主题的教师，在头脑风暴中会创意出能够激发学生探究热情的"微项目学习"主题。

发生在实验中的这些事说明：一旦引导教师去思考那些没有现成答案的问题，他们还是能够"开悟"的。如果让教师超越"传道授业解惑"，或许，他们就能肩负起课程改革赋予的神圣使命，成为学生学习的设计者、指导者、帮助者、组织者、欣赏者和促进者，转型成为点化学生智慧的导师。

信息化时代，知识爆炸，信息泛滥，仅仅"传道授业解惑"是不够的。实验微课程教学法的教师，须以悟道为己任，超越韩愈，走向创新，方能发展认识能力，顺应时代发展，创造性地传道、授业、解惑。

一旦我们达到悟道的境界，就能辨别事物真伪，不为概念炒作所迷惑，能够于纷繁复杂的现象中发现规律，发现趋势，法贵专一地开创新生活，从事新实践，建构新理论，达到理想的新境界。

回顾与思考

1. 教师为什么要悟道？
2. 如何理解悟道与"传道授业解惑"之间的关系？

小贴士

超越韩愈，勇于悟道，才能转型成为点化学生智慧的导师。

六、靶向学习法浮出水面

实践中的微课程教学法产生了良好的效果。"学生怎么这么厉害","学生设计的网页超乎我们的想象"(信息技术),"有两个学生居然用湿毛巾来模拟板块"(地理),"翻转课堂怎么这么神奇","课堂不用你去管纪律"……这样的话语,在微课程教学法的实验中常常可以听到。

确实,我们常常在听课中观察到,学生在检测与进阶时安安静静,神情自若,冷静作答。检测结果是,准确率相当高,尤其是在小学,100%的正确率也是常见的现象。

我们观察到,协作评价一开始,学生讨论热烈,为的是证明自己的学习能力,或是真正把问题搞透。

我们观察到,协作探究一开始,学生就忙乎开了。不过,这不是瞎忙乎,而是心中有着项目的目标(比如"我给好书身份证")。为了实现目标,学生自然互动沟通起来,调动教师所提供的材料,调动自己的肢体、感官,创作出有意义的成果(比如用《中图法》给图书编好了索书号)。这个时候,你会发现,目标、方法、条件、动作、成果,浑然一体,学生真正在成长,他们不仅记住或理解了知识,而且,会产生出用什么样的方法去运用什么样的知识可以产生什么样的结果的领悟,实际上,就是把课前所学知识凝聚成一种图式或结构,这不就是建构主义所谓的意义建构吗?

我们观察到,协作创作一开始,学生一个个像作家、像画家、像平面设计专业人员,全神贯注,倾尽全力,塑造自己心中的"香巴拉"。完成之后,又互相协作,有点评的,有质疑的,有提建议的,然后,又进入有序修改之中。结果,奇迹出现了,"学什么,会什么"成为现实,中国式的建构主义与皮亚杰的"顺应"殊途同归。

我们观察到,成果展示活动如何超越了我们对学生现状的估计。只要教师退到后排,学生就会独立表达;只要教师稍作点化,学生就会面向大众侃侃而谈,甚至出现肢体语言;只要教师佯装愚钝,学生就会竭力转动思维"机器";只要有学生起来质疑,课堂立刻生动起来,不只是肢体的,更主要的是来自思维深处的灵性的激发。

于是我们发现，在微课程教学法支撑的翻转课堂两个阶段的学习中，学生的学习态度在转变，学习力在涌动，思维在发展，肢体感官在发展，能力与素养在提升，一幅活生生的课程改革画面。

我们也发现，教师不再是讲授舞台上的演员，而是专注于学习、研究，并将思想与经验的成果凝聚到自主学习任务单设计、配套学习视频构思与开发、课堂学习任务单策划之中，融入课堂学习的组织之中，开始了从"演员"到"导演"的历史性转型。教师的"主导"作用也在发生历史性变迁，不再是形式控制学生学习，转而进入"教师主导新境界"。这个新境界，就是用设计来激发学生学习力，用设计来促发高质量学习的发生，用设计让课堂进入生动活泼的内化、拓展、提升。核心在于设计。

要问课堂、学生、教师为什么会发生那么大的变化，答案在于微课程教学法的灵魂：精于提炼具体精准的达成目标，精于瞄准达成目标的学习任务设计，精于根据完成学习任务的需要开发配套学习视频，又精于瞄准课前学习知识成果，策划内化知识、拓展综合能力、发展核心素养的方案。

这些话语，我们在本书中读过无数遍，细细想来，其中贯穿着"目标导向"思想。依策划好的目标行动，是人类区别于其他动物的根本标志。假如转而从学习视域看问题，那么，一种新的学习方法——靶向学习法——渐渐浮出水面。

试分析微课程教学法实验中的课前学习与课堂学习，我们可以发现：课前学习，首要的是搞清楚要达成的目标，这是学习的导向，也是评价学习效果的标准；学生完成"任务单"给出的学习任务，是为了实现达成目标；学生观看视频或浏览其他资源，是为了完成学习任务这个次级目标。课堂学习，是为了把课前所学知识上升到内化知识的高度；"微项目学习"则瞄向了学生未来发展的长远目标。

因此，从学习视域看问题，微课程教学法本质上可以表述为"靶向学习法"。

靶向学习法为人工智能支持教育开辟了良好的应用前景。人工智能是人类智慧的外化，与人类思维最大的区别是，人类的思维是创造性的，善于灵活应对未曾经验的问题，而人工智能是经验的程序化，难以应对人类未曾考虑成熟的问题。现在，那些经验过的问题，人类可以赋能予人工智能去解决。

微课程教学法把学习靶向化了，这就为人工智能介入教育领域支持学生学习，尤其是支持学生从事"翻转学习"，创造了前所未有的条件。

当微课程教学法的实践面达到为资本带来广阔的利润空间的时候，资本就会蜂拥而入。

百度的"小度"智能视频音箱，拥有早教陪伴、生活助手、智能家控等功能，借鉴靶向学习法思路，人工智能将与学习资源深度融合，与学校教学深度融合。未来，人工智能会不会成为学习工具的"标配"？

现实的问题是，教师会不会失业？

微课程教学法的教育技术哲学观是技术为主体、为教学服务，而不是统治主体、指挥教学；技术只有实现其工具性，为课程改革、向着未来教育发展趋势提供服务的时候，其对于教育变革的革命性因素才能实现。

人工智能介入学习，教师不会失业。相反，教师会有更多的时间研究如何策划与组织内化知识、拓展综合能力、发展核心素养的课堂学习活动。毕竟，这不是人工智能的强项，而是人类思维的强项。尤其重要的是：教育不是要把人培养成像机器一样思维，而是要尽可能让机器像人一样思维，这样，人工智能才能更好地为人类服务。

教师还可以有更多的时间研究、创意学习材料，研究资源以什么样的新形式、新内容或者新的操作方式支持学生高质量学习，或者把最新研究成果赋能于人工智能，让人工智能更好地造福于人类。当然，人类可能会有更多时间享受生活，体验幸福。

也许有一天，人工智能能够带着教材，让学生自由选择学习条件（人工智能设定的），从事主动的、趣味性的、探索性的学习，让学生在发展心智中发展智慧，迸发出更强劲的创造未来的活力。

未来，人工智能会与靶向学习法结盟吗？

当微课程教学法的实践面达到相当规模的时候，当人工智能技术更加成熟、成本下降到可以接受的时候，结盟的时机就成熟了。借助靶向学习法，人工智能可以把自主学习任务单的任务驱动，一条一条分析处理，给出解决方案。当学生学习更加从容快乐的时候，教师组织课堂创新的时间是不是会更加充裕？课堂创新的空间是不是会更加广阔？

我们期待着靶向学习法与人工智能结盟，让教学变革在解放教师、幸福学生之路上奔跑。

📝 回顾与思考

1. 如何理解微课程教学法与靶向学习法之间的关系？
2. 靶向学习法与人工智能联姻的前景怎样？您有什么好的创意？

💡 小贴士

人工智能善于解决有确定性的问题，靶向学习法为人工智能与微课程教学法联姻创造了条件。

参考文献

1. [美]艾伦·C. 奥恩斯坦，弗朗西斯·P. 汉金斯. 课程论：基础、原理和问题(第五版)[M]. 北京：中国人民大学出版社，2009.

2. [美]艾伦·C. 奥恩斯坦，弗朗西斯·P. 汉金斯. 课程：基础、原理和问题(第五版). 南京：江苏教育出版社，2013.

3. 陈向明. 质的研究方法与社会科学研究[M]. 北京：教育科学出版社，2000.

4. [美]蒂娜·罗森堡. 教室的革命[J]. 纽约时报(中文版)，2013，10(28).

5. [美]杜威. 民主主义与教育[M]. 北京：人民教育出版社，1990.

6. 顾明远. 对教育本质的新认识[N]. 光明日报，2016-01-05.

7. 胡铁生. "微课"：区域教育信息资源发展的新趋势[J]. 电化教育研究，2011(10).

8. 金陵. 翻转课堂与微课程教学法[M]. 北京：北京师范大学出版社，2015.

9. 金陵. 建构中国特色的"微课程教学法"[J]. 中国信息技术教育，2013(12).

10. 金陵. 理解翻转课堂的三个关键点[J]. 中国信息技术教育，2014(7).

11. 金陵. 翻转课堂：本土创新的奥秘——微课程教学法视域[J]. 新课程丨小学数学名师说课，2016(6).

12. 金陵. 微课程教学法：翻转课堂的本土创新[J]. 中小学数字化教学，2017(2).

13. 金陵. 微课程教学法：诗歌创作的七个脚手架[J]. 中国信息技术教育，2018(19).

14. [美]拉尔夫·泰勒. 课程与教学的基本原理[M]. 北京：中国轻工业出版社，2014.

15. 李允. 翻转课堂中国热的理性思考[J]. 课程·教材·教法，2014（10）.

16. 李泽民，张合齐. 热中有冷的思考，冷中有热的追求——"翻转课堂"摭谈[J]. 中小学教师培训，2015(8).

17. 联合国教科文组织. 反思教育：向"全球共同利益"的理念转变？[M]. 巴黎：联合国教育，科学及文化组织出版，2015.

18. 刘玲. 你若盛开，清风自来——四年级下册《小数加法》系统设计的心路历程[J]. 中国信息技术教育，2018(13-14).

19. 刘洁. 古诗"翻转"，建构儿童诗意思维——以《江雪》为例探究翻转课堂古诗教学[J]. 中国信息技术教育，2017(6).

20. [美]乔纳森·伯格曼，亚伦·萨姆斯. 翻转课堂与慕课教学——一场正在到来的教育变革[M]. 北京：中国青年出版社，2015.

21. [美]乔纳森·伯格曼，亚伦·萨姆斯. 翻转学习：如何更好地实践翻转课堂与慕课教学[M]. 北京：中国青年出版社，2015.

22. [美]乔治·J.波斯纳. 课程分析[M]. 上海：华东师范大学出版社，2007.

23. 邱磊. 杜威教育箴言[M]. 上海：华东师范大学出版社，2015.

24. [美]Sally Berman. 多元智能与项目学习——活动设计指导[M]. 北京：中国轻工业出版社，2004.

25. [美]萨尔曼·可汗. 翻转课堂的可汗学院：互联时代的教育革命[M]. 杭州：浙江人民出版社，2014.

26. 陶亮俚. 系统设计：翻转课堂本土创新的最佳路径——以微课程教学法视域下的苏教版语文三下《恐龙》教学为例[J]. 中国信息技术教育，2018(6).

27. 万斌，盛晓明，叶壬虎，杨晓梅. 哲学原理[M]. 杭州：浙江大学出版社，1987.

28. 王奕标. 透视翻转课堂——互联网时代的智慧教育[M]. 广州：广东教育出版社，2016.

29. 王斌华. 校本课程论[M]. 上海：上海教育出版社，2000.

30. 王水丽. 《第八次》第二课时教学及其反思[J]. 中国信息技术教育，

2015(2).

31. 王竹立. 你没听过的创新思维课[M]. 北京：电子工业出版社，2017.

32. 汪瑞林. 核心素养：素质教育再出发的起点[N]. 中国教育报，2015-05-13.

33. [英]维克托·迈尔-舍恩伯格，肯尼思·库克耶. 大数据时代[M]. 杭州：浙江人民出版社，2013.

34. 伍棠棣，李伯黍，吴福元. 心理学[M]. 北京：人民教育出版社，1980.

35. 谢峰. 破茧化蝶，绽放精彩——《春联》教学设计及反思[J]. 中国信息技术教育，2016(8).

36. 邬昆如. 哲学概论[M]. 北京：中国人民大学出版社，2005.

37. [美]约翰·富兰克林·博比特. 课程[M]. 北京：教育科学出版社，2017.

38. 张金磊，王颖，张宝辉. 翻转课堂教学模式研究[J]. 远程教育杂志，2012(4).

39. 黄发国，张福涛. 翻转课堂理论研究与实践探索[M]. 济南：山东友谊出版社，2014.

40. 张杰，李科，杜晓. 翻转大学英语课堂：基于现状调查的冷思考[J]. 现代教育技术，2015(7).

41. 赵晨. 网络空间已成国际反恐新阵地[N]. 光明日报，2017-06-14.

42. 赵卉. 不须归？不愿归——微课程教学法视域下《渔歌子》一课的"翻转"教学[J]. 中国信息技术教育，2017(18)

43. 中国人民大学哲学系逻辑教研室. 形式逻辑（修订本）[M]. 北京：中国人民大学出版社，1984.

44. 钟启泉，汪霞，王文静. 课程与教学论[M]. 上海：华东师范大学出版社，2008.

后 记

《新体系：微课程教学法》(以下简称《新体系》)完稿的时候，我想起了在第一部翻转课堂专著——《翻转课堂与微课程教学法》完稿时的那一刻，曾写下如下文字：

我愿做那开山辟路的人，

于山穷水尽处揭开柳暗花明的信息化教学天地的美丽面纱。

我愿精疲力竭躺倒山崖，

体验疲劳散去时来到的无比美妙的幸福。

……

今天，《新体系》完稿，我却没有感到疲惫躺倒的幸福，而是忆起写作以来的点点滴滴。假如采取倒叙方式，那么，书稿完成之时，恰逢"微课程教学法实践共同体"开题。

"微课程教学法实践共同体"是教育部 2018 年度教育信息化教学应用实践共同体项目。2018 年 7 月 13 日，我在北京讲学期间，中央电教馆研究部沈芸副主任约我讨论一个新的信息化推进思路：行政牵头、民间操作的信息化教学应用实践共同体的可行性。这使我萌生了联合全国微课程教学法实验者组成共同体，促进这项基于课程、融合技术、意在变革的翻转课堂本土创新活动向更为广阔的领域拓展的想法。

同年 10 月，以江苏省木渎高级中学为牵头学校，山东省青岛第一中学、苏州新草桥中学、内蒙古包头市蒙古族学校、苏州工业园区星洋学校、苏州工业园区星汇学校、武汉市楚才中学、苏州工业园区翰林小学、苏州工业园区文萃小学、苏州工业园区胜浦实验小学、苏州工业园区方洲小学、苏州工业园区星洲小学等中小学校，以"微课程教学法实践共同体"这一被烙上鲜明的教学创新的名号，联合申报教育部 2018 年度教育信息化教学应用实践共同体翻转课堂类项目。

2019 年 1 月，教育部办公厅公布 2018 年度教育信息化教学应用实践共同体项目名单(教技厅函〔2019〕2号),"微课程教学法实践共同体"位列翻转课堂类第一项。

3月1日,"微课程教学法实践共同体"开题,中央电教馆研究部主任黄天元博士、副主任沈芸,著名教育技术专家华东师范大学祝智庭教授、北京大学汪琼教授、华东师范大学顾小清教授等专程到会指导。借此拙著出版之际,谨向关心与支持微课程教学法实验的领导和专家深表谢忱!

新作完成之际,尤其要感谢的是北京大学博士生导师汪琼教授。这决不仅仅在于汪老师曾为拙著《翻转课堂与微课程教学法》作序,也不仅仅在于她欣然为新作《新体系》作序,而是在于,自微课程教学法创立以来,我和我的团队成员们一直得到汪琼教授无私的支持与帮助。

2014年,微课程教学法创立不久,汪琼教授盛邀我为她主持的北京大学国培项目《翻转课堂教学法》MOOC课程中有关课堂教学方式创新部分讲课。我是一个从一线教学走出来的教育技术应用研究者,能为北大MOOC课程授课,自然是我的荣幸。我为汪琼这种深得北大文化传承的民主、开放态度深深感动,虽说已在退休年龄,也要在有生之年,把平生的教育感悟与更多教育工作者分享。

2017年春的第二届翻转课堂本土创新暨微课程教学法教学观摩会上,我代组委会邀请汪琼教授作有关翻转课堂与核心素养发展方面的命题报告,她欣然应允。报告之后,她全程细听我们团队教师的分享演讲,并于当晚,与我们团队教师长时间座谈。理论与实践的碰撞使我们团队成员与汪琼教授建立了亲密的感情。

2017年,汪琼教授力邀我从事中国大学MOOC课程开发,以期让更多的师生通过学习微课程教学法受益。MOOC开发的实践,深化了我们对视频支持学习的方式的认识,也帮助参加课程研修的中小学教师走上了教学创新之路。开班三期,选修学员数达11 579人。

2019年3月1日,汪琼教授专程为参加微课程教学法培训的老师带来《改进合作学习》专题报告。要知道,微课程教学法的课堂学习中,学生从事学习的主要方式就是合作学习。这个报告对参加"共同体"实验的教师来说,正是一场及时的春雨。

上海师范大学黎加厚教授是我走上翻转课堂和"微课"研究的领路人。黎加厚教授前卫的教学方式、敏锐的前瞻观察，以及对苏州教育信息化的关心与引领，让众多苏州教育人受益匪浅。前面所述的"共同体"牵头学校——江苏省木渎高级中学的现任校长张飞，就是黎加厚教授主持的苏州市首届信息化教学研究型教师培训班学员，我也坐享"无心插柳柳成荫"（黎加厚教授对我的学术成长的评说）之便。尽管我后来创立的微课程教学法，其"微课程"的含义与黎加厚教授研究的"微课程"不是一个路径，但是，没有黎加厚教授的引领，是决计不会产生翻转课堂本土创新的微课程教学法的。我的内心永铭这份恩赐。

华东师范大学祝智庭教授是我国智慧教育研究的集大成者。当他听我介绍微课程教学法在课堂学习中倡导的微型项目学习时，便建议："就叫'微项目'好了"。不久，我们把微型项目学习改称为"微项目学习"，简称"微项目"。智者总有智者的简约，每当讲课讲到"微项目学习"时，我的眼前往往会恍过祝教授的身影。

北京师范大学出版社路娜女士是《翻转课堂与微课程教学法》一书的策划编辑，后升任总编室主任。《翻转课堂与微课程教学法》的问世，与路娜慧眼相中有不解之缘。拙著出版之后，经出版社推荐，被评为2016年度"影响教师的100本书"。该书记录了微课程教学法研究与实践的阶段性成果，推动了翻转课堂本土创新的实践与发展，同时，又反过来令我做持续性自审反思，使理论与方法在实践的推动下快速升级。《新体系》正是在这样的背景下应运而生的。

说到微课程教学法，不能不提《中国信息技术教育》杂志。2013年11月，我完成了《建构中国特色的"微课程教学法"》一文的写作。原想投《中国电化教育》，但是，文章得排六个月的队才能发表。我当时刚退休，觉得文章不一定发核心刊物，只要早一点发表就行。一个月之后，也就是2013年12月，《中国信息技术教育》全文刊发了这篇文章，成为翻转课堂本土创新的微课程教学法正式诞生的标志。

从此，微课程教学法实验在全国范围渐渐展开。2014年，我把微课程教学法的系统设计方法改为信息化教师竞赛方案，得到《中国信息技术教育》杂志社社长李维福先生、副社长任晓姮女士的大力支持，以"微课程评优"为名，列入全国中小学信息技术创新与实践活动（NOC）教师赛项，使更多地区的教师

/后 记/

开始接触微课程教学法。

2015年,编辑樊绮策划了"微课程教学法研究"专栏,每个月刊发一篇有关微课程教学法翻转课堂的案例文章,外加我的一篇点评。这给了微课程教学法一个传播的平台。承担这一任务,不得不常常思考问题、解决问题,这促使认识水平不断深化,实验水平不断提升,新成果不断得到推广,使更多的教育工作者发现微课程教学法具有激发学习力、促进学业水平提升、拓展综合能力和发展核心素养的魅力。

在中国大学MOOC平台上开设《微课程教学法》课程,得到汪琼、谢幼如(华南师范大学教授)、沈书生(南京师范大学教授)、焦建利(华南师范大学教授)等教育技术专家的大力支持。在具体的开发与上线过程中,又得到高等教育出版社《爱课程》高瑜珊,以及冯菲、魏芳、王宇等汪琼教授团队的老师们的细心指导与具体帮助。

MOOC(慕课)学习与翻转课堂的课前学习有一定的相似之处,两者都要使用视频等学习资源。微课程教学法实验团队把"任务单+视频"的翻转课堂学习方式推广到了MOOC平台,让选课学员用微课程教学法的学习方法修学《微课程教学法》,又从MOOC中发现:制作怎样的视频才能更好地支持学生从事高质量自主学习。顾小清教授因此在"共同体"开题会上希望"共同体"课题与MOOC课程相互支持,相得益彰。

在写作《新体系》的三年多时间里,我完成了一系列讲学任务。邀请单位涉及高等院校、教育行政部门、教育业务部门、学术团体、网校和全国中小学教师培训品牌机构,如教育部教育管理信息中心、中央电教馆培训部、同济大学职业技术学院、华东师范大学开放教育学院、华东师范大学慕课中心、苏州大学教育学院、苏州大学数学科学学院、南京师范大学教师教育学院、浙江大学继续教育学院、江苏大学医学院、浙江师范大学数学与计算机科学学院、新疆教育学院、绵阳师范学院、北京师范大学出版社、北京外国语大学"外研社"、湖北省教育信息化发展中心(湖北省电化教育馆)、中国智慧工程研究会教科研与教师发展专业委员会、包头昆都仑区教育局、广州天河区教育局、济南长清区教育局、合肥瑶海区教育文体局、宁夏石嘴山市师资培训中心、宜昌市教育技术装备站、南京秦淮区教师发展中心、绍兴柯桥区教师发展中心、苏州吴中区教育技术中心、合肥经开区教研室、泰安肥城市教研室、北京四中网校、"千课万人"观摩活动组委会等，足迹遍及北京、上海、天津、江苏、山东、河南、安徽、浙江、福建、江西、湖南、湖北、广东、广西、海南、云南、贵州、四川、青海、甘肃、陕西、宁夏、新疆、内蒙古、吉林、辽宁等地。

本着"法贵专一"的研究思路，我的讲学聚焦于翻转课堂本土创新的主题，如：

——翻转课堂与微课程教学法

——微课程教学法：翻转课堂本土化创新理论与实践

——微课程教学法系统设计

——微课程系统设计与教学实践

——设计的力量："互联网+"时代的有效学习设计

——匹配的力量：微课程教学法自主学习任务单设计

——教师的嬗变：智慧教学背景下的教学方式变革

——翻转课堂本土创新与教师专业成长

——翻转课堂：超凡脱俗是怎样炼成的

——课堂学习的革命

——新体系：微课程教学法

——理解翻转课堂的三个关键点

——翻转课堂为什么比传统教学强

——资源建设新路：基于翻转课堂的微课程教学法

——视频在微课程教学法中的运用

——翻转课堂与微课资源开发

——走向优秀的翻转课堂教师

——学习理论的新发展：微课程教学法视域

——学习的奥秘：基于微课程教学法的翻转课堂

——走向靶向学习法：微课程教学法的高质量学习是怎样获得的

这样做的好处是，讲学促进思考，激发思维活力，使我有机会在与教师的互动中发现新问题，研究新问题，解决新问题。毫无疑问，讲学为《新体系》的写作提供了丰富的思想养料。

/后　记/

苏州工业园区教育局、苏州工业园区教师发展中心信息中心一直以来给予微课程教学法实验以强有力的支持。从2013年开始，实验先后在苏州工业园区胜浦实验小学、苏州工业园区星港学校、苏州工业园区翰林小学、苏州工业园区文萃小学、苏州工业园区方洲小学、苏州工业园区星汇学校、苏州工业园区星洲小学、苏州工业园区星洋学校等中小学校稳步开展，创造了一大批典型课例，培养了一批优秀教师，学生用一个课时诗词学习当堂创作出古体诗词、儿童诗，成为不可思议的成功案例。正因为如此，苏州工业园区已经成为微课程教学法影响全国的丰硕而坚实的实验基地。

与此同时，为了帮助更多教师投身于翻转课堂本土创新实践，我开始从事"做中学"培训。第一个尝试"做中学"培训的是苏州工业园区文萃小学。此后，苏州工业园区翰林小学、包头昆都仑区教育局、苏州吴中区教育技术中心、新疆兵团农二师华山中学义务部、山东德州长河小学、浙江平湖职业中等专业学校、湖北省教育厅、河北省教育厅、"微课程教学法实践共同体"成员校实验者，济南长清区教育局，以及中国智慧工程研究会教科研与教师发展专业委员会组织的海南、长沙培训，都采用了"做中学"式的培训方式。"做中学"培训培养了一批有潜质的实验者，不少教师因此走上全国示教微课程教学法翻转课堂公开课的大平台。

尤其是2019年7月在包头市蒙古族学校举行的微课程教学法暑期专项培训会上，出现了一个令人刻骨铭心的小插曲。

当时，经历"做中学"的系统设计"三剑客"之后，进入模拟教学环节。总共遴选三节课，分别是小学六年级数学《折扣问题》、初一年级生物《藻类、苔藓和蕨类植物》和高一年级地理《农业的区位选择》。上课的时候，我们发现邯郸一位女教师的刚读完三年级的女儿和"学员们"一起参加了学习。而且，学了小学数学还要学初中生物，最后还要学高中地理，完全打破我们对儿童注意力集中时间的传统认识。

要知道，这三堂课的每堂课，都包括模拟的课前学习和课堂教学。课前需要观看学习视频，完成自主学习任务，时间是20~30分钟；课堂包括接受检测、完成进阶作业和从事微项目学习(包括陈述、质疑、阐释)，时间为小学、初中40分钟，高中45分钟；也就是说，每堂课的时间在60~75分钟之间，这位三年级小朋友居然连续上了三堂课！

当然，我们都认为：这孩子该是个学霸。但是，接下来的孩子母亲的动情分享不能不令我们瞠目结舌，又感慨万分。

原来，孩子在传统的课堂学习中属于"不认真"之类。她母亲介绍，任课教师反映说："好动、注意力不集中、上课不认真听讲"，要求家长"要好好说说她"。是这次模拟教学平台，让母亲看到了孩子身上"好的一面"。母亲说："我孩子从来不敢到讲台上说话"，但是今天，在同组"学员"的鼓励下，居然连续三堂课都代表小组上台展示本组探究、创意的成果。说到动情之处，她已经泣不成声。

确实，刚开始展示的时候，孩子像所有未受点化的学生那样面对屏幕、背对大家讲话，但是，当我借给她拍照之机走近她，轻声说"转过身来，面对大家讲"之后，她便转过身来，对着众人侃侃而谈起来。小孩子的潜力真是不可小觑。

看到孩子愿意在台上展示自己，母亲感慨万千，她说："翻转课堂这个平台真的很神奇……她很有幸，走进了我们这次培训之中……这次培训可能是对她人生的一个改变。"

全场老师都为这位老师鼓掌，为三年级小朋友的表现与成长鼓掌！因为，参训教师亲眼所见：经过严格的训练，精心提炼达成目标，精心设计"问题导向"的学习任务，开发"需求导向"的配套学习视频，三年级的小朋友居然能够痴情学习六年级数学、初一生物、高一地理！微课程教学法激发学生学习力、拓展其综合能力、培养其核心素养的功能，就活生生地呈现在我们面前。那些不可思议的教学奇迹就是这样，在教师业务素养的提升中自然生成。

我们发现，"做中学"的效果远胜于听报告的讲授法。这是因为，讲授法以教师思维替代学生思维，影响了学生学习的主动性和思维的质量。培训还发现了一个不容忽视的事实：传统型教师不善于提炼学生学习要达成的目标，不善于把知识点转化为指导学生学习的问题。

上述两个"不善于"表明，在长期的消极的传统教学的熏陶下，教师提炼目标的能力正在退化。这样的教师习惯于抄袭或粘贴教参给出的目标，如果没有真正吃透隐藏在目标背后的意义，采取的教学策略极容易成为脚踩西瓜皮、滑到哪里算哪里的粗放的随意性的教学。

问题所在，成为微课程教学法攻坚的目标。在攻坚的研究与实践中，《翻转课堂与微课程教学法》建构起翻转课堂本土创新的基本框架。实践表明，这个基本框架有利于激发学生学习力，拓展综合能力，发展核心素养。但是，对于教师在提炼目标和设计"问题导向"的学习任务方面存在的能力欠缺，当时并没有足够的认识。

《新体系》弥补了《翻转课堂与微课程教学法》一书的不足，不仅论证了翻转课堂本土创新的意义，而且潜心研究达成目标提炼、"问题导向"的学习任务设计和微项目学习主题的设计，诸如创意系统设计流程，提炼达成目标三要素，论证问题与一般性习题的区别和联系，提出创意微项目学习主题的方法，并且给出较为丰富的实例供教师参考，等等。

从多次"做中学"培训来看，这些研究成果恰好支持教师补上缺失的一课，使教师较快地做到具体精准地提炼达成目标，设计问题导向的学习任务。

接受"做中学"培训的教师不负苦心，在教学实践中表现出可喜的"转型"迹象。首先，学生从事课前自主学习的质量显著提升，因此，往往令教师刮目相看。其次，学生在课堂上全身心投入学习，没有调皮捣蛋者，教师再也不用为组织教学劳心伤神。最后，学生的认知水平、创新能力、语言表达能力、社会交往能力、提出问题的能力、批判性思维的能力等，都得到了提高和发展。这不正是课程改革所翘首期待的吗？

即使是难度很大的语文微项目学习，也能初步做到"学什么，会什么"。苏州工业园区文萃小学刘洁老师教《五绝》，学生当堂创作出青涩的《五绝》；苏州工业园区翰林小学赵卉老师教《渔歌子》，学生当堂创作出有模有样的《渔歌子》；武汉市楚才中学邹勤老师教文言文《诫子书》，学生当堂创作出角色转换的文言文——《我给我儿写家训》；江苏省木渎高级中学培东班王军荣老师教《蒹葭》，学生当堂创作出重章叠句、一唱三叹的具有诗经风韵的上古音诗歌。

事实上，由于微项目学习的问世，所有体裁的语文翻转课堂教学，堂堂都能出彩。如果难度最大的语文创作都能出彩，那么，还有什么学科的翻转课堂可以在课堂学习中不出彩呢？即使是远程辅导，只要教师设计出合格的"任务单"，开发出保证学生完成任务的配套学习视频，创意出来自真实情境的微项目学习，课堂学习照样出彩。来自河北邯郸复兴区前进路小学的美术教师任红燕、数学教师刘玲、语文教师李伟坤，经笔者网络指导之后来苏州开课翻转课堂，都是一次获得成功，成为网络造就的翻转课堂奇迹的创造者。

《新体系》的问世，与北京师范大学出版社郭翔编辑有着不解之缘。去年3月，他来到苏州，专程就策划《翻转课堂与微课程教学法》的续篇与我研讨。此后，又常常在我懈怠之时敲敲边鼓。责任编辑戴轶、美术编辑李向昕为本书的问世反复审稿，反复修改美工设计，竭尽全力。责任校对陈民、责任印制马洁对书稿反复校对，精心印刷。在此深表谢忱。

中国大学 MOOC《微课程教学法》课程开发团队的俞叶、周丽、马莉莉、陶亮俚老师在繁忙的日常工作之余，协作完成本书初稿的校对，不仅使电脑拼音跳出的菜单与人工选择匹配之间的不协调降到最低，也使我少受老眼昏花的苦恼，我的内心深深感激。

微课程教学法就是这样不可思议，一再创造奇迹，变不可能为可能。借《新体系》完稿之际，我谨向全国参加微课程教学法实验的老师们致以崇高的敬意，也向所有文中提到的与未提到的理解、关心、支持和帮助微课程教学法实验的专家、领导和老师们表示衷心的感谢！

我还要感谢微课程教学法实验团队的老师们，他们个个都是教学奇迹的创造者。尤其是在系统设计的修炼中，他们擅长演绎学习策略与达成目标紧密耦合的创意。假如课程大师拉尔夫·泰勒发现70年后(1949年，泰勒《课程与教学的基本原理》首版出版)居然有微课程教学法的实验者把他关于教学策略与教学目标的关系演绎得如此传神，一定会欣喜不已。

最后，要感谢我的老伴夏一蓁女士。她是一名优秀的科任教师，也是一位出色的班主任、辅导员。在我写作《新体系》的过程中，她不仅包揽了家务，而且起到实验团队联系人的作用，帮我处理大量事务性工作，细心做好终稿校对。没有这样的贤内助，《新体系》将难以问世。

微课程教学法创造了一种全新的学习方式，也许是最年轻的系统的教学法。年轻，既意味着朝气，也意味着青涩，这使《新体系》中难免有疏漏之处，敬请读者批评指正，以利微课程教学法不断更新、迭代，迎潮流而立。

金　陵

2019 年 9 月 10 日

于姑苏名馨斋